古典法学的风格

The Style *of* Classical Jurisprudence

黄涛——著

中国出版集团
东方出版中心

图书在版编目（CIP）数据

古典法学的风格 / 黄涛著. －上海：东方出版中心, 2024.1
ISBN 978-7-5473-2299-4

Ⅰ.①古… Ⅱ.①黄… Ⅲ.①法哲学－研究 Ⅳ.①D90

中国国家版本馆CIP数据核字（2023）第223059号

古典法学的风格

著　　者	黄　涛
责任编辑	陈哲泓
装帧设计	陈绿竞
出 版 人	陈义望
出版发行	东方出版中心
地　　址	上海市仙霞路345号
邮政编码	200336
电　　话	021-62417400
印 刷 者	上海万卷印刷股份有限公司
开　　本	890mm×1240mm　1/32
印　　张	11.75
字　　数	204千字
版　　次	2024年1月第1版
印　　次	2024年1月第1次印刷
定　　价	78.00元

版权所有　侵权必究

如图书有印装质量问题，请寄回本社出版部调换或拨打021-62597596联系。

谨以此书献给

从事法哲学探索的同行者

目 录

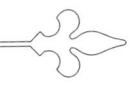

自　序   *i*

甲编　问题

1　法是形成中的民族精神   *003*

2　开掘近代法精神的新尝试   *008*

3　重新反思法治概念   *017*

4　从权利推定到权利演绎   *031*

5　权利哲学必须重视共同体思维   *040*

6　走向语言的共同体   *048*

7　关于民间法的法哲学沉思   *052*

8　良好的法秩序的可能性及其前提   *058*

9　当下自然法研究之反思   *076*

10　法哲学研究的视野   *080*

乙编　历史

11　正义的僭政   *093*

12	从自然法转向自然权利	102
13	霍布斯与现代灵知主义	113
14	孟德斯鸠的笔法	120
15	孟德斯鸠的节制	145
16	卢梭、现代性与政治	155
17	略论德国观念论的权利学说	178
18	法律实证主义的修辞学及其政治意蕴	183
19	《法律的概念》与对道德的放逐	213
20	凯尔森纯粹法学之我见	221
21	"洞穴奇案"与法律人的僭妄	252
22	反思总体战	261
23	克劳塞维茨评论两则	268
24	作为"承诺"的权利	275
25	权利哲学与历史	286

| 附录一 | 从古典法学出发 | 293 |
| 附录二 | 从法学生到哲学教师 | 309 |

| 后记 | | 360 |

自 序

眼下这本书的主题，与三年前编订出版的《法哲学与共同生活——走向古典法学》（北京大学出版社2020年版）遥相呼应。在那本书中，我曾集中讨论了当代中国理论法学中的爱欲缺失问题，并针对《我不是潘金莲》这部引发热议的作品给出了基于古典法学的解读。我迫切地想要将这种感觉公之于众，于是编成《法哲学与共同生活》。该书揭示了我倡导古典法学的问题意识，即出于对现代法学预设的价值前提和使用的基本思维方式的反思与批判，正是这种隐秘的内在冲动引导我的编选思路，引导我不断思索要做什么样的法哲学和怎样来做法哲学。

我先后和友人共同主编"德意志古典法学丛编"和"不列颠古典法学丛编"两套译丛，又组织召开两次古典法学会议。对于古典法学究竟是什么，《法哲学与共同生活》给出了一个初步阐述。但我所提出的古典法学之"古典"，并不限定在古代世界，也包含了19世纪上半期以前出现在经典思想家笔下的法学形态。总之，古典法学是一种在专业分工之前的法学，它更多以对观念和价值的思索，而非以具体制度的设计和分析来呈现。不仅如此，它对人类的共同生活赋予更多关切，而不限定于个体。在那本书中，我一方面描述马基雅维利、孟德斯鸠和康德笔下对共同体结构的关切，另一方面，又深入中国古典文献中讨论古典世界对共同体的想象。尽管该书看起来描述了不同的政治思想传统，但我有一种深刻的期待，在尾语的最后部分写道："如果我们既对亚里士多德描述的古典的政治世界充满向往，也服膺于自康德以来主体时代突破自我、承认他者做出的努力，那么我们就可以期待这个突破自我的主体能理解和领会亚里士多德、司马迁和韩非的世界，可以在他们之间寻求调和，从而呈现给我们一种全新的知识格局。"

如果说上一本书更多揭示了古典法学的基本问题意识，那么本书则比较全面地展示了我围绕古典法学的一系列工作。与时下对项目和论文的单纯追逐不同，我在某种意义上效仿了1980年代学人的做法，在项目和论文之外，还编书、译书，以及组织相关学术活动，以上皆是学者生活的一部分，甚至是关键性的部分。尽管从私人的事功方面来说，这些活动似乎得不偿失，但若将学术作为公共的事业，这些做法可以带给人希望。古典法学从诞生开始就不是孤独者的事业，古典法学要守护的恰恰是人类的共同体生活。古典法学不仅是一种理论形态，也是一种行为方式，它不纯粹是一种理论上的追求，还有在现实生活中的种种努力，它不仅有自身的理论表达和理论视野，也有一种情怀。本书展示了一个青年学者在古典法学名下所做的一切，既有理论的探索，也有公共的行动。

《古典法学的风格》这个书名是编辑陈哲泓先生强烈建议我采用的。本书应该起一个怎样的书名，我一度感到为难。也许是 2017 年的美国访学之行，使我开始意识到自己其实已经转变为一个观念论者，尤其是 2021 年转到中山大学哲学系任职后，我愈加确定在未来岁月中要走的是观念论的道路。从 2011 至 2020 年这十年，尽管我把大部分精力投入观念论的翻译与写作，但这毕竟只是我的法哲学探索的一个部分。此外，我还探讨了马基雅维利、霍布斯、洛克、卢梭、孟德斯鸠等人的学说，也译过阿奎那有关亚里士多德《政治学》的解读，还写了有关《史记》篇章的札记，甚至围绕审美政治论题进行写作。也许正是因为这一点，在编《法哲学与共同生活》时，我想到的是古典法学概念，也给哲泓留下了深刻的印象。在为本书确定标题时，我陷入了当局者迷旁观者清的困境，是哲泓提醒我注意尽管思想发生了变化，但观念论法哲学其实也属于古典法学的范畴，不过更具体、更明确而已。因此，我最终决定接受他的建议，这让我再次回忆起在法哲学领域这十年里的探索，"古典法学"很好地概括了我的探索之旅。

尽管本书收录的主要是2011至2020年间的文章，但我对法哲学的研究，早在2007年就开始了。这一年，我先后在《香港社会科学学报》和《博览群书》发表了两篇书评，其中一篇是评论业师赵明教授的《近代中国的自然权利观》。针对《近代中国的自然权利观》的阅读与评论，使我开始进入权利研究领域。而在针对苏力教授的书评中，我已经能自觉地运用康德有关反思性想象力的相关论断。2008年，我发表了四篇论文，其中两篇由刘小枫先生推荐发表，涉及了洛克、卢梭与康德，尤其是《孤独者及其怨恨的政治学——洛克的自然状态神话》一文，使我开始重视从霍布斯、洛克到卢梭的自然权利传统，这篇文章后来收入《爱欲与共同体》一书，也是编辑那本书最初的灵感来源。2007至2008年发表的这些文章，基本上确定了我此后的法哲学视野，我一方面关注当代中国，尤其是当代中国的权利观念，另一方面关注西方法哲学传统。毋庸置疑，我是带着前者的问题而关注后者的。

我曾想以"正义的僭政"来命名本书。直到编订这本书时，我一直认为，相对于以柏拉图和亚里士多德为代表的古典，霍布斯以来的正义是对古典正义理论最深刻的僭越。但我最终没有采用这个书名，因为我已经注意到，古代和现代的争执，并不简单地在于现代崇尚个体式的生存，古代崇尚共同体的生活，也不简单地在于古代更关心内在的德性，现代更关注外在的行动。我是从对于德国古典法学的考察中得到这个结论的，我曾在《自由、权利与共同体——德国观念论的法权演绎学说》中对此有深入探究。在德国古典法学中，权利重新恢复了它的内在的、精神性的名誉，权利主体不仅体现为一个精神主体，也体现为一种具有共同生活内在追求的个体，在那里，古典世界对共同体的捍卫与守护可以与对个体权利的追求内在地结合，相比于古代的古典，它增添了主体性的内核，但并不因此失去对内在性和共同体的关切。

在我看来，真正的权利概念，应该具有一种古典精神。今天，人们在古今之争的视野下，会认为权利是一个现代的概念，例如通常的说法是，霍布斯笔下自然法的转向，开启了一个在哲学上是主体性的时代，在法学与政治学领域是权利的时代。但其实，主体性与权利都是古典的理想，当我写下这个判断时，面对的是20世纪以来视权利与主体为虚无的时代。如今，不仅在学说中，而且在实践中，我们到处看到对主体性和权利的放弃，主体性与权利不再是我们梦寐以求的理想，我们已经或正在沦为欲望与本能的奴隶。

我始终没有放弃关注权利学说，我的古典法学研究很大程度上是以权利为原则的，只是眼下这个集子并未收入我对当代中国社会从法权到权利的历史转换的考察，也并未收入我将法权演绎学说转换为一种权利学说的尝试。在这个集子收录文章的那个时期，这些思考尽管已有线索，但都尚未最终定型。在此仅提及一个绝非没有意义的术语改变，这就是在我修订出版《从个体到共同体——当代中国权利观念史》的过程中，决定放弃使用"法权"概念，细心的读者或许可以注意到，无论是在2011年出版的译著《康德的权利体系》后记，还是在2020年出版的《自由、权利与共同体——德国观念论的法权演绎学说》一书中，我都还在使用"法权"概念。使用法权概念的目的，是为了凸显从康德到黑格尔的权利思考之不同于英美自由主义法学的特殊性。但如果在本民族的语言中来思考法权概念，就显得特别不合时宜。法哲学言说要与历史关联，而不能停留在抽象的形而上学思辨之中，这也是为何我要在出版《自由、权利与共同体——德国观念论的法权演绎学说》后，继续写作《从个体到共同体——当代中国权利观念史》的原因。尽管法权概念的翻译可以凸显德国观念论法哲学的独特性，但也不妨将其转化为一种权利话语，法权演绎学说的实质仍是一种权利学说，这是我在编写本书的过程中发生的重要思想转变，这个转变也反映在部分篇章的术语使用中，尤其是《略论德国观念论的权利学说》一文。

自本科求学以来，我有幸在一些前辈学人身上看到如今似乎难得一见的学者精神，他们以思想打动青年一代，带给学生开阔视野，他们颇具狂狷之气，从他们身上可以感受到精神生活的魅力与尊严。如今，我也开始懂得用文字表达精神生活，表达对时代的关切。收入本书的文字，2007和2008年发表于《博览群书》的两篇评论是激发我进入法哲学问题的开端，尽管文笔生涩，却为我迄今为止的学术之路确定了基本的问题框架（在收入本书时，从文字到题目都进行了全面修订）。本书所收篇章大多写于2010年代，散见于期刊、辑刊和出版的著作，较集中地反映了过去十年间我关注的现代法哲学中的人物、命题与思想。

黄涛

2023年2月20日于中山大学蒲园

2023年5月30日改订

甲 编

问 题

1 法是形成中的民族精神

——从《法意3000年》一书说开去

历史法学派申言,法是民族精神的表征,他们从罗马法学家那里获得启示,要使法律与民族精神的潜流相互暗合,彼此适应。后代学人遂有一种心愿,要去思考、体察民族精神之源流,以为现时代的法的形成提供一些理性的洞见。对于中国现时代的法学研究者来说,此番工作尤为重要。

赵明的《法意3000年》(法律出版社2007年版,以下引用时书名从略,只指出页码)一书透露出来的正是此种倾向。著者深谙"法乃立法者之造物,探'法的精神'须洞察立法者之'意图'"之道理,不是从古代制度出发,而是从立法者之意图出发,重思三千年来中国古代法的精神世界,揭示了一条动态而非静态的中国古代法之精神发展轨迹。尽管每则故事看似平常,却于细微处见功夫,似乎有一股强大的辩证法力量贯穿全书,为我们揭示了处于形成过程中的中国法精神。

该书以"子产与叔向的较量"为开端，实则指出了一股突破西周遗风的力量正在萌生和发展。子产的救世之情，源于对时代的判断，源自"吾以救世"的责任感。正是以子产为代表的对时代使命有着高度洞见的立法家们，开启了一个新的精神世界。如果说，三代遗风还不过是精神的不自觉行动，是精神的自然生活，那么，从此开始，必须要对时代的发展方向作出自觉的诊断，"'亲亲相为隐'故事的三面一体"揭示了古代立法者们基于不同立场所作的种种决断（第18页）。从"成文法典初试啼声"到"变法者商鞅"，意味着法的精神已经上升到了自觉的层次（第22页，第32—33页）。

秦王朝的创立乃是法的精神发展的必然结果，法家思想的滥觞意味着新的秩序形成之需要。统一的精神状态要求统一性的生活方式，在军事斗争中胜出的秦国无力构筑人们的精神世界。"焚书坑儒"乃是传统生活方式与崭新的帝国生活之冲突的激烈反映（第41页）。秦二世而亡，随后诞生的汉帝国必须担当起塑造帝国生活方式的使命，"帝国的宫廷仪轨"乃是立法者们牛刀初试，"帝国需要秩序，帝国需要规矩，从日常生活到高端政事，概莫能外"。汉王朝以法律清明著称，文景两朝是中国历史上著名的几个盛世之一，在这个时代里"人人自爱而不轻易犯法，崇尚道义而不愿受到羞辱"（第61页）。

尽管汉帝国是中国历史上少见的具有极强战斗力的帝

国之一，但潜在危机却相当严重。公元前174年梁王太傅贾谊上书，指出中央政权的力量已被诸侯国削弱，如不积极应对，必将酿造苦果。公元前81年召开的"盐铁会议"，是一场事关帝国的统一或解体的大论争。分歧的背后反映出法精神的躁动与不安，统一性的生活方式尚未形成，帝国精神处于严重的分裂状态。立法者内部彼此离心，最终使得汉帝国覆亡。随后而来的魏晋时代，各个朝代对于秩序的需要和以嵇康等人为代表的士大夫阶层对于世俗秩序的彻底颠覆，形成了两股内在的敌对力量（第84页），必然导向一个对此矛盾加以缓和的新时代。

法的精神以"仁义"和"刑罚"的综合体姿态在大唐帝国得以展开，是谓"法律儒家化"。然而，在此法的精神不过是一种外在复合，立法家们坚信"故圣哲君临，移风易俗，不资严刑峻法，在仁义而已"，《唐律疏义》以"德礼为政教之本，刑罚为政教之用"为指导原则（第94页）。这种试图将精神的内在分裂确立为现实立法原则之企图，最终造成了日益严重的帝国危机。藩镇割据和朋党之争，乃是大唐气象的一个不可忽视的侧面。

及至北宋时代，两种势力继续较量，王安石变法"一反汉唐以来的'德主刑辅'思想，认为'仁德'和'刑罚'不可偏重其一，试图'礼法兼用、德刑并举'"（第105页）。这种对于精神的态度，只会造成两个对立面之间日益突出的紧张局面。司马光以传统儒者之教义全面反对王安石的变法思想，"正当朝中针对变法一事极尽口舌之能事的时候，金国的军队已经致命性地威胁到大宋王朝"。对此，著者不无遗憾：华夏历史，悠悠千载，即便如王安石者，立法意图及立法技艺，依旧乏深而欠佳！而司马光著史，对此识见尚浅（第117页）。

此后，蒙古人以其孔武有力和易于扩张的本性，成为12至13世纪震撼世界的强大力量，"成吉思汗大普法"试图将此种生活方式法制化，却使蒙古帝国的精神发生了巨大的变化，迈向一种主动的秩序建构（第130页）。耶律楚材在元帝国的政治经历表明，要使这个以勇敢为美德的马背上的民族接受儒家思想并不困难。尽管他以失败告终，却以实际行动证明：儒家思想具有一种强大的包容力。

元帝国的闯入不过是一个插曲，它无力建构一种稳定的生活方式，最终纲纪废弛、走向覆灭。明太祖朱元璋以其激进的"刑乱国用重典"的态度再一次强制性地营造帝国统一之局面，但"重刑并不完全管用"，帝国政事活动使他感到了一种无所适从的"二律背反"——"朕如宽厚行仁，人将谓朕不明于事；朕如加严，人又指之为暴矣"（第147页）。张居正的改革面对着同样的矛盾，帝国的现实发展要求他在政治改革活动中不得不采取许多悖于传统政治的做法，"他把政府的各个部门置于他个人的控制之下，可他的权力仍然依靠个人的政治关系；他扩大内阁对于吏部的影响并没有得到他的同僚们的同意"（第161页）。

他的改革遭遇到了全面的反动,大明王朝逐渐滑向了灭亡的深渊。

历史的内在张力是民族的生机所在,在对立面的相互冲突中,历史最终迈向了新时代。戊戌变法尽管失败了,但它所确立的"变革传统政治和法律制度的主张以及重建自由、平等、民主、民权为价值基石的新的法文化系统的这一伟大目标"(第179页),是我们至今仍须直面的任务。缅怀昨天,乃是为使今天的步伐走得更为坚毅,对此,著者不无感叹:"公平而论,直面华夏君主专制传统不得不发生根本性转换的康梁一代,他们所遭遇到的心灵苦痛无疑是巨大而深沉的,我们与其作一个'事后诸葛'去指责他们,倒不如努力走入他们的心路历程,去深刻体察,去继续思索"(第180页)。

也正是在上述意义上,我们才能理解著者之苦心思虑,他之所以钟情严复,正是因为后者所传达的两个重要观念,其一是物竞天择,适者生存之进化论,其二是基于历史而透视"法的精神"。只有彻底摒弃时下盛行的对民族历史的盲目排斥情绪,而以理性之眼光来洞见民族之历史,方能领会这本小书的真正意义,如此我们也才可能真正领略:一言以蔽之,世间万事之机理,皆藏于春秋,故述往事,度今朝,以思来者(第2页)。

2　开掘近代法精神的新尝试*

——读《近代中国的自然权利观》

时下流行的思想史写作，或是以介绍各个时代作家之思想为目的，或是截取诸多思想断片来进行发挥，如此一来，研究工作就流于观点的罗列和材料的收集整理。但在尚未弄清楚研究对象之前，材料的收集往往挂一漏万。对于思想和意识形态的考察必然沦落为"概念的统计学"①。《近代中国的自然权利观》一书反对上述研究方法，采用"内在视角"研究理路，试图揭示一套新的审视近代中国政治、思想文化之方法（第267页）。

一

所谓的"内在视角"，即"在阐释近代中国自然权利

---

* 本文曾发表于《博览群书》2007年第8期，收入本书时进行了全面修订。
① 赵明：《近代中国的自然权利观》，山东人民出版社2003年版，以下简称《权利观》，出自该书的引文只标页码。

观的时候，应考虑诸如历史、文化、传统以及特定社会情态等有关因素的积极性作用，尤其主张从中国思想传统内在演发趋向的角度去揭示近代中国自然权利观产生的内在动因，注意梳理中国传统法律文化的演进脉络，以探寻近代中国自然权利观的内在思想资源，力图对近代中国自然权利观与传统儒学之内在关联性有一个真切的把握"①。这是一种"旁观者"立场，它试图深入近代人的精神世界，审查各种思想、学说、主张的含义。这种考察试图摆脱长久以来所谓"挑战—应战"、"近（现）代—传统"理论模式和价值立场，使近代精神世界获得独立价值。

这种考察理路认为，任何一个文化共同体都具有从内部而生的生命，既然要从内部寻找原因，则必须将考察的对象视为一个完整的文化共同体。具体说来，它要求研究者认识到：中国历史有一个总体存在，尽管我们现在并非十分自觉于这个总体存在的存在状态。历史乃是一个独立自存的整体。根据黑格尔，历史本身就是一个自在自为的全体，乃是一个在不断自身演化的过程。在这个过程中每一个环节都是历史的显现。由此看来，"内在视角"的实质乃是一种历史哲学的方法。

《权利观》一书意在对近代思想世界的发生机制加以检讨，具体来说，即回答：历史是如何过渡到近代的？以

---

① 赵明：《先秦儒家政治哲学引论》，北京大学出版社2004年版，第201页。

及近代以前历史文化的特质是什么？作者认为："自程朱以来的基本的思维结构和运思方式可以说直到清末都没有根本性的突破和改变，在这个思维结构里，'理'与'欲'始终是人们思想的聚焦点和兴奋点，而'理'所占据的基础性和关键性地位始终得以维系。我们所重点关注的近代思想家正是在继承这种思想传统的基础之上，开辟和构筑自己的思想世界的。""可以说，近代思想家们正是由于依循了自宋代以来'理欲'世界观自身严谨的逻辑，才能够以非常积极的姿态去面对近代西方的各种思想、观念和学说，而同时又不产生对自身文化传统妄自菲薄的心态，因为他们依旧有着自己的思想根源和精神家园"（第37—39页），在作者看来，近代思想家所要完成的任务乃是使"人欲"获得自身的价值独立性，使得人欲从宋明理学所确证的天理观中获得解放（第44—45页）。

近代中国人对"平等""自由"的主张与传统中国政治的基本精神格格不入。人们往往认为传统道德是一种家族式道德，以"治家"为基础，"中国传统政治在国家形态上是一种典型的朝代国家形式，它建立在血缘宗法伦理基础之上，家是政治社会结构的基本单元，家庭组织是最重要的社会制度，是社会网络的中心"（第185页）。其基本精神则是"忠孝"。然而，如何走出这个伦理道德的世界呢？

既然"内在视角"关注事物内在的逻辑发展，就必须对发展的源泉和动力加以探索。有两个问题需要回答：其一，近代自然权利观念从何处获得思想资源（《权利观》认为是"宋明理学"的"理欲"世界观）；其二，使其走出人伦道德世界的内在动力是什么（对此《权利观》尚未给出明确的回答）。为回答上述问题，须对宋明理学的基本逻辑结构做出分析，并以此为出发点，寻找转变原因。

然而，作者一方面把精心选定的西方自然权利理论作为"参照系"，以寻找分析近代思想的起点，另一方面又于阐发近代精神之时，将近代思想家与"参照系"本身比较，强调两者的区别（第122页），这就意味着作者仿佛并未找到真正的开端。实际上，"天理"向"人欲"的辩证进展何以能作为分析"原点"，作者并未充分说明。在此过程中，主导作者的是一种民族情感，要将中国近代的发展与西方主流思想置于同一平台，《权利观》一书对宋明理学的发挥寥寥几笔，而于近代学人如康有为、梁启超、严复等人的思想则长篇论述，目的正在于确认近代思想家关于"人欲"解放之旗帜鲜明的立场。但此种做法似乎不足以说明近代思想的自觉。

二

由《权利观》出发，产生了理解近代世界的新的可能性，即不是站在近代人抑或现代人的立场上理解近代，而是追踪历史如何建构了自己的近代形态。在作者笔下，近代思想家提出的种种学说，还只是抽象的观念，对他们的时代来说，这些观念有巨大意义，但他们的思想仍然是传统的，尽管他们宣扬民主、自由，却缺乏真正的自由精神。他们并不完全理解自由的全部要素，也无法使自由获得实现自身的动力。

维新派人士不是从近代思想文化精神的内部开始，而是从外在因素出发，以谋求富国强兵的力量，他们的国家仍然是大清王朝，"戊戌变法"的结局实在超出他们的预料。因此，与其说维新派人士贡献了崭新的思想，还不如说他们积极参与时代政治生活，在他们身上反映了"国家兴亡，匹夫有责"的担当意识。维新党人的运动是东林党人之后知识分子的大解放。压抑已久的对于国家命运的担当意识，因时代需要得以尽情抒发。另一方面，清王朝并非自愿实行有悖于传统的变革，而是被动地向西洋世界开放。维新派知识分子希望摆脱被动的局面，急迫希望走出传统，建构新世界，然而，他们是过于急迫了，问题并不在于传播新的学说和思想，而是真正理解所处的时代。

社会批判锋芒出现于晚明，这似乎表明了内在的历史张力发展的必然阶段。黄宗羲对专制主义王权的批判，直指传统的政治基础，他对"天下私有"的反对，不可避免地触动传统政治的脉搏（第220页。对此，《权利观》并未给予充分注意）。"家天下"伴随社会政治生活在各个领域的集权，权力集于皇帝一人之手，将使朝纲出现不可避免的混乱。作为皇帝代言人的诸大臣不能主动涉足国家生活的各个领域，政治结构的静态性完全显现。对内将以专制姿态出现，对外则展示了势弱的姿态，中国传统政治渐入衰老之境。

近代社会是一个政治控制力极其势弱的社会，当西方国家对清王朝在外交、通商等各个方面施加压力的时候，无论是知识分子，还是商人、农民，乃至于士大夫阶层都获得了较之以往更大的自由空间。维新派人士否认现实生活中已然存在的自由，寄希望于士大夫阶层改革，但其改革理想又严重干预了士大夫阶层。他们宣扬的学说处处与既有的政治结构构成反对。在此，知识人获得了前所未有的自由，但传统的政治结构还存在着，仍然有许多传统利益集团，这些集团将构成强大的反对新势力的力量。

三

维新派人士所谓的新道德，实质上是一种权利道德。新的道德观以其鲜明的法与权利的含义著称，尽管不具有独立的思想史意义。因为它并非对时代精神的客观总结，充其量代表知识分子权利意识的觉醒，较之传统士大夫，这批知识分子更自由，他们试图在传统政治结构中渗透新的价值和方向，戊戌变法运动是他们为实现此目的的举动。

人们注意到，知识分子身上有过多的软弱性，在现实斗争中，他们常常不能看到时代病症的根源，无法对政治结构的形式给予正确判断。他们一方面意识到，作为个体，必须树立对共同体命运的担当意识，另一方面，对于共同体的发展，却又无法保持清醒。因此，从他们作为个体的一面，我们看到了近代思想"解放"的踪迹，然而，"解放"乃是走出特定的政治结构，即人伦道德的世界。脱离了这一基础，"解放"就显得抽象而空洞。如此看来，近代知识人的命运是与清王朝的命运共同延续的。

由此看来，维新派的权利道德，实际上是传统政治结构内在张力的延续，它意味着知识分子政治意识的觉醒，开启了对现实生活之发展方向的探索，其核心是个体对于时代精神的积极参与。从此，国家不再是少数几个人控制的组织，而是人民为追求自身安全建立起来的保护和防御系统（第210页；又见第218页）。

在《权利观》看来，近代的"群"的国家观，较之先秦时代荀子所表达的"群"的观念有着根本差异（第219页）。在传统政治结构中，家庭伦理和国家伦理同构，既如此，就须使内在生活和外在生活和解。传统立法者们试图将内在生活标准建立在血缘关系上，以此完成个体和政治道德观的重构。相较而言，近代思想家试图从政治角度考察个体伦理，要想有新政治，就需有新民德。谭嗣同对婚姻家庭的批判，落脚点也在对专制政治的批判。

近代思想家的"自然人性观"表面上颠覆了古典的政治结构，却无力重建新的个体和政治伦理。对此，《权利观》尚未加以关注。不仅如此，无政府主义或专制集团的形成是这种权利道德的必然命运。维新派人士的行动已经潜在表明，接下来必定是一段普遍混乱的时期，这里将是政治道德家们争夺"话语权"的战场。袁世凯称帝之后，知识界一方面流行以章太炎为代表的悲观论调，主张无政府主义，另一方面流行所谓"民权派"和"国权派"，主张绝对主义的国家观。1914年，《甲寅》月刊在东京创刊，以崭新姿态开始了对政治精神的探究。这并非维新派思想的延续，因为旧的制度结构——清政府已被推翻，新的结构尚未形成，现实生活中的政治派系之间的斗争充分地显示了各自的权利道德造成的差异。

思想家们信奉着他们的学说，军阀们则在斗争中维持自己朝不保夕的命运，后者不仅为知识分子的另类生存提供了条件，也为西方国家在中国培植势力提供了可能性。有产者根据现状决断自身的命运，唯有一个彻底沦落的阶级——农民，对一切充满绝望。在此，一部分知识分子成了有产阶级的寄生虫，另外一部分则将眼光投向了工人和农民。这群知识分子既然与一个国家的基础力量如此接近，必将获得巨大的力量。

权利道德要承受严峻的现实生活之考验，它意味着斗争，五四运动意味着近代思想的分水岭。工人和农民的解放将对有产者构成严厉打击。他们毫无权利,要求最后的解放,要求分享解放的成果,因此他们的斗争运动也最猛烈。《权利观》当然也看到:无论如何,反传统、反儒学是"五四人"的鲜明个性。反传统、反儒学被他们视为"提倡科学"的基本任务和神圣职责,他们对以儒家为主流的传统思想文化的内在资源视而不见(第273—274页)。

如果说维新派人士还想在古代儒家中寻找新资源,"五四人"则明确宣称在传统中根本不存在内在资源。"五四"的革命行动表现出对传统的否定,借此历史将走出其"静态性",而建构一种能动的个体和法精神。在此,个体作为人格和国家作为人格最终结合起来。作者对"五四人"有关传统文化的激烈批判不以为然,在他看来,正是"五四人"彻底颠覆传统,忽视了以儒家为主流的传统思想文化。但在评论者看来,倘若没有"五四人"的决意割裂,就没有走出传统人伦道德的现实可能性。

3　重新反思法治概念*

20世纪90年代以来,有关"法治"的讨论一直是法学界的焦点,并且获得了一些基本结论。人们普遍认为,法治的核心在于保障个体安全、财产和自由;限制公权力的行使,使公权力的运作在法律框架下运行;确立法律至上的原则,尤其是确立宪法至上的原则;确保司法独立且公正;等等。然而,这并不意味着我们已经获得了有关法治的清晰看法。

我们注意到如下现象:人们在谈论法治概念时,总要谈到宪政与分权的概念,谈到基本权利的观念,不仅如此,有学者还将法律的公开性、法律的可预期性以及规范的明确性和无内在矛盾性作为法治的基本要素,将法治视为法律规范和法律制度自身的特征;此外,从事部门法研究的学者则从自身立场出发来界定法治原则,比如刑法学

---

* 本文原刊于《读书》2013年第12期。

者的"罪刑法定原则",行政法学者的"法律优先""法律保留""比例原则"等。

从总体上讲,中国法学界有关法治概念的认识仍是开放性的。这种开放性尽管表达出法治概念的丰富内涵,但同时表明尚缺乏对于法治概念严格的逻辑分析。实际上,迄今为止关于法治原则的归纳和总结,混合了各种不同的要素。人们并未注意到这些要素之间的内在关联,因而往往会从某一要素出发,将其视为法治的整体,以此为标准来审查法治与社会发展,结果导致了各种片面法治观的产生。此外,他们也忽视了这些要素中的某一些至今仍处于动态的发展过程,因而用绝对的眼光去衡量法治与社会发展。如此种种,都要求我们对"法治是什么"这个问题重新反思。

一

法治的首要含义就是"法律之治"。但此处所谓"法律"并非泛指一切规则,而是指有特定品质之规则,这些品质如正当、理性、公正等。只有当规则具有上述品质时,立法者自身才受约束,法律才能得到普遍的遵守。这些品质意味着,举凡成为法律之规则,必须具有普遍性和一般性。法治要求的规则必须是一般性的、具有普遍适用性的规则,而非个别的、有针对性的政策或措施。

亚里士多德早就注意到，法律规则的普遍性是法治必须遵守之规诫，他说，"法律应在任何方面受到尊重而保持无上的权威，执政人员和公民团体只应在法律（通则）所不及的'个别事例'上有所抉择，两者都不该侵犯法律"。这就意味着，每当普遍规范的法律（通则）和着眼于个别事项的命令之间产生冲突和对立时，必须明确"命令永不可能成为通则（'普遍'）"。尽管霍布斯主张主权者的命令即法律，但他所谓的"命令"也具有"通则"的特征，霍布斯的后世传人法学家奥斯汀指出，严格意义上的法律是一般性的规则，"临时的或特定的命令"并非法律。

现代法治论者对于法治要求的法律形态有更深刻的领会，他们将法律的可预期、公开和明确、法律的稳定性以及普遍性作为法律规则的特定品质，例如，有人就将规则的特定品质视为"法律的内在道德"，提出法律规则应具有如下属性：一般性、公布或公开、可预期、明确、无内在矛盾、可遵循、稳定性、同一性。实际上，这些原则均可从"命令永不可以成为通则"的亚里士多德式的格言中推出来。"法律的统治"意味着普遍规则的统治，而规则的普遍性又意味着规则自身是明确的、无内在矛盾的、可以遵循的等。不仅如此，从普遍规则相对于命令的优先性中亦可推出：法律高于政府，需由特定机关即司法机关根据普遍规则进行治理，甚至可进一步推知，法官在审判活动中须公平倾听两造意见、公正裁判等原则。

"命令永不可能成为通则"这一古代法治的格言伴随着人类对于语言的自觉而来。法律规则的普遍性背后蕴涵着对于语言自身逻辑的深刻领悟。意识到语言具有普遍性，并且意识到语言的普遍性能在现实生活中通过书写得到保持，正是成文法诞生的根本动因。成文法是人类自身思维发展到一定阶段的产物。一旦将法律成文化，一旦将主观性的命令书写成法律，并在现实生活中加以运用，就必然会伴随着对语言的高度自觉，也就当然会产生对法治的特定法律形态的领悟。也因此，法治的法律形态没有历史，人类对于法治的法律形态的理解是与成文法运动的发展同步的，并且在现代成文法中获得了更丰富的形式。

仅仅从法律形态的角度评判法治是极其偏颇的。尽管法学家富勒将规则的特定品质视为法律的"内在道德"，但在其法治原则中，却忽视了对"共同体之善"的追求。仅仅从规则的普遍性出发来看待法治，只是一种狭隘的法律学观点，会导致"形式的法律概念"。形式的法律概念与法律规范的具体内容无关，而只同有权立法的机关是否根据特定立法程序立法相关。形式的法律概念试图将法治的法律形态等同于法治，除了表明法治是特定的实定法的统治之外，别无其他意义。形式意义上的法治可以与各种政体结盟。亚里士多德早就注意到，"相应于城邦的好坏，法律也有好坏，或者是合乎正义的或者是不合乎正义"。形式意义上的法治并未说明法律如何被制定，也未说明基本权利、平等和正义。尽管它似乎在拘束权力的任意擅断方面具有优势，例如禁止制定溯及既往的法律，禁止秘密制定法律等等。但许多形式的专制规则仍然与法治相符合。例如，形式意义上的法治可以同等级制的政治结构结盟。不仅如此，形式意义上的法律还具有扩张倾向，立法机关能以法律的形式强占一切。形式意义上的法治只意味着立法机关的统治，但其结果却是：谁占有立法权利，谁就可以统治。

二

法律形态的法治没有历史，规则的普遍性只是语言自身的逻辑要求。与之不同，价值形态的法治拥有自身的历史。价值形态的法治强调，个体权利的保障是在历史进程中发展起来的，它与自然权利的兴起一道勃兴，并在此过程中，实现了同法律形态的法治的结盟，从而形成所谓的"权利法治观"。在此，公民具有相互尊重的道德权利和义务，享有参与国家政治生活、免受国家权力非法侵犯的权利，这些权利在实定法中得到了承认。不仅如此，价值形态的法治还表明，建立在自然权利基础上的法治不过是价值形态的法治之一环而已。

在古代世界盛行一种"自然正当"的观念，所谓"自然正当"，是指城邦生活中，习惯性、祖传下来的事物有神圣不可侵犯的属性，它意味着人类经验到的世界秩序的神圣性。一切正当的东西都是根据人类自身体验所获得的规律性的东西。在古代世界，人们对自身的认识局限在城邦的生活场景中，对正义的认识未曾超逾城邦的习惯秩序。人们注意到，柏拉图赖以为根据的原则，即所谓的辅助理性来统治的激情，实际上指的就是"爱自身的事物"，体现在城邦政治法律生活中，指的就是"爱自家人"。正是在此意义上，黑格尔正确地指出，柏拉图的哲学围绕着旋转的原则正是城邦生活的原则。此外，尽管罗马人提出了所谓的"万民法"，但这并非普遍性的法律，而只是罗马人同其他城邦以有利于政治治理为目的达成的妥协方案。人们注意到，罗马人称为"公正"的东西并无明确的和显著的现代"权利"的内涵。即便在重视个体精神的罗马时代，也缺乏有效的语言手段来表达现代意义上的权利概念。

主体意义上的人的诞生，伴随着从自然正当向自然权利的过渡而出现。尽管基尔克将中世纪诠释为个体性的摇篮，尽管奥卡姆的威廉据说首次在人权的意义上使用 jus（法）这个概念，但大规模地在个人权利的意义上使用 jus 却是在 15 世纪后。例如，在格劳秀斯的《论战争与和平法》中，jus 含义之一就包括使个体合法地拥有某物或为某事成为正当的道德品质。这并非个别现象，在同时代的西班牙耶稣会学者苏亚雷兹和意大利新教徒金蒂利笔下也出现了人类的普遍权利概念。例如，苏亚雷兹就将jus界定为"每个人所拥有的对自己的财产或其所应有的事物的一种道德权利"。

施特劳斯认为，从自然正当向自然权利的真正转化由马基雅维利发端，并在霍布斯笔下获得了严格的哲学论证。马基雅维利首次揭示了，正义并没有什么超人的、也没有什么自然的根据。全部的人类事物都是变动不居的，不可能服从于稳定的正义原则。这就意味着，建立在人们的生活体验基础之上的、神圣不可侵犯的传统的城邦秩序如今被彻底推翻。霍布斯从人对暴力造成的横死的恐惧中发现了一切欲求中最强烈和最根本的欲求，即最初的、自我保全的欲求，从此，人们渐渐习惯于从肉身性的欲望、本能、要求和存在中寻找政治法律的根源，在政治生活领域，亚里士多德的"人是城邦动物"的格言遂走向遗忘之境。

人的生命、自由、财产和安全是伴随世俗化而来的固有权利，因而不可褫夺。建立在自然权利基础上的基本权利因此就为一切政治法律制度设定了边界。在洛克笔下，即便进入政治法律状态，自然人也绝不曾交出其生命权和财产权，一旦政府沦为暴虐的政府，一旦统治的形式不再捍卫人的基本权利，基本权利就为革命和反抗提供了辩解理由。基本权利是法律之前的权利，它是道德意义上或哲学意义上的权利。

在以自由、安全和财产为主题的政治法律秩序中，自然权利与法律形态的结合产生了一个重要的法律范畴，即"基本权利"。真正的基本权利必须建立在对于人的自然权利的承认基础之上，并为此目的而颁布。这些奠基于自然权利之上的基本权利，本质上是享有自由的个人权利，而且是与国家相对峙的权利。基本权利是"人之为人"的权利，即人权，在此，"人之为人"是一项道德判断，而非一项法律判断。人权并不依赖国家的法律而存在，即便法律剥夺公民权利，也不可能剥夺人权。基本权利的真正根源并非存在于法律之中，而是存在于法律之前。基本权利是适用于所有人的、普遍的，而无须考虑他们的国别。

基本权利是个体的权利，即孤立个人的权利，因此，它只是个人主义的自由权，而并非源于社会、源于共同体的自由权。在基本权利的基础上，只能得出对于政府权力之运用的拘束性要求，一切对于基本权利的法律干预都是受到严格限制的，甚至是完全禁止的，比如，洛克就指出，财产权和人身自由权是神圣不可侵犯的。因而，对于基本权利的禁止就属例外情况，甚至连这些例外情况也应受到限制，并且是可以预测的和受一般规定制约的。

基本权利是自然权利的法律化形式。随着自然权利名目的增多，基本权利的数量也逐步增加。考虑到自然权利受制于个体的自然欲求，因而，随着现代社会的发展以及个体欲求的解放，在基本权利方面就存在一种过度扩展的倾向，这就是所谓权利"绝对化"的趋势。权利的"绝对化"意味着"对于责任的近乎缄默，以及将权利承载者臆想为一个独立自治的个体的趋势"。这一切导致公共生活失去了敢于共担责任和风险的共同体美德。基本权利的绝对化和泛滥导致了现代社会深刻的法律危机，一旦人们对自身利益的关切超出了对共同体生活的关切，法律存在的基础就被掏空了。现代人已经不太清楚共同体的价值何在，遗忘了共同体的观念乃是一切权利之存在的命脉和源泉。

这一切均表明，仅仅在自然权利的基础上理解"权利"并不充分。自然权利学说源自霍布斯式的人类学预设，即一种对于人类本性的抽象看法。在此，人被视为赤裸裸的生物，既缺乏个性，也缺乏精神追求。在此基础上，政治法律秩序的目的在于为人提供基本的生存保障，以维系人类的肉体生存和欲望满足。但人类的欲求生活是无限的，面对这种无限性，法律秩序常有束手无策之感。正是在此意义上，霍布斯要求个体绝对服从于政治权利，而洛克则提出，在政治法律生活无法满足社会性需要时，为了正义可以覆灭国家与法律。

尽管自然权利凸显了人类固有的、不可舍弃的基本权利，但自然权利并非权利的全部内涵。根本的原因在于，人绝非单纯由欲望支配的动物，而是有自由选择意志的个体。并且，人绝非被迫臣服外来的秩序，而是主动地承担了塑造秩序的任务,他懂得了服从自己制定的规则的必要性,懂得了唯有在服从自己制定的法律的过程中的自由才是真正的自由。真正的自由意志必须服从自身的立法。这一点在德国观念论法哲学那里发展成为系统性的学说,正是康德首次将以人的个体性的和经验性的欲求为基础的自然权利转变成为先验的、具有内在社会性指向的自由权利,从而使个体与秩序达到了和解。从此,我们就可以理解,人类选择生活在其中的政治法律状态并非外在的、他律的秩序状态,而是有自由意志的个体自身塑造的秩序状态。自然权利的实现只关注于原子式个体,而自由权利则具有真正的共同体和社会的属性,它不限于个体自然权利或固有权利的满足,而且设定和追求那些必须通过社会合作才能获得满足的权利。

三

亚里士多德早就注意到,"完全按照成文法律统治的政体不会是最优良的政体",他谈到了"法治"和"人治"的区分,但他无意夸大这种区分,他一方面指出,有时王制的前景较之法治的前景要更为美好,另一方面也注意到,"在我们今日,谁都承认法律是最优良的统治者,法律能尽其本旨做出最适当的判决,可是,这里也得设置若干职官——例如法官——他们在法律所没有周详的事例上，可以做出他们的判决"。亚里士多德深谙形式意义上的法治的局限，"法律确实不能完备无疑，不能写定一切细节，这些原可留待人们去审议"。

在亚里士多德看来，法律本身可以或倾向于寡头，或倾向于平民，因此会导致如下问题：城邦的最高治权应该寄托于怎样的人们？要想解决这个问题，必须回到政体论。法治必定是根据政体而制定的，不同类型的政体与不同类型的法治相对应。法律形态的法治可以同任何形式的政体结盟。实际上，亚里士多德的经典的"法治"定义就出现在讨论"贵族政体"的篇章中。在古代世界，"贵族政体"通常被认为是具备了较好法律的城邦。

古代法治为我们提供了解释法治的法律形态同政体间关系的模本。法治的法律形态无法自动完成治理，因而需要相关机制，与之相似，现代法治也对应特定的国家形态，即一种建立在权力分立基础上的国家形态。司法权、行政权、立法权一道共同推动着现代法治的进展，在它们之间存在着一种"适当的关系"。例如，要将政府机构划分为三个范畴（立法、执行和司法部门）；主张政府有三种具体职能（行政、立法和司法职能）；主张应由不同人群组成这些部门和行使这些职能，并且成员身份不能重叠；此外，还主张政府的每个部门应成为对其他部门行使专断权力的制约，而不得对其他部门施加不当影响。在施米特看来，权力的分立和制衡，并非一种臆想的分离，并非针对人的权势欲的"仅仅在心理上得到论证的未雨绸缪",相反,"它是立法性国家直接必要的结构性基本原则"。之所以如此,是因为这种"适当关系"与价值形态的法治相适应。具体来说,它对应于人类针对自由、财产和安全的内在的和固有的自然权利。三权分立在思想上的最成熟的论述首次出现在孟德斯鸠笔下,在《论法的精神》一书中,可以看到权力分立与人的自由之间的内在关联。

随着自然权利向自由权利的过渡,对秩序基本品质的理解也发生了根本性变化。原先以个体为中心的政治法律秩序转变成为多元化的秩序形态。在政治法律框架下,不仅个人,而且个人的结合,都获得了存在和发展的空间。在以自然权利为基础的时代,权利秩序的终极目标在于个体的自由、财产和安全的维护,在此,政府充当"守夜人"的角色,个体的自然权利乃是国家的限度,法律之外才是自由的圣地和摇篮。然而,自由权的出现要求权利秩序本身即是自由的秩序,不仅要满足固有权利,而且要实现获得性权利。

法治的这种重大变革在19世纪下半期以来尤其明显。19世纪60年代以来,在德国法学界盛行所谓"社会国"的观念。"社会国"想要通过社会保险、教育、住房、税收、劳动环境等政策,救济和救助贫穷者,减少贫富差别,提供风险保证,实现社会平等,提供福利水平,等等。"社会国"凭借其对实质目的的关注逐步扩大了行政权,导致了行政权和立法权之间的紧张，它要求行政权全面干预社会生活的各个领域，最大限度地增加公共福利，为个体自由提供实质保护，这就对传统的权力分立与制衡学说提出了极大挑战。

另一方面，随着现代社会合作主义倾向的发展，社会力量在政治生活中的影响力逐步增强，代议制机构成为各种利益争夺的战场，在此情形下，三权分立的框架中逐步引入古代混合政体的基本经验，即将各个利益阶层纳入政治活动和国家管理的框架中，既考虑个体自由的保护，继续维持和保留权力分立的整体框架，又在每种权力内部引入利益平衡的机制，如在立法机关内部引入贵族制和民主制的两院制划分。又如，在行政权内部，民选的总统和由议会选举的内阁相互制约，从而使现代法治所对应的国家形态呈现一种颇为复杂的状态。

四

想要掌握古代法治同现代法治之间的根本差异，须以全面理解法治概念为前提。法治既是一种法律形态，也是一种价值形态，亦是一种国家形态。从法律形态上来讲，古今法治都意味着普遍规则的统治，而倘若从价值形态和国家形态来看，古今法治的根本差异则在于，现代法治基于个人自治的观念，将政治和社会关系视作自治主体的构建，而古代的法治论者则坚持要通过集体行动的力量去支配人们的生活。与此同时，在法治的国家形态方面，古代人对权力的分立和制衡是闻所未闻的，相反，他们关注社会各阶级之间的平衡，强调共同体的不同利益都享有各自的位阶，这就导向一种混合政体的理论，而非权力分立的理论。

法治的三种形态也是法治的三个层次，这三个层次动态地结合在一起，共同缔造了一种类型的法治。不能将法治仅仅视为现代社会的产物，古代社会也有自身的法治概念；不应片面地对待法治概念，即便在现代社会，法治概念也处于不断发展过程之中。不仅如此，在法治的三种形态之间还存在内在关联。例如，价值形态的目的是培养有益于法律规则治理的法治文化，国家形态则要确保规则的制定和推行体现特定的价值和目的。法治概念的开放性在于它是三层次动态的复合体，正是这种动态发展，极大扩展了我们关于法治概念的想象力。

4 从权利推定到权利演绎[*]

一

权利是现代法学和政治哲学的一个核心概念，但在当代中国，权利概念被接受为法理学的一个核心概念和范畴，还是20世纪80年代后期的事情。当时有一场"权利—义务本位"的大讨论，如今看来，这场讨论很有反思和回顾的必要，因为它为中国法学提供了一个基本的分析范畴，权利的视角如今已经成为我们看待现代法治的一个本质性的视角。回过头来看80年代后期的那场讨论，尽管他们当时还没有接触到像我们今天接触到的那么多的文献，但的确可以说，当时的青年法学家群体，已经深深地领悟到了现代法学的实质乃是权利之学这句格言的深层

---

[*] 本文为作者于2014年中国法理学研究会年会上的发言稿。

含义。

之所以做上述简要回顾，目的是想要说明，权利概念之所以被接受，并不像我们今天有些学者认为的，权利是无须证明的，相反，权利概念不仅需要证明，而且需要进一步认识。我这篇论文基于对20世纪80年代后期以来权利研究的成果，更具体地说，这里想要思考的仍然是权利的证明和认识的问题。

在此，我想要强调的一个重要观念：这里讨论的权利，不是实定法意义上的权利，而是居于实定法之前的权利，是一种道德权利，或者权利的观念。有关权利本位的学说实际上预示的也正是这个居于实定法之前的道德权利的观念。应该说，这种权利观念对于即将开始市场经济建设的中国人来说，是非常有意义的，它开始将个体从集体的束缚中解放出来，为经济社会生活提供了极大活力。

二

在我看来，权利本位学说揭示了权利的重要性，但没有完成甚至没有提出权利的证明问题。这就体现在，对于居于实定法之前的这种道德权利的观念，究竟需不需要证明，如何进行证明，它并没有给出回答。或者说，那时的权利学说，主要是揭示了这种道德权利在法学中的意义。

举一个例子，也就是我在这里要讲的一个重要命题，即权利推定,从有关这个命题的讨论中,可以看到90年代中国法理学者对权利概念思考的特点。我认为,权利推定没有对存在于法律之前的权利概念究竟从何而来,如何能居于法律之前,并对法律生活提供基本规诫等问题做出系统解答,而是将这些问题抛在一旁,致力于讨论在法制变革中究竟以什么为根据,采取何种方式来表达权利主张、维护利益,并把权利主张和利益需要转变为法律的、制度的要求的问题。因此,权利推定关心的,并不是权利的正当性来源,而是权利的表达,它想要回答"人权概念究竟是怎样写进法律的"。

权利推定无法回答为什么一谈到权利,立马想到的是个体的利益、资格与主张,为什么一想到权利,立即想到的是对政府权力的限制。不仅如此,由于无视先于法律而存在的道德权利的范围和基本规诫,在将这种权利转换为法律权利的过程中,就可能会出现权利的滥用。由于"不同的权利推定反映了对于权利及人权的不同理解",它就无法担保权利推定的过程能够永恒地满足普遍人权的需要。"人权"先于法律而存在,是为每个人享有的自然权利,权利推定要将这种在法律之前存在的道德权利转换为客观法;并且这种转换取决于历史和政治现实,也取决于政治观念。因此,在很大程度上,这种转化常常被作为一种政治手段与政治策略。这一切就使权利推定极有可能会违背在法律之前存在的权利的基本要求,而只是服从于某些人的权利要求，将这些人的权利提升为法律权利，这显然与权利的普遍平等的内涵不相适应。

权利推定面临的这个问题，实际上涉及权利自身的正当性和边界。而要想防范权利推定的内在风险，避免权利话语的滥用，就须对权利概念本身进行规定和证明，这正是我提出的权利演绎的主要任务，这就过渡到我在这里想要说的第二个命题——权利演绎。

三

权利演绎是德国古典法哲学提出的一个经典的法理学命题，它从先验哲学的立场出发，想要为权利概念进行先天的证明。这个概念是我在对德国古典法哲学的系统研究和考察中发现的，并且意识到这个概念对权利哲学思考的重要意义，正是这个发现，使我觉得有可能将德国古典法哲学有关权利演绎的思考发展成为一个比较系统的学说，这个学说可以解决权利推定未能解决的前提性问题，而且还能够使我们对于权利学说有更深入的理解。

接下来简要阐述有关权利演绎的一般结构和内容，以及它对现有权利学说可能产生的影响：

首先要注意的是，这里所谓的权利演绎，完整的并且更准确的叫法是"权利的先验演绎"。这里的演绎概念，不是形式逻辑上的概念，而是先验哲学中的概念，更为具体地讲，先验演绎是指独立于经验实在而对概念的正当性进行阐明的哲学方法。

其次，这里的演绎分为两个层次。第一个层次是从个体性概念出发对于权利进行的形而上学演绎，第二个层次是严格意义上的先验演绎。当代研究权利学说的学者们，最典型的做法是将法律权利概念的根据置于抽象的个体概念之中，一切法律权利都不过是从个体的欲望、本能和要求中分析出来的。然而，抽象的个体性并不能为权利概念提供证明，因为尽管我们借此也许获得了权利的主体，却不能得出权利必须获得法律保护和他人尊重，使他人承担相应义务的结论。因为，在抽象的个体性概念中并未包含法律保护的必要性，找不出任何理由将外在的保护以及他人的尊重和对义务的承担纳入这一抽象的个体性之内。因此，单凭这个抽象的个体性还不是权利。

因此，就需要进一步思考抽象的个体性究竟如何进入同他人的相互关系，进入法律和权威，从而获得后者的保护。因此，有关权利的证明必须回答，法律与权威是根据什么从这一抽象个体中诞生出来的。这就是权利的先验演绎要解决的根本问题。更一般地说，所谓的权利的先验演绎就是要阐明个体与他者的关系。权利的先验演绎必须将个体性概念置于同他者的关系之中。这就意味着要将权利概念解释为一项原则，凭借这一原则可以看出其他个体权利同法律、权威以及其他个体的结合。因此，权利的先验演绎的根本任务是，如何在个体性概念基础上，超出个体性为权利在共同体之中的存在做出可靠的证明。关于权利的哲学演绎因此必须对个体与个体的结合做论证。又因为这类判断的根据不是根据实定法做出的，因而需要论证的综合判断就不仅独立于法律经验，而且必须被认为是一切法律权利之所以可能的先天条件。

为了解决这个根本任务，需要回到德国古典法哲学的语境进行理论重构，这就需要还原德国古典法哲学有关权利演绎的具体过程，这是我在《自由、权利与共同体——德国观念论的法权演绎学说》一书中的主要工作。通过对德国观念论哲学家有关权利演绎的梳理可以发现，在有关权利的判断中，事先存在一个将个体同他者联系起来的综合判断。一旦权利演绎得以完成，个体与个体之间的关系就建立起来，从而为权利推定确立了边界，即一切权利推定都必须着眼于个体之间的结合，也就是共同体，并且，在这一结合的范围内，每个人都享有同等的权利。因此，想要保证权利推定不同推定之前存在的权利观念矛盾，就必须用权利演绎来限制权利推定的过程。

这个权利演绎的结论，体现在德国古典法哲学中，就是有关相互承认的学说，这里的相互承认实际上是一种共同体的存在方式，例如，康德将权利理解为"根据一项自由的普遍法则，任何人的有意识的行为能和其他人的有意识的行为相协调的全部条件"。在此基础上，权利的普遍原则就是"外在地要这样行动：你的意志的自由行使，根据一条普遍的法则，能够和所有人其他人的自由并存"。费希特在《自然权利基础》中首次提到了关于权利演绎的问题，他明确主张，权利概念是纯粹理性的原始概念，并且是关于自由存在者的彼此必然关系的概念。在谢林的学说中，这种相互关系也是权利演绎的重点，他指出："法学仅仅演绎那种能够把自由的生物设想为相互作用的生物的自然机制，而这种机制只能通过自由建立起来。"最后，当黑格尔宣称权利是自由的定在时，已然揭示了权利的本质是关系，因为他所说的自由并不是单纯个体意志的特征，相反，他是指希求自由意志的那种自由意志。这已然预设了两个意志之间的相互承认了。

四

从总体上讲，权利演绎是近代法哲学发展史上的最重要的成果，是权利哲学的重要组成部分，但一直以来，在权利哲学的内部，人们只知有权利推定学说，不知有权利演绎。

值得注意的是，之前存在的权利推定都是基于自然权利，因而无视权利内在的共同体向度，坚持认为法学与立法的使命在于实现权利和权利保障，并由此表达了想要实现一种符合维护权利、约束权力的政治结构改革的愿望。

对于德国古典法哲学在权利论证问题上的贡献，现代权利学说并未给予充分注意。经由权利演绎，可以获得如下论断：权利的生长离不开共同体，任何针对权利的追求，最终都是对基于相互承认的共同体的追求。在现代自由主义的法学教义中，义务被定义为，为了使权利获得满足而设定给权利相对方的负担，这明显忽视了权利的共同体属性。脱离了共同体，追求权利只是空洞的口号。

尽管从现代社会心理学出发，可以揭示自我通过社会获得塑造的道理，从而推断出任何权利的存在，必须以内化了权利文化的共同体为前提，但是，基于现代社会心理学对于权利概念的证明，还只是从经验的角度对于权利的一种证明，很容易遭到基于实验方法的社会心理学的反驳。这里有必要提醒的是，权利概念中出现的权利关系或共同体，只是一种内在于理性的内在结构中的规定，总体上讲，它们是一些内在规定，具有应然的作用。因此，它揭示的是一种理想结构，而非现实结构，换言之，权利演绎告诉我们，当我们谈到权利概念的时候，已经在这个概念中预设了一个共同体结构。

基于权利的先验演绎，我们可以展望一种新的权利哲学，这种权利哲学教导的是，个体的自我完善和发展不只是停留在个体需要及其满足和不受他人及政府权力侵害和妨碍的范围内，只有在共同体的范畴中，个体才能实现其最高和最完善的发展。这就将共同体和个体与个体之间的相互关系视为权利概念的内在规诫,因此,它探讨的权利关系,就是在权利推定之前道德权利存在的根本样态,这种权利关系是一切权利推定之所以能发生、有权发生的基础,也是确保权利推定正确进行的基本规诫。正是在此意义上,有关权利演绎的思考就开启了一种新的权利思维,这种权利思维为重新反思个体与共同体之间的关系提供了指南,不仅将个体视为目的,也要将共同体视为目的,既要使共同体成为权利实现过程中的积极的而非消极的因素,也要使权利成为共同体发展过程中的积极的而非消极的要素。只有将权利建立在共同体或权利关系的基础上,一种个体与共同体相互协调的权利哲学方才得以可能。

5 权利哲学必须重视共同体思维[*]

在当下中国法学使用的权利理论模型中,往往过分重视个体生活层面,而忽视了共同体的肯定和积极的意义。尽管晚近的社群主义和共和主义对此种理论模型进行了有力批判,但在当代中国政治法律学说中,尚未出现一种重视共同体生活的权利哲学。

传统法学以权利话语为中心,认为法学与立法的使命在于实现权利和权利保障,并由此表达以保障权利、约束权力为内核的政治体制改革的愿望。在时下有关政治法律理论的思考中,人们已经开始反思这一以权利为内核的政治法律思维。例如,国内学者在有关权利的思考中,已经十分明确地意识到了以个体权利为中心的权利学说所存在的局限,提出了"德性权利"的观念,想要为权利学说输入一种德性精神,甚至基于儒家政治哲学,提出了"和谐

---

[*] 本文曾发表于《中国社会科学报》2017年6月1日法学版。

权利"的概念，并且在介绍西方学说的基础上，开始强调人权论证范式从主体性向关系性的转变。近年来西方学者有关以个体权利为核心的权利学说的批判也被引入，例如，辛格在对传统自然权利学说的批评中指出，传统权利观缺乏可操作性（operative），它们将个体与共同体对立起来，仅仅将个体的人性视为权利的基础。杜兹纳在其有关人权哲学的论著中注意到："尽管政治自由主义已成为权利的先驱，但自由主义哲学并不能成功地解释权利的自然属性。"格伦顿则从权利的实践出发，注意到现代权利话语有一种"绝对化"倾向。形形色色的权利尽管"拓展了个人自由的范畴，却未对它们的归途、彼此的关联以及它们与相应的责任或者总体福利的关系给予太多的考虑"，在格伦顿看来，权利的绝对化意味着"对于责任的近乎缄默，以及将权利承载者臆想为一个独立自治的个体的趋势"。

因此，单纯将共同体视为手段而不同时视为目的的权利哲学观，本身是不完整的，或者如辛格所说，是缺乏"可操作性"的。然而，倘若将共同体的视野引入权利哲学内，又有取消传统权利哲学所确立的个体尊严和个体利益保障之嫌，这样一来，权利哲学赖以存在的根据仿佛消失了，因为我们关心的，不是个体之外的共同体存在的可能性，而是一种与个体和谐共存的共同体之存在的可能性。一种认真对待共同体的权利哲学不是想要消除传统权利哲学中个体的利益和主张等要素，而是想要使个体利益、主张与共同体的存在相协调，不是以个体来对抗共同体，而是谋求个体和共同体的协调与平衡。

新的权利哲学必须重新反思个体与共同体之间的关系，不仅需要将个体视为目的，也要将共同体视为目的，既要懂得使权利成为共同体发展过程中的积极的而非消极的要素，也要使共同体成为权利实现过程中的积极的而非消极的因素。从某种意义上讲，当代西方流行的社群主义和共和主义只是揭示了单纯建立在个体的利益和主张基础上的权利概念的不充分性，却未真正揭示个体与共同体究竟在何种意义上相互结合。尽管它们扩大了我们考察政治法律问题的视野，将共同体的积极意义引入自由主义的框架内，然而，一旦将古代城邦的或罗马帝国的经验引入现代社会，又是令人充满疑虑的。在政治法律生活领域，我们不能只是大发思古之幽情，而是应该在当下的基础上，寻找个体权利与共同体和谐存在的根据。

超越自由主义的个体性，确立共同体之存在的正当性，这种工作从表面上看似乎不可能。之所以如此，是因为人们习惯将共同体视为某种类型的实体，视为某个时期和某个地方的具体统治结构，而未曾设想共同体作为抽象的精神存在的可能性。我们的政治法律传统习惯将这种精神性的共同体一概地置于道德领域，因而将对共同体的伦理研究置于伦理学之中，而非将其归属于政治法律学说。

同样，诉诸社群主义和共和主义也无法提供有关此种精神性的共同体的认识，因为它们提供的只能是某种历史性地出现的共同体结构。而这种结构现在不存在了，因此只能在历史文献和经典思想家的文本中，寻找过去曾出现过的共同体的影子。

那么，我们只能将共同体的存在不是视为在任何具体历史中获得证明的，而是先天地存在于人的理性的结构中。只要人是一个有限的理性存在者，他就必然会生活在共同体的结构中。在此，人的本质并不是个别性而是共同性，不是个体性而是社会性。

既然共同体并非实体，而是一种存在形式，是个体存在结构中不可缺少的环节，那么，要想在个体和共同体之间谋求和解，解决之道就不是在具体的个人和具体的政府权力之间的平衡，而是要将个体的权利视为个体自我完善和自我发展的固有权限和资格。权利哲学必须教导的是，个体的自我完善和发展并不只是停留在个体需要和满足以及不受他者和政府权力侵害和妨碍的范围之内，只有在共同体范畴中，个体才能实现其最高和最完善的发展，这样才能既承认个体的优先性，又不否认共同体的存在。

因此，新的权利哲学就不会接受诺齐克的"最低限度的国家"——他关切的仍然是将国家视为一个建立在公民需要基础上的具体机构——而是要将国家视为黑格尔意义上的伦理国家。这种作为伦理实在的国家，并不只是经验意义上的存在，也是一种观念的或精神意义上的存在，它是理智国家，是一切经验意义上的国家的模型。在现实中，任何一个国家也许都不曾获得过这种原初意义上的国家形式。它是从个体生存与发展的概念中，从个体的本质规定中演绎出来的。权利哲学的任务因此不是要论述具体个人和具体共同体之间的关系，而是要阐明在个体的自我完善过程中，是否存在内在的理由将共同生活视为完善生活的理想，无论这种共同生活采取的是强制性的措施，还是合作的形式。

毋庸置疑，任何经验意义上的共同体，越是能促进个体的自我完善，就越是接近于这种原初形式，也就越是从理性对个体自我完善的要求中获得存在的合理性。反之，漠视个体自我完善与发展的现实生活中的国家，将无法获得个体的尊重和支持。然而，任何个体又不能将自我完善的可能性仅仅系之于共同体，因为共同体的基础不是源自任何经验意义上的共同体。在经验意义上的共同体无法为人们的自我完善提供条件的地方，那种不可见的共同体便成为权利保障和权利实现的根本动力，也成为改造经验意义上的共同体的策源地。在经验意义上的共同体与理智意义上的共同体相互配合的地方，个体对于自我完善的要求总是能够转换为制度性的语言，并且获得他人的尊重。

因而，权利哲学的核心不在于将个体权利与共同体对立，并在这种对立中谋求权利的保障和实现，而在于认识到，只有在一种符合理智共同体的结构中，权利才能获得实现和保障。在权利哲学体系中，共同体不是与权利对抗的要素，而是权利的内在要求，基于个体的自由选择的权利哲学需要懂得，共同体并非只是手段，也具有自身的目的。因此，与权利相互适应的共同体的基础和内在结构以及表达形式，是权利哲学必须思考的关键问题。权利哲学必须学会和懂得在个体维度之外再补充进共同体的维度，必须理解和懂得，对共同体的考察实际上提出了权利的动力学问题，失去了共同体的支持，权利乃无源之水、无本之木。

20世纪80年代以来，有关权利的概念和学说逐渐成为中国法学的主流意识形态，并且最终将"利益个别化"和"个别化利益的增长"作为权利学说的应有之义，尚未注意到权利概念的共同体向度，未曾意识到对权利的共同体要素的研究实际上关系到权利概念生成的机理。没有共同体要素，权利概念不可能成为真正意义上的法律概念。忽视权利概念的共同体向度，导致的直接后果就是在与权利相关的其他关键概念，如法治、宪法概念的内部，也缺乏对共同体的深层反思。尽管近年来法学研究与政治学、政治哲学的结合，尤其是与古典政治哲学的结合，使人们注意到，脱离政治生活、共同体生活讨论纯粹的、规范意义上的法律科学的做法，有碍于对政治法律哲学的深入研究，尽管法律社会学、法律经济学研究的兴起和发展使人们注意到法律与共同体生活的其他领域有着制约和促进关系，但人们仍然停留在传统权利观上，这一点导致了在将权利学说运用于具体个案时，无法为当代中国的社会发展提供充分而又全面的分析框架。

只关注限制政府权力的权利哲学，并非真正意义上的权利哲学，它的活力取决于政治权力的活力，它不断地从与之对峙的权力结构中获得营养，因而它依附这种权力结构。这种权利哲学实际上缺乏独立性。真正的权利哲学，要能在个体的观念之上，重新塑造与之相适应的公共权力和社会生活形式。只有在这种由它本身建立的共同体中，个体才能真正获得自我完善。这里所谓的共同体并非指任何意义上的具体政体，而是指一种奠基于人格的自由发展、尊重个体人格的共同体，这种共同体的存在不依赖于任何经验意义上的共同体，而是一种内在于人的理智中的观念意义上的、不可见的共同体，表达了人的共同生存的本质。

弄清楚与权利学说相互适应的共同体问题，就为时下以权利为核心的法律制度的变革提出了新思路，即不是一味将关注的焦点置于控制权力、防止权力滥用，而是也关注与权利相适应的共同体的塑造、形成与守护。不是将一切有形政府视为共同体，而是将共同体视为一切有形政府的基础，从而为权利生长和发展寻找更开阔的发展路径，避免权利发展与对抗一切统治形式，与政治怨恨、政治冷漠和社会责任、职业伦理的缺失纠缠在一起。权利因素的发展，固然体现为适合于权利发展的制度性变革，但更重要的是，权利因素的发展必须以共同体观念为前提。如何促成由共同体观念支撑的政治法律制度变革，是当代中国权利学说必须认真严肃地对待的问题。

此外，重视制度性生活领域中的共同体要素，并不只是一种道德要求，也是现实的制度性需要，这种制度并不单纯着眼于个体权利的维护和保障，而直接涉及共同体的存在形式。从表面上看，共同体的存在形式与以权利为基础的个体生活形式毫不相干，甚至与之背道而驰，因为，共同体不仅是服务于个体的共同体，而且具有其独立存在的本质和价值，在必要时，它甚至要求个体做出奉献和牺牲。共同体的存在拒绝以权利意识为基本的动力要求，两者的存在有不同逻辑。但从实质上讲，共同体之所以存在，是以权利为基础的生活自我扬弃的需要，是个体的权利诉求得以实现的基础和前提。因此，要想保障以权利为基础的生活，必须确立一个不以个体私利为基本推动力而以普遍意志为品质的共同体。

6 走向语言的共同体*

——对当前法哲学的语言学转向的一点思考

当代西方法哲学与语言学的转向有着密切的关系,在哈特有关法律的概念的思考中,不时会出现语义分析的情景,比如他一上来就提到了所谓秃头的例子,以此来说明"标准事例或典范和成问题的事例之间的差异只是程度问题",又比如,著名的"开放性结构"(open texture)就是同语言本身的特征相关。由此可见,20世纪哲学中发生的语言学的转向已经非常深刻地渗透进法学家的分析,尤其当翻阅当代法哲学的一些文献时,我们或许会有这样一种印象,即语言学的分析占据了当代法学分析的半壁江山。法学研究的核心对象——规范,在根本上被视为一种语言现象。在年轻一代的法学理论研究者中,奥斯汀的"以言行事"理论和哈贝马斯强调的语言的"施为性"理论已经成为法学理论分析所必备的基本常识。

---

* 本文曾发表于《语言战略研究》2017年第5期。

毋庸置疑，法律规则首先作为一种语言现象存在，在法学研究中，规范性的现象首先是一种语言现象，因此，对语言的理解就为理解规范性寻找到了突破口。于是，我们就看到，当代法律研究者们甚至试图用语言的规范性和逻辑性来界定法律的规范性，强调法律语言的特殊性，为法律语言界定清晰的内涵和外延，与之相伴的是，法律研究和法律教育中大量技术性的语言的出现，比如法人、合伙、犯罪构成、要约、诉等，整个法学研究和法学教育基本上都是围绕着这些技术性的语言来进行的。法律语言学在近年来作为一个新兴的研究领域受到了法学界的关注。语言学的研究者开始进入法学理论研究领域，对法律语言这一独特的语言现象和领域进行深度分析。

当代中国法学研究已经敏锐地感觉到语言学对法学研究的重要意义，但总体上来看，当代中国法学研究者对语言的了解并没有进入海德格尔的语言的存在之思的领域、奥斯汀的"以言行事"的层面，并没有深入地探究维特根斯坦语言游戏论背后的秘密，对于哈贝马斯等人所强调的"施为性"的语言态度并没有深入探究。在目前的法学研究中，语言学在某种意义上还是作为一种技术性的分析工具，寻找确定的内涵和外延的语义分析仍然是目前法律语言学研究的重要任务。

20世纪西方哲学因为语言学的转向打破了传统主体性哲学的主流地位，从而为新的哲学思维方式的开启奠定了基础，也为新的法学与政治思辨提供了哲学前提。当代法哲学与政治哲学所建构的共同体，在很大意义上已经成为一种语言共同体，是一种在语言的沟通和交往中形成的共同体。语言学已经不再仅仅是对于能指进行单纯分析的技术性学问，而进一步成为一种思辨的语言哲学，进入所指，进入生活世界，这种语言哲学开始探究现代人的生存状况，并试图从一种原初的语言中为现代人的生存找到新的出路。

然而，在当代中国法学理论研究中，并没有清楚地展示出语言学的转向可能带给法学思维和法学视野的变化。一个明显的现象是，法哲学的研究中并没有重视语言学转向带来的刺激。我们从 20 世纪语言哲学的发展可以看到，语言不再是单纯的具有某种具体明确指代内容的名称或符号，语言也成为一种意义的表征，当代中国法哲学研究者还没有深入地研究索绪尔提出的能指和所指的区分，法律语言并不仅仅是一套技术性的语言，而是表征了民族共同体生活的意义。当代中国法哲学应该从 20 世纪语言哲学的转向中获得启示，来阐发一系列能够表征民族共同体生活意义的法律概念，来思考一种建立在纯粹语言基础上的共同体生活空间，并因此反思当前的共同体生活。总的来说，应该通过对语言哲学的吸纳，来思考和建构一种面向生活世界的法哲学。

当代中国对法律语言学的研究，还仅仅停留在法律活动中的一系列法律现象的范围内，做实证的和规范性的研究，并没有进入通过语言来构建共同体生活层面的思考。随着法律语言研究的专业化，对庭审过程中双方当事人的语言、判决书中法官语言的研究，成为当前法律语言学研究的重点，当前的法律修辞学的研究也还仅仅停留在判决书中法官的谋篇布局，仅仅停留在对法律语言的使用的分析上面。尽管目前的修辞学研究已经注意到了要从亚里士多德等古典作家那里寻找理论资源，强调修辞与逻辑的两分，但是尚未注意到修辞学同古典政制的内在关联，对于修辞学，尤其是法律修辞在城邦政治生活中的作用尚未进行充分发掘。

不过，眼下中国法哲学研究者通过译介德国学者菲韦格的《论题学与法学》，已经注意到了一种不同于现代法学基本思维方式的论题学思维方式在古典世界和中世纪法律思想中的支配性地位，并且从论题学的思维方式出发，注意到"运用论题学思考方式有可能建构一个'开放的体系'，建构一个"有待充实意义内容的'框架结构'"。将这种论题学的思维方式同传统法学研究中的公理学的演绎推理方法结合起来，就有可能形成一个完整的有关法律体系的认识。论题学的思维方式是当今法哲学研究同语言哲学研究结合起来的一个比较重要的成果，它从法学内部吸收了语言哲学的研究，为将法律世界视为一个开放的基于沟通的共同生活世界提供了通道。

7 关于民间法的法哲学沉思*

民间法在何种意义上被称为"法"？它究竟是国家制定法所认可的民间习惯，还是尽管国家制定法尚未对其加以认可，却对民众具有普遍约束力的行为规范？明确这两点，也就意味着民间法所具有的不同的法的身份，前者我们仍然可以称得上是法，尽管它是以习惯的方式体现，而后者很难称得上是严格意义上的法，它是一种与国家制定法相互冲突的规范形态，也可以说是一种独立于国家制定法的"法"形态。违反了前者，会导致国家制定法所规定的强制力所强加的不利，而违反后者的行为甚至可能是国家制定法所认可或默许的。

不论民间法是不是指为国家制定法所承认的民间习惯，都可以推论得出，这种习惯不具有制定法的形态，它为某个特定的地区或者特定的人群所特有，并且是长时间

---

* 本文为2022年1月16日作者在"跨学科视野下的民间法"第一届学术论坛上的发言稿。

中存留下来的。长时间的共同生活赋予特定人群以特定的行为方式，并赋予特定的行为方式以意义。这就意味着，民间法并不仅仅是一种规范性的存在（尽管我们可以从他们的行为方式中，从他们的口耳相传的内容中获得这种规范形态），也是一种具有伦理内容的存在。

民间法不仅表现为行为模式，也表现为特定群体的生活态度和意义，表现为一种正确的生活方式，这种生活方式源于"祖传"，因时间古老而具有正当性。民间法所蕴含的行为方式和生活态度及意义一定十分明确，不仅如此，民间法因其时间久远而为每一个人遵守，它诉诸的是一个通常是超越时间的权威，例如祖宗神灵或其他图腾，因而具有神圣性。

与之相对，制定法在很大程度上需要以强制力作为后盾，缺乏强制力的保证就无法被遵守，并且它诉诸的常常是一个人或一群人，这个人或这群人通过自身的意志而立法。但是，制定法所蕴含的行为方式和生活态度，并不一定十分明确，因此制定法需要解释，民间法一般情形下无须解释，而源自一种习惯。仅仅从规范的形态来看，民间法因此较之制定法更为稳定、更具有权威性。

不为国家制定法所认可的民间法，由于它自身蕴含了特定的行为方式、生活方式和态度，那就意味着，它是一个与国家制定法相竞争的世界。这样的民间法常常是国家制定法进行变革的来源，立法者从民间法中吸收规范，以改革既有的制定法，甚至从民间法中获取生活态度和意义，重新塑造一种新的生活方式。这样的民间法也常常是国家制定法的补充，在国家制定法无法对生活秩序进行整体性的调整之前，民间法可以发挥维护生活秩序的效果。但此时，国家制定法也要充分意识到，民间法调整的结果，必然产生有别于国家制定法试图达到的结果，因为两者之间所预设的生活世界必然不相同，否则，国家制定法就等同于民间法，这也正是历史法学派所讲述的民族精神作为法的来源的真正内涵。

民间法的探究会揭示有别于制定法想要建立的世界，因而会为新的制定法提供想象的来源。在这个意义上的民间法并不是制定法的附属物，而是新的规范性内容从中获得灵感的来源。而这一切都是独立于制定法而存在的。它更为古老，也更具有想象力，它甚至可能是制定法预设的人类理性所不及的。这是法哲学层面上对民间法意义的阐释。

为国家制定法体系所认可的民间法，尽管以习惯方式体现，但由于它为国家制定法体系认可，因此可以将这种习惯转化为制定法形态。在此，民间法就具有了两项内容，一项是国家的承认，另一项则是具体的习惯。这就意味着，群体的特定生活方式、特定生活态度得到了制定法秩序的承认。但由于制定法秩序也有属于自身的生活方式和生活态度，这种生活方式和态度与民间法所蕴含的群体的生活方式和生活态度并不一定同质，甚至在很大程度上不同质（因为如果完全同质，民间法就可以为国家制定法完全取代，而不必单独保有民间法这一名称）。但这就进一步意味着，尽管民间法得到了制定法的承认，但民间法并不一定认同制定法的生活方式和态度。在此种情形下，制定法承认民间法，仅是一种姿态，如果它不能实现对民间法背后的生活态度和意义的吸纳，而只是形式上认同一种民间法，其结果也必然是民间法反对制定法。因此，制定法对民间法的真正意义上的承认，不仅要求对某种行为模式的承认，而且要允许在主权国家的范围内，存在多元的群体生活形态和意义。这是在制定法主导的时代民间法存在的根本前提条件。

因此，除非国家制定法在对于权利秩序的构想中，承认民间法所代表的群体生活秩序，否则，简单地认可民间法的行为模式，可能会导致民间法和国家制定法之间的冲突。民间法与制定法之间的冲突不仅是行为模式方面的冲突，同一个行为，在国家制定法的范围内和在民间法的范围内，可能指向完全相反的意义。单纯形式性地遵守一种民间法是不可能的，民间法的价值不仅体现在行为方式上，还体现在行为方式指向的生活世界的意义方面。

与之相对，国家制定法可以将意义秩序放在一边，而从形式上进行合法与非法的判断。换句话说，在国家制定法中，可以区别法律与道德，但在民间法中，无法区分规范与道德。对民间法的违反，不能简单地说合法与非法。对于生活在由习惯支配的群体中的人来说，违反习惯法就意味着失去成员资格，而一个行为违反国家制定法的人，不一定产生被开除公民身份的结果。

从历史上看，是先有民间法，后有国家制定法。古代世界尽管也有制定法，但这些制定法说到底是民间法的成文化，例如，在韦伯看来，《汉谟拉比法典》"不过是将既有的法加以法典化"，又比如，在埃里希看来，"当古典时期的罗马法学家提到市民法时，他们所指的是罗马法的习惯法"（《法社会学原理》，第486页）。

大规模的制定法运动是在现代意义上的主权国家诞生之后，尤其是在启蒙之后。随着近代民族国家的诞生和对主权者立法能力的强调，民间法的地位逐渐下降。霍布斯对此做过如下论述："当老习惯取得了法律的权威时，这权威不是由于时间长而来的，乃是由于主权者的缄默不言说明了自己的意旨而来的，因为缄默有时就表示同意。当统治者在这方面不缄默时，它就不能成为法律了。因此，如果主权者不以自己目前的意志，而以原订的法律作为某一权利问题的根据时，时间的长短不能妨碍他的权利，这问题只能根据公道的原则加以判断"（《利维坦》，第207页）。

国家制定法的背后设定了一个立法意志，国家制定法积极参与秩序的构造，凸显出人类理性在建构属于自身的生活方式方面的特征。相对于民间法来说，国家制定法具有明确的目的性和意志性，甚至具有反思性的特征，国家制定法自身具有一定的自反机制，可以通过修改程序来变革自身。但民间法的权威性和正当性源于历史，源于漫长的生活方式，在很大程度上是无意识地存在的。从法哲学的角度看，民间法的无意识性或者说习惯性，同制定法的有意识性，或者自反省构成了鲜明对照。无意识性或者说习惯性可以保障法律的遵守，民间法具有内在的权威性，这是国家制定法所不及的方面，但也正因如此，民间法具有保守性，尤其是无法面对改革时代的社会生活。

8 良好的法秩序的可能性及其前提*

——评吴彦《心智与政治秩序》

吴彦撰写的文章，论题都很宏大，但他常常又以极其细腻的笔调处理这些论题，因此，看似宏大的主题的写作，行文上又特别注意细节，这是他的特点。他很喜欢一些评注类工作，例如他会就一个词进行考证，想要从中发掘宏大的东西。他甚至有心想给康德的《论永久和平》搞一个注释版。宏大和精细在他笔下的这种结合就十分明显地体现在《心智》一书中。我原本期待他在一般原理的层面上讨论心智与政治秩序之间的同构性问题，但稍微翻阅这本小册子，发现里面有不少地方谈论了家庭、学校等共同体中的单位及其细节，甚至他明确主张可在三个层面上谈论国家（参见第80—81页）。我很佩服他敢于如此处理这样的大题目，另一方面也担心他如此面面俱到，会伤害

---

* 本文是作者在2019年12月28日同济法哲学工作坊第一期研讨会上的发言稿。改订后发表于《政治思想评论》第二辑"法国新黑格尔主义的政治思想"（商务印书馆2022年版）。本次研讨会围绕吴彦博士《心智与政治秩序》（商务印书馆2023年版，下文简称《心智》）一书初稿进行深入讨论。

整体的论证计划。

很显然,目前的这个稿子还没有完成,第五章才刚刚开始,结语中预言的虚拟的对话还没有发生。尽管他在后记中声称"从任何现代精细的写作手法及清晰的问题意识出发来看,本书都不能被看成是一本成功的作品。然而,本书却是我自己思考自己的东西或借着诸多大家给出的框架来思考我自己的东西的一次尝试"(第152页)。但从已成稿的部分来看,他的意图十分清楚,他说自己想要做的"是希望直面问题本身,去检讨一些一般性的问题",这里的一些一般性的问题,按照他的引言中的说法,应该就是自由主义的问题。尽管他也强调,自己不是"对自由主义的各个面向做出全面且细致的检讨"(第8页),此外,"这本小册子之思考并不旨在提供某条'道路'"(第7页)。

对于作者自身的承诺,我们要给予更多的关注。《心智》一书究竟传达了一些什么样的内容?他想要自行思考的东西是什么?尽管《心智》说并不提供某条"道路",但是否也提供了通往某条道路的暗示?这些问题都是比较有意思的。接下来,本文想要深入细节,就《心智》的论证进行一些观察。

从总体上讲,《心智》是在两个方面展开的。一个是对自由主义的反思和批判,几乎占据了第一章和第二章的全部内容。在这两章中,可以看到《心智》一书的明显偏好,这就是,它是站在古典政治哲学的一边来反思现代,具体来说，是反思霍布斯以来的政治哲学。另一个是对国家性质的理解，具体来说，是有关"辅助性"国家观念的理解。《心智》一书想要在"辅助性"原理基础上提出一种不同的国家观。但这两个部分似乎缺乏内在的关系，第一个部分的论述中，没有凸显出辅助性原则的任何要素，辅助性原则的出现是在第三章，但仅仅是简单提及而已。直到第四章中才得到较详尽的发挥。因此，本文的评论着力于两个问题：第一是《心智》一书对自由主义的批判，在其中出现了一些值得注意的内容。第二个问题是对辅助性原则基础上的国家观的理解问题，尤其是"辅助性原则"基础上的国家观究竟在何种意义上体现了心智与政治秩序同构的原则。

有关对于自由主义的批判这部分内容在《心智》一书中占有的比重较大，表述也最清晰。现代自由主义有关政治秩序的思考在品质上不同于古典政治哲学的思考，已经熟悉了施特劳斯派政治哲学的阅读者对此并不陌生。自由主义的国家学说承诺的东西太少，它并不如古典政治哲学那样给出有关好生活的承诺。不仅如此，在现代自由主义的国家学说中，缺乏具体内容，文化、历史、伦理这些东西都通通不见了。

为此，吴彦深入霍布斯的政治哲学去探究引发这种问题的原因（参见第一章），这在我看来不过是步施特劳斯后尘。即便如此，这个部分中还是有一些比较有意思的内容，在此值得专门提及，例如，他将霍布斯意义上生活在自然状态中的人称为野蛮人，但这并非我们在批判霍布斯的一般意义上说的，而是在亚里士多德对于人的界定的基础上得出的结论。因为在亚里士多德那里，人是城邦动物，人只有在城邦中生存才是一个道德的人，否则，就要么是野兽，要么是超人（神灵）（第20页）。吴彦也注意到，在霍布斯笔下，自然状态无法被克服，"国家与自然状态同行"（第22页），这就意味着在霍布斯那里，国家无法得到完全的证明。霍布斯无力在根本意义上建成政治秩序，为国家提供存在的基础。《心智》一书将这一失败归结为"自然"与"人为"的两分。政治秩序或者国家在霍布斯这里是建立在人的意志的基础上的，从此，政治是被人"制作"出来的，是人凭借某种技艺的造物。这在《心智》看来是一种"自我创造的神话"。这种自我创造的意志必然造成"革命"。这是《心智》一书在第一章中的基本逻辑。

在与亚里士多德的对勘中，《心智》一书在第二章中明确将霍布斯建立在人的意志基础上的政治秩序，视为一种"缺德"的政治秩序。一旦将政治秩序的基础置于意志之上，幸福生活就掌握在平等而自由的意志主体（行动者）手中。从而，在这些自由和平等的意志的基础上形成的秩序，就不会有高低等级之分。不仅如此，由于政治生活的基础现在被置于意志的选择的基础之上，现代自由主义仅仅强调选择，而不对选择的内容作出规定，因此，究竟选择过怎样的共同体生活就成了放任自流的事。在这里重要的是每个人对美好生活的个人理解，在自由主义构想的政治秩序中，这种对美好生活的个人理解因此是要尊重和保障的。这就意味着，政治秩序本身是中立的。它不得干预自由且平等的个体对美好生活的个人理解和基于这种理解做出的行动，主要这种行动不侵犯他人。

这种自我规定的人格，也就是潜藏在霍布斯式自由主义政治秩序构想背后的那个人的形象，其实就是一个抽象的人。相对于古典时代，例如对柏拉图和亚里士多德笔下的人来说，这种人的特征是空洞的。在此重要的是选择，至于哪些东西可以选择，哪些东西不能选择，是不重要的。因此，建立在这种人的形象的基础上的政治理论就是一种缺乏"教育"的政治理论。至此，《心智》一书的主题方才向我们透露出来，这里所谓的"心智"（Mind）很显然不是指抽象的心灵，而是指一种通过教育塑造的心灵。很显然，现代政治秩序是与心智无涉的。即便是现代政治秩序中的那个懂得自由选择的主体也必须通过教育塑造。

《心智》一书看到自由主义背后有一种"有关人的特定理解"，这就是一个自由人的形象，这个自由人"可以凭借理性能力构建，修改和追求自己的人生计划"，在此过程中，却没有看到人是通过对于欲望的克制、性情的良化等等诸如此类的"修-养"而逐渐成长为一个人的。（参见第二章第2节和3节)。《心智》一书竭力向我们表明，现代自由主义秩序下的心智是空洞的。说现代自由主义之下的人没有"心智"，这是一个模糊的说法，充其量只能说，这里的心智缺乏锻炼，或者说现代自由主义缺乏对于心智的教化。在这里我们看到了现代的作家群体和古典时代的作家群体的对比（参见第45—46页）。

很显然，说现代自由主义背后没有心智，还缺乏更多的证据。《心智》一书充其量说现代自由主义不具有古典政治哲学中的那种心智。也正是在这里，我要提出对《心智》一书的第一个批评，《心智》一书认为，即便在康德那里，他对自主性和对理性的阐发也并非他对"真正的人"的一种把握。他将康德笔下的自由原则，视为道德活动的可能性条件，而不是道德活动本身（第47—48页）。当《心智》一书如此来看待康德的时候，它就无法理解康德笔下自由和道德的真正含义，一旦将道德的基础置于不受经验束缚的自由，道德就会摆脱个体的私人利益，基于这种道德的自由行动，就当然具有道德的含义。实际上，康德正是在普通的道德义务中去发现道德法则的。换言之，《心智》一书要么是过于忽视要么是有意忽视康德的自由基础上的道德。尽管这种道德看起来并不像古典世界的道德那样具有明确内容。相反，古典时代的一切具有明确指向的道德都要接受自由基础上的道德法则的规范（参见《道德形而上学奠基》的开端部分）。《心智》一书明确看到，在康德那里，"自由的真正内涵是与德性、节制这样一些事物联系在一起的"（第49页）。因此，如果考虑到康德及其伦理学基础上的自由主义学说，那么，《心智》对于自由主义的批判就应该更谨慎一些。

《心智》第三章的标题和副标题会让人产生一种期待。在这里，副标题宣告了一种对于国家的具体的理解，也就是一种有"边界"和"历史"的政治体。第三章一上来就讲述自由主义的国家学说。自由主义视国家为一种应该防范的东西，由于自由主义政治学的基础是人的自由选择，那么，一切干扰自由选择的东西都是不可忍受的，在自由主义的前提提出上，我们无法期待有一种稳定的国家形态，国家最终是要被消灭的（第56页）。《心智》一书认为，这种对国家的理解是一种误解。第三章接下来检讨两种国家形成的基本模式，社会契约基础上的国家观不过是自由主义论述国家的基本模型而已。在此值得特别注意的是演化论意义上的国家观。在此，国家是自然演化的结果。《心智》借助亚里士多德《政治学》中有关城邦诞生的论述来叙述这种演化（第60页）。在这两种模式的对立中，《心智》向我们展示了自由主义的国家模式中的种种不足（第63—65页）。

《心智》第三章有关演化论的国家观的叙事建立在对亚里士多德《政治学》的一种独特的理解之上。对于亚里士多德的"自足"概念，《心智》一书从需求的匮乏的角度出发进行了理解,"从哲学上讲,国家的生成在一定意义上是一个自然而然的过程,其生成的根本动力在于'匮乏',或在于'自给自足'的缺乏"(第63页)。在这个叙述过程中,"自主"能力的获得看起来就是人类在满足需求的过程中自然演化的结果。人类在满足需求的过程中出现了各种类型的共同体,国家其实不过是共同体中的一种。"国家正是在这一层层的向外不断衍生和扩散的'共同体化'的过程中被自然而然地促生而成的。"(第64页)严格来说,《心智》对于国家的演化模式的叙事并不符合亚里士多德本人的论述。在它谈论"自足"时,丝毫没有提及《尼各马可伦理学》中有关自足生活的论述。《政治学》中讲述的自足与资源的匮乏没有关系,"自足"是一种善的生活的状态。与自足更相关的并非物质的富足,而是友爱与德性。从这个意义上讲,《心智》对古典政治哲学所构想的国家观念(或者更为准确地说是城邦观念)的梳理并不充分。对于亚里士多德来说,不同于霍布斯,生活本身就具有某种甜蜜的东西,因此,城邦之不可或缺并不是为了满足外在需要,而是为了满足灵魂对于善的追求,换句话说,想要实现人的完善,必须进入城邦。

有意思的是,《心智》似乎不是想在亚里士多德的基础上获得某种国家观念,因为在接下来,它借用了康德的"非社会的社会性"的学说,试图在此基础上解释人类联合(参见第66—67页)。他试图用"非社会的社会性"所包含的同一性与差异的原则来解释国家存在的根源。但这种借用也不彻底，因为在随后，《心智》描述了一幅更为抽象的"形而上学图景"，想要借此来解释国家的存在，在这个图景中，"世界上也不存在有着'绝对边界'的个体，自成一体而不与外界'交往'的个体是不存在的"（第66页）。一方面，孤立的个体是不存在的，另一方面，"人，作为一个身体性的存在者以及一个感官的存在者，可以以与其他事物一样的方式与世界以及与其他同类相交往，但其所拥有的理性能力，促成了特定的交往形式"（第67页）。由此可见，个体必然要进入共同生活。

由于《心智》并未明确表示要在自由主义之外提供对国家的性质的某种解释，而是使用了多种论证途径来表达这一点，这就使我们对如下问题感兴趣：《心智》究竟在何种意义上表达对国家性质的理解？从第三章目前给出的论述来说，对这个问题的回答看起来还是模糊的。在第68页及其以下部分，它试图从自然要素和意志要素两者出发来解释国家，并且将侧重点置于意志的基础上，但问题在于，不同的意志为何要结合起来形成国家，对于这一点并没有说明。这是我想要提出的有关《心智》的论证的第二个问题。

第三章有关国家性质的讲述中，最值得注意的是第4节对国家的"全局性"和"辅助性"的理解。考虑到第四章中《心智》一书要对辅助原则进行详尽的说明，我们似乎可以认为，他是将"辅助原则"作为国家性质最重要的论断。但也就是在这里，出现了在我看来《心智》一书在论证上的第三个问题。这就是国家的全局性和"辅助性"之间的对立问题。因为全局性意味着国家对于它内部的一切都加以规定，这就意味着在国家之外似乎不再存在其他的共同体，国家是最高的共同体。

但另一方面，《心智》又强调，"国家只是对于'既有'的人类生活形式的一种规定。它只是'附加'上去的一种对于保障其他人类生活形式来讲是必要的东西，而不是创造新的生活形式"，这是一个有意思的论题。在这里，"国家只是扮演了一种决断的功能（在现实可能的生活形式之间做出抉择），而不是创造的功能（创建新的生活形式）"。这就在根本上取消了意志论基础上的国家观的创造性。国家因此就是在已经成就的基础上进行判断，因此，这样的国家应该是历史上已经形成的具体的国家。国家因此不是我们塑造出来的一个新的空间，而是既有的空间基础上的一种建制。相对于那些被规定下来的、已然存在的社会生活形式，国家的功能是"辅助性"的。"它只是对存在于它之内的其他人类联合形式的一种帮扶，使之能够更好地发挥自身的功能，促进人类的完满，而不是取代或创造一些新的生活形式。"（两处引文都出现在第74页）

国家的全局性和这种帮扶主义的国家观之间存在内在对立，亦即，当《心智》强调国家"让我们逃无可逃"（第

72页）时，国家如何可以限定在一种帮扶性的或者辅助性的角色基础上呢？很显然，这两种国家有着不同的基础。

社会学意义上的国家体现为个别的实体，"它占据着空间并承载着历史和文化""国家只是一些特定生活方式的总和"（第75页）。社会学意义上的国家观呈现为一种全局性，在国家所支配的空间和时间范围内，国家应该享有全权。如此方能理解《心智》中所强调的全局性的国家观。但问题在于，这种社会学意义上的实体国家，显然无法承载《心智》所宣称的心智与政治秩序同构，在这里没有与心智任何意义上的关联。因此，想要发现《心智》中所承诺的心智与政治秩序的同构，只能依赖那种辅助性的国家观，但辅助性的国家显然受到了限制，它不能独自创造什么东西，只能去发现和判断，因此在这里失去了全权地位。

在《心智》第三章分析的国家的性质中存在一种内在张力。这种张力使《心智》不得不主张一种"二元性的国家观"："国家不能仅仅作为一个社会学意义上的国家，它还必须成为一个伦理学意义上的国家"（第75页），"国家必然需要成为一个正当国家，而这种正当性从根本意义上来讲就是对于人类联合之自然要素的尊重，或者说对于人类生活之自然基础的尊重。"正是在这里，《心智》一书在一个括号中谈到了自然法，在它看来，人类生活之自然基础构成了国家的行动必须要遵守的自然法。与此同时，这种自然法似乎更多体现为一种禁令，这就是，"对于其他人类联合形式可以依靠其自身予以处理的事情，国家必须留给自己，而不能僭越地将之归附为它自己的事务，因此在这里，国家在根本意义上是理性扮演一种辅助性的功能"（以上引文均见于第76页）。在这里，辅助性原则得到了第一次明确的说明。辅助性原则因此就不是社会学意义上的辅助，不是一种事实上的辅助，而是蕴含了某种道德原则。这是《心智》在第四章中想要做的事情。

伦理学意义上的国家观主要通过国家的辅助性来体现。辅助性意义上的国家在很大程度上冲淡了国家的全局性。辅助性的国家才是国家的真正的伦理身份。相反，全局性的国家只是一个假象。甚至在很大意义上可以说，不取消这种国家的全局性，就无法对辅助性的国家观给出论述。《心智》第四章一上来就强调这一点，这就是他根据第三章中的演化论的分析模式，强调国家不是人类联合的最终边界，它应该被统合到一个更大的共同体。实际上，这就拆除了国家的社会学基础。严格来说，在《心智》的整个建构中，社会学意义上的国家是不重要的，社会学意义上的国家无法回答正当国家的来源问题。很显然，正当国家不是来源于社会学意义上的国家，在这里国家享有全权，而是源于更高的道德与自然法的原则。第四章主要讲述两项基本的政治原理，分别是共同善的原则和辅助性原则。实际上，两者具有内在的关系。离开了共同善的原则，辅助性的原则没有办法得到理解（第87页"我们也可以把对人类善的保护——即致力于共同善——看成是政治体的根本目的，而把辅助性原则看成是达致这一根本目的的最合乎自然，亦即最合乎理性的方式"）。

但共同善如何作为国家生活的目的，这一点在《心智》一书中并未得到明确表述。《心智》一书仅仅强调："在我看来，国家所主要致力于的就是为生活于其中的人提供一种好的生活。就这种好生活的基本内容来讲，它是由各种不同的人类善构成的。"（第86页）实际上，共同善的原则本来可以被作为正当国家的基础来表述。或者说，国家的基础就是共同善。《心智》本可以直接地在共同善的基础上构建一种国家观念。也就是说，人类对于共同善的追求先天地要求有国家。这是人类生活的自然要素，一切人为的设计都不得去打破这一点。

从目前完成的部分来看，对共同善的论述是不清晰的。吴彦之所以运用这一原则，与他近年来的自然法转向有内在的关联。吴彦自从出版《康德法哲学导论》后，整个的学问方向向着自然法偏转。他希望能够借助自然法的资源来弥补康德的自由原则中的空洞性，这也导致了他在批判自由主义的过程中，也将康德笔下的自主原则作为一个靶子。但是，这种缺乏论证的共同善存在一个最为根本的难题，共同善的原则与《心智》一书中所强调的心智究竟是怎样的关系？心智这个词意味着要从精神的层面来把握对于共同善的构想。

不仅如此，为了实现共同善采取的辅助性原则也需要论述。撇开这个原则的由来不谈（根据《心智》的说法，这个原则起源于亚里士多德），仅从目前较清晰的论述出发，就会立即看出内在的困难，在他论述国家需要辅助性原则的地方，我们看到了这样的表述："就人类生活的起点总是一个自我构成的自主性的人来讲，任何向外的扩展都是为了弥补前面那个维度上活动依其自身所无力完成的东西，所以，国家的存在不是契约的产物，而是内在于人类生活的根本性需求，诸如终局性的判断、对外的防卫，如此等等，所以国家所扮演的是一个为了满足这一需求而产生的角色，它不能超出它原本应当扮演的这样一种辅助性的角色。"（第87页）

根据这里的论述，我们看到，首先这里吸收了自由主义的一项根本性的原则，也就是一个自我构成的自主性的人，无论如何，我们是无法在亚里士多德那里发现这样的人的，当然，这个人是无法实现自足的，因此，国家在此是作为辅助性的角色，也就是在有助于人类完善自身的意义上出现的（国家可以采取的种种完善这个自主性的人的措施，参见第92页的那些高度概括性的说法）。于是我们看到，辅助性的表述意味着国家要在尊重自主性的人的基础上展开自己的活动。它首先要相信这个自主性的人能够在共同善方面做自己能够做的事情，只是在它所不及的方面为之提供帮助。由此看来，《心智》的基础看起来就仍然依赖着那个被它否定的自由主义前提，只是它给作为这个前提的人性增加了一项规定，即自由的主体不仅在于他的选择权利，更在于它对"好的东西"的认识，也就是共同善的认识（第98页）。

《心智》在我看来没有考虑如下可能性，即康德主义强调的自律之中是否已经为共同善的存在留下空间。《心智》没有进一步追问康德式的"自我立法"背后是否有一种对于共同善的要求，就匆匆忙忙地宣判了康德主义的死亡。而由于它不再坚持这种康德主义的前提，甚至在很大意义上要反叛这种前提，就使《心智》一书中对共同善的坚持同它强调的心智失去了内在联系。它似乎更多是在一种自然主义的自然法基础上来谈论共同善，谈论人们的共同生活，这种共同生活并未在精神层面上被建构起来，因此就使辅助性原则的相关表述变得含混，无法实现它承诺的东西。

无论如何，《心智》一书的努力都值得尊重，在当代中国青年法学界，敢于在自己所了解的理论基础上，提出自己的看法，构建一种较为体系化的学说，这需要莫大的勇气和思想资源的储备。如今的青年学人，要么沉溺在某个体系中不能自拔，最终流于一些论题的复述或者是纠缠于细节的论证，要么就是完全不顾前人确立的原则，胆大妄为地评判和自行建构。这些都是我和吴彦所反对的做法，前一种做法将知识和思想视为教条，后一种做法则完全不顾任何思想传统，沦为自行建构体系的狂热。

作为同行者，我十分理解吴彦想要从康德主义立场走向自然法立场的努力。吴彦在多年来研究康德道德哲学与法哲学的基础上，体味到了康德哲学中的某种缺失，或者他自认为的缺乏，他在对于菲尼斯和阿奎那的研究中看到了可以弥补这种缺失的要素。因此，在我继续向观念论深入前行时，他已经开始转向。按照他的说法，这个转向其实早就发生。他在高中时代较早地接触过阿奎那的著作，对其产生了深刻印象，因此，当 2017 年前后我们商量出国访学时，他没有追随一位康德学者，而是投奔到阿奎那自然法的当代传人菲尼斯那里，和菲翁有将近一年的交往。《心智》一书在很大程度上是对这次交往的纪念。

这种转向的努力令人赞赏，因为他完全可以躲在康德主义的光辉之下，做出更精致的成果。在康德法哲学方面，他有不少作品，除了早年翻译墨菲的《康德法哲学》一书之外，他还在商务印书馆出版了《康德法哲学导论》，据说他还有几十万字尚待整理的康德法哲学译稿。此外，他这几年在《论永久和平》这本小册子上面做了大量的研读工作。所有这些都使我们期待，他能在康德法哲学的研究中做出非常好的成果。因此，他转向自然法让我疑惑，我多次在我们的聊天中追问他的转向。

《心智》的写作让我理解这一转向。尽管在我看来，这种努力从目前来看似乎并不完全成功。《心智》一书在关键地方依然依赖康德主义的核心原则,这似乎表明,尽管他试图向自然法偏转,但这种偏转不可避免地带着他在康德学说方面接受的多年训练的痕迹。

思想的转向是困难的,同时,思想的转向不同于物质世界中的离别,可以"挥挥手不带走一片云彩",思想的转向更是一种思想的升华,它使之前形成的观念变得更为丰富。因此,我希望这种痕迹能继续保存,我想对此他应该是心领神会的,在一次谈话中,他明确说自己想要找到一个使自然法原则和康德的原则达成和谐的途径。

在我看来,《心智》一书想要继续保留康德的原则,就要求作为国家的内在目的的共同善也要同时为自主性的人承认,否则国家的辅助性在这些自主性的人面前就会成为一种外在的东西,成为一种强制。更重要的是,考虑到社会学意义上的国家在这本书中的光辉,也因共同善的原则而有所削弱,国家必须在服从共同善的过程中方能获得自身的尊严,而共同善的基础上所形成的共同体,要远远高于国家。因此,在《心智》一书中,共同体成为一个较国家更重要的概念,是一个与共同善的原则同构的概念。但基于前述同样的理由,这一与共同善同构的共同体原则只能存在于心智,它才是真正来说与心智同构的政治秩序。国家、家庭、市民社会或者其他一切共同生活的形态都不过是这一政治秩序的具体化身。作为吴彦多年来知识道路上的同行者,我希望这一共同体的原则(吴彦更喜欢用"人类联合"来表达)在他接下来的工作中得到更清晰和更明确的呈现,我也希望他有关这一原则的论述能更明确地体现出一种康德主义和自然法的融合。

9　当下自然法研究之反思[*]

法哲学关切什么？关切的是对于一切既定的法学前提的反思，自然法是其中的一个反思类型，但为何要反思？从何处开始这反思？

既有的法学知识是一个安乐窝，只需要待在其中，用一些既定的知识展开论辩，或者用一系列来自经验的事实论证这些既有的知识。专家们的最大愿望，要么就是追求既定法学知识的准确的适用，要么就是竭尽全力去缝补现有知识体系中的漏洞。这就是当下的法学，其前提是不加质疑地从他处获得的来，对于这个他处，则保持了最大的敬畏。这不是一种知识的敬畏，这种敬畏源自某种信仰，一种缺乏反思的信仰，或者来自一种源于身体保存的信念，这样才能最好地保存他的身体，使他获得最大程度的舒适感。为此，他制造出了一系列的话语，比如说，唯有

---

[*] 本文是作者于 2022 年 11 月 19 日在同济法哲学沙龙（第一期）"自然法研究在中国：现状及未来展望"的发言稿。

这样的知识才是有用的，但有用的东西只是针对他的身体而言的，专业的知识人只关心身体，他们的思维是围绕着身体而转动的，他们关心的除了自己的身体，还有家人和友人的身体。他们对于大众的身体缺乏敏感性，只能用自己的狭隘心灵去想象大众的身体，把自己的身体当成是大众的身体，并在这种等同中洋洋自得，坚信自己的知识的正确性。

一切既定的东西存在，并且唯有这样的东西才存在，这成为法学知识人的真理，在既定的东西之外没有其他东西，只有此刻和现在，未来是不存在的。即便有未来，也是和眼下一样的未来。生命中到处是同质性，铁板一块的同质性，于是，不是法学，而是现实生活中的发挥权势性的东西，在法学知识中行使它的特权，法学的独立性，在某种意义上是不存在的，它臣服于现实生活中一切有权势的东西。法学家的使命不是正义，而是臣服，臣服是当代法学的德性。

只有道德这个概念才是最卑微的概念，因为它没有权势，它只在少数人的心灵中拥有权势，因此，它被法学家们抛弃，抛弃在一个被人珍爱的领域。只有少数人才明白，身体和现存的东西并不拥有最大的权势，只有少数人才不那般看重现实的东西和与身体有关的东西，只有少数人才知道生命的所在。法学家们活着，而且活得很舒适，但他们是否真正活得好，也许是他们自己不知道的事。人是整全性的存在，然而他只知道身体存在。因此，面向人的法学如若不返回人的整体生存，便是不健康的法学。一切面对现实之物的法学，一切与现实权势合谋的法学，不是一门科学，这样的科学与人的整全无关。

自然法学的研究因此属于这样一种法学，但它单凭自身的知识建构还不能成为法学。自然法学想要成为法学的一个部分，必须使道德的概念不再是一个低贱的概念。道德的概念应该是一个高贵的概念，在身体之外，在既存事物之上，在人的整全生命之中，有一个高贵的存在。倘若道德还是一个下贱的概念，这样一个高贵的存在就不过是伪善。一切同身体，一切同现实生活权势结盟的法学家，都建立在伪善之上。他们一边讨论道德，一边将道德和法律区分开来。他们不假思索地要区分法律与道德，但要让他们不假思索地区分法律和权势、法律和身体就异常困难。

因此，属于法学的自然法学是荒谬的，自然法学要成为法学，必须首先成为道德学说。自然法学必须首先降低自己的身段，在高贵者尚未变得高贵之前，一切自然法学的说教都是谎言。自然法学因此要清楚地意识到，自己是在一种卑微的基础上劳动，自然法学必须首先意识到自己的卑微，是源自生命整全的被压制。要想回复自然法学，必须首先回复生命自身的尊严。

当代中国的自然法研究，因此要进一步突破对经典论说的简单复述，要深切地意识到自己面临的困难，并且要以主人般的态度面对这种困难。当代中国的自然法研究，是否能够使那长久被压制的整全性生命存在重新恢复尊严，是每一位当代中国自然法研究者必须首先面对的问题。离开了这个问题，自然法研究就不过是与历史上的和现实中的既存之物打交道，不过是与研究者自身的身体感觉打交道，没有任何真正高贵之处。

10　法哲学研究的视野*

学人之间作序，或叙相知相识，道尽私人情谊，或就事论事，谈学论道，我和吴彦相识十多年了，按理说，两者都可以写，但又都不好写，毕竟在这本《法哲学的视界》中，其实已经将他这十余年来的主要学术行动甚至包括心路历程都做了展示。书出版了要公之于众，我要给世人展示一个怎样的吴彦呢？

回顾与吴彦的交往，最早我是通过微博留言联系上他的，那时我们都在读研究生，我早已痴迷于德国古典哲学，尤其是康德哲学，总觉得在同龄人之中难有知己，后来读到他讨论康德法哲学的文字，为之一惊，于是有了联络冲动，这算是最初我们二人交往的缘起吧。但我们的第一次相聚已经是在北京，在北航校园里，那时他即将出版

---

* 2021年，同济大学法学院吴彦副教授在商务印书馆出版了《法哲学的视界》。在出版之前，他邀请我作序，此前，他给我的《法哲学与共同生活》一书也撰写了序言。我们心照不宣地彼此写序，为的是能推动一种我们共同期待的法哲学，一种着眼于经典、着眼于反思的超越学科局限的法哲学。

墨菲的《康德：权利哲学》（中国法制出版社2010年版），我也即将出版马尔霍兰的《康德的权利体系》（和导师赵明先生合译，商务印书馆2010年版）。如今想来，这两本书应该是2010年代国内青年学者最早翻译和介绍英美学界的康德法哲学著作，此后我们一发不可收拾，在我的师弟时为知识产权出版社编辑倪江云的支持下，我们合作主持"德意志古典法学丛编"，这是后话。

我们的交往从翻译开始，我们因不同机缘走上了翻译和主持译丛的道路，并对学术翻译持有类似观点。我认同他"语言在根本上与政治认同相关"这一观点，尤其是在面对较我们发达的现代西方学问时。我们尽管一方面要低头认认真真地学习，但另一方面也要清晰地意识到，这种学习最终要转换为我们自身的民族意识，我们应该努力建构自己民族的思想世界，无论是在法哲学，还是在其他思想领域，因此，无论我们识读异国语言的能力有多么强，我们总要面临一个如何用本国的语言言说思想的问题。吴彦是邓正来先生的及门弟子，在翻译方面早有训练，而我的起步则明显要晚一些，直到2006年前后，在刘小枫先生的引导下，我才意识到翻译是紧要之事。翻译绝非仅是文化层面的事情，《法哲学的视界》一书好几篇文字都在讨论翻译之事，我想这样的讨论有一个意义，它可以提醒我们这群出身于1980年代前后的学人，不要觉得自己的语言已经足够娴熟，不要觉得翻译不过是技巧，缺乏原创性，而是要进一步深思翻译对于一种开放的民族认同之建构的意义。一切异域的思想，都要经过翻译才能进入本国的思想中，如此才有我们所期待的"中国学问"。

也许正因为这一点，在我和吴彦十多年的交往中，无论是在私下聊天，还是在公开活动中，都给人以一种译丛组织者的形象。我们或许未必是非常出色的译丛组织者，但我们有一种意识，就是要在我们这一代学人中有意识地营造一种重视翻译的氛围。尽管在眼下，尤其是政法类的研究中，译作并不受重视，但如果我们回顾今天使用的一些学术概念和话语，有几个不是通过翻译的转换来获得的呢？面对现代西方的政法学问，我们即便可以有明确的保留意见，但如果说我们可以远离现代西方的政法学问，我们又将要追求何种政法学问呢？因此，我们带着一种理解现代西方政法学问的立场，甚至是建构中国的政法学问的期待进行译丛组织工作。在整个2010年代，我和吴彦一起坚持我们所认为的译丛事业，我们也偶有怨言，但更多的是乐观，正如他在《漫谈翻译》一文中所说，在目前的学术评价体系之下，对翻译的贬斥，其实在某种程度上保护了翻译，如此，我们才能真正寻找到一批不急不躁，但有着同样的内在追求的同行者。

当然，我们也不仅从事翻译，在过去十年间，我们也写作论文，尤其是评论。2016年，吴彦出版了《日常法理与政治意志》一书，其实是他在各个时期写作的论文或者评论的汇集，这本《法哲学的视界》也同样如此。而我也在2018年和2020年先后出版了《爱欲与共同体》和《法哲学与共同生活》。在这些作品中，我们表达了对于眼下中国法学的相同看法，即中国法学（其实更广泛的也要包括当代中国的政治学研究）普遍地缺乏一种对于意义世界的关注。我们将太多的精力用于对法律法规和政策的现实效果的考察，我们开始向西方学习用各种各样的分析工具来对这些法律法规和政策的逻辑结构和现实效果进行分析。这些分析花样繁多，研究者耗费了极大精力，但又在另一个层面体现出了无知，很多时候，我们的研究不过是用精致的分析工具去揭示一个日常道理甚至意见，而无视我们人类生活的整体性。当我们在赞美某一个现象时，我们缺乏对本质性事态的关切，甚至，我们并不愿意去关心那些现实中看不到的东西，或者历史上曾经出现的东西。在阅读《法哲学视界》这部书稿时，我对吴彦从菲尼斯那里看到的"人类事务哲学"的表述很感兴趣。所谓的人类事务哲学，当然是对人类整体生活的思索，而对人类整体秩序的思索，当然要求我们摆脱那种孤立地看待法律和政策的视角，我们始终要追问，我们对于法律规范和公共政策的建构，在何种意义上与我们对美好生活的想象或者思考相关？

正是这方面的思考，促使吴彦和我不得不对当下流行的一些政法思维进行批判，我们并非温文尔雅的翻译者或者阅读者，尽管吴彦给人的印象似乎要更为沉着冷静，但他的批判笔调在《法哲学的视界》这本书中非常尖锐。他抨击当下中国法哲学的研究现状，从基础研究的匮乏，到过度的"现实取向"，再到对热点的追逐，这些都是年轻一代学人感受至深的现象，但是有谁敢公开地向那些如今已经成为年轻学者"衣食父母"的核心期刊开炮？我缺乏吴彦兄的勇气，只能隐晦地在《法哲学与共同生活》中做一表达，但坦诚的年轻一代学者应该要承认2010年代中国法史学、法哲学学问的衰败，在这些年中，我们花样翻新，有哪个人真正熟悉哪一派学问？有哪个人的写作能够一如既往，沿着某一问题不断深入？有哪个人的学问能越出法学的技术藩篱，给人以生命和价值的启迪？

法学学问当然要关注现实，但关注现实并非仅为了解决现实问题，因为现实问题本身也许才是真正的问题，那些不追问现实的问题本身存在的问题的研究者，匆匆忙忙想要给现实问题提供解决方案，最终就陷入现实的泥潭。在很多时候，并非现实中的一切问题都要解决，这就好比人的一生之中，并非所有的烦恼都需要解决，因为太多的烦恼不过是庸人自扰。我和吴彦常常感叹我们这一代人的价值匮乏，甚至觉得我们还不如前辈们意气风发，我们常常谈及对1980年前后出生的这一代人的希望乃至绝望，但我们仍然需要努力，毕竟我们也属于这个时代。

我和吴彦在认识上的一致还在于，我认同他的"大法学"观念，他倡导一种"大法学"的法理研究，他提出，"法律理论研究不能局限于单纯的法律领域，而必须跳出法律领域，进入由道德、政治和法律哲学共同构成的实践哲学领域"，如果结合他在菲尼斯那里发现的"人类事务哲学"，那么，法律理论的研究，尤其是法哲学的研究，就一定不能脱离对人类事务的整体理解。和吴彦相似，正是考虑到现代法学的学科划分的趋势，我才倡导性地提出"古典法学"，因为在古典法学那里，我们对人类事务的理解还不如现今这样支离破碎，在柏拉图和亚里士多德的语境中，即便在康德、费希特和黑格尔的语境中，我们都可以看到这种对人类事务的整体理解，甚至，我们可以在文学和宗教类的作品中看到。

也正是在此意义上，我们共同推进对经典作品的研究，我们倡导的法哲学与政治哲学也因此是以对经典作品的研究、评论为出发点的法哲学与政治哲学。我们很少就现实问题发言，这不是说我们无视现实，而是我们共同认为，在经典的作品中，我们会更清晰地看到现实生活中存在的问题，或者经典作品会引导我们对现实问题做出不一样的思考。我们敬畏经典，在于我们共同认为，经典作品是人类智慧的源泉，经典作家有着高于我们的智慧，或者有值得我们认真去思索的智慧。我们并不反对创新，但反对蔑视经典作品的胡言乱语。也因此，吴彦才有一些极具讽刺性和批判性的说法，说某一些学问，在一些无关紧要的事情上，或许是有很大的助益，但恰如康德所指出的，这样的学问是"一颗可能很美，只可惜没有脑子的头颅"。

在过去十年间，我和吴彦共同认为并倡导：法哲学的研究，应该向经典的思想家学习，认真研读他们的作品。从经典作品中学习和理解人类的整体事务，是我们今天的法学与政治学研究中不可或缺的部分，因为我们所面对的法律或者公共政策，是针对整个共同体的，是针对生活在共同体秩序中的人的。尽管在现实生活中，我们总是要面对具体的问题，但这些具体的问题对于个体来说并不非孤立，而是活生生的人类生命的一个表达和体现。我们不仅要整体看待共同体的生活，也要整体性看待人，尤其是要看待人对自身意义世界与价值世界的探究。

《法哲学的视界》尽管是一部论文集，甚至其中有不少随笔，但从这些文字中可以看到一个青年法哲学研究者的视野，对国家、战争等问题的思考，显然已经不是在实定法的层面，而是进入人类的具体的生活场域。但正如吴彦在有关部门法哲学研究的评论中所言，人类的具体生活的场域才是法哲学研究应该重点关注的问题，例如，他说，家庭法的基础在于对家庭的法哲学研究，而家庭的法哲学的背后则是对家庭本身的哲学思考和研究。"在这里，法理学者既要深入更基础的哲学性的研究，亦即对家庭、婚姻、战争、国家、契约、公司等人类生活形式和联合形式作出哲学性的研究，又要同时兼涉具体的制度架构。他们所担负的这一承上启下的贯通式的使命,是其他学者无力承担的,或者这也就是我们未来的法理学者理应为其自身设定的任务和使命。"如此说来,一个从事具体的部门法研究的学者,怎么能够仅仅局限在法条构成的世界里面?在这个方面,吴彦甚至对他所批判的社科法学有一丝同情,因为毕竟社科法学更关注人类的具体生活的场域,他们从经济学的、社会学的、人类学的各种视角出发来描述这些具体生活的场域。

吴彦近年来转向自然法研究,尽管他一直不同意我使用"转向"这样的说法。按照他在《我与学术的缘分》一文中的自述,他与自然法的接触早在本科时代就已经开始了。2018年前后,他前往牛津,追随菲尼斯,而在此前,他刚刚翻译出版菲尼斯的系列译作。此事是出乎我的意料的,因为我原本以为他会继续他耗费了大量精力和工夫的康德法哲学的研究,毕竟2016的时候,他刚刚出版了《法、自由与强制力——康德法哲学导论》,这本书应该是2010年代中国年轻一代法哲学研究者出版的第一本有关德国古典法哲学的书。在我们共同主编的"德意志古典法学丛编"中,他还围绕着德国古典法哲学编辑了好几部译文集,此外,我知道他手上还有当年在研究生时代翻译的几十万字的康德法哲学译文。

我是观念论的研究者,康德的法哲学和道德哲学也是我人生和学术之路出发的起点,对于他"转向"自然法,我一度疑惑不解，还和汤沛丰博士有一次长聊。尽管我知道，无论自然法研究也好，观念论研究也罢，我们所关心的都是一个相同的问题，那就是对人类的道德世界或者意义世界的追问。我和吴彦无法分享社科法学和教义法学的知识成果的一个重要原因，是因为在我们看来，它们回避了意义与价值的问题。按照我的说法，他们回避了制度生活中，或者是具体的社会生活中人的爱欲的问题。吴彦则认为，教义法学以业已被确立起来的基本价值秩序为前提，但它本身无力处理这个前提，而社科法学则将效率、后果、有效性作为法律最核心的，乃至唯一的价值目标（参见《我们这个时代到底需要怎样的法哲学》一文第六节）。正是在这个意义上，我认为在他的自然法研究和康德法哲学研究之间并不存在根本的分歧，因为，康德所揭示出来的正是我们追求的价值和意义的源泉。康德所揭示出来的自由意志，在我看来，正是现代人所唯一能够倚赖的本体。我们不是将自由意志简单地视为个体的自由选择而加以抛弃，而是要在这自由意志之中寻求更多的东西。在我看来，这是康德的全部实践哲学的奥秘所在。

当然，我也能理解，人们对康德的道德哲学有着太多误解，正因此，我才将为康德道德哲学辩护视为自己的学术使命。吴彦在某种程度上认同菲尼斯对康德的批评，即认为康德主义的最大问题在于，当用实践理性所设立的法则来作为评判行动的原则时，往往会陷入空洞。菲尼斯指责康德忽视了目的的问题，陷入一种"漠视人类生活之本真境况的状态"。我对这一评论持保留意见，我因此一度感叹，为何吴彦不能更深入地理解康德的道德哲学，从而陷入对康德的道德哲学一般意义上的指责，或者未能识别出菲尼斯见识中的匮乏。然而，我也能理解，一个人对学问的追求伴随着自己的个性，也许，吴彦是从菲尼斯以及菲尼斯所倚重的托马斯·阿奎那那里看到了更能够打动他的东西，我甚至由此能够理解，走向自然法并非吴彦的转向，而是他在菲尼斯和阿奎那的学问中看到了自己生命深处的渴望。放弃自己熟悉的专业研究，转向自己内心所呼唤的方向，这才是真正学者的品质，如今有几人能够或者愿意这样做呢？

作为学术道路上的友伴，我对吴彦的学术追求，以及他的学术组织能力，倾心赞赏。近十年来，我们共同推动法学乃至政治学领域中一些并不为体制所看重的研究，共同举办各种学术聚会，相互打气，彼此激励，这都是我这些年能够一如既往坚持的缘由。他是一个优秀的学术引领者，看似沉默，但个性十足，有坚强的毅力和执行力。他以一人之力主持商务印书馆三套丛书，创办《法哲学与政治哲学评论》。《法哲学的视界》由若干短篇构成，这些篇章几乎完整地反映了他在这些年的所思、所想与所做。言行一致，是君子应该有的美德，在我们这一代人中，我在吴彦身上看到了这一点。越是在一个难以摆脱利益诱惑的时代，越是在一个人云亦云、不敢有所作为的时代，我越是敬仰这样的友伴，也越是期待我们还能拥有更多这样的友伴。

乙 编

历 史

11　正义的僭政

在古希腊,正义被称为德性之首,"比星辰更让人尊敬",自那时以来,思考法律问题的思想家们,无一不将"正义"纳入其视野,加以严肃对待。法律与正义紧密关联,早在梭伦立法的时代,世俗生活的"正义"问题就已经开始要求成为一种制度建制,从而与作为制度性的法律规则相结合。在法律生活中,正义是法律的理念,《学说汇纂》的开篇说:"法律源于正义就如同源于它的母亲一样;因此正义比法律产生得早。"一切对法律价值的思考必须从对正义的思考开始。

真正系统的正义学说是亚里士多德开启的。亚里士多德的正义理论继承和发展了柏拉图的正义观念,对后世产生了巨大影响,关于正义和公平的学说始终和亚里士多德联系在一起。近代以来对正义的思考,无一不处于亚里士多德的两个正义的视域之内,从古老的格言中不断诞生出新的话语,"中道"的概念先后变形为"己所不欲,勿施于人"的资产阶级道德（霍布斯、洛克），变形为定言命令（康德），变形为绝对精神（黑格尔），变形为商谈伦理学（哈贝马斯），变形为"作为公平的正义"（罗尔斯），不一而足。尽管后世的人们在亚里士多德的两个正义的基础上不断增加新的因素，然而，亚里士多德正义论的根本问题意识却依然存留至今。

亚里士多德从城邦共同体的观念出发，对正义的两种表现形式进行了基本区分，这就是著名的交换正义和分配正义之间的区分。分配正义和交换正义有不同的标准和规则，分配正义要求"按配得分配"，"人们都同意，分配的公正要基于某种配得，尽管他们所要的并不是同一种东西。民主制依据的是自由身份，寡头制依据的是财富，有时也依据高贵的出身，贵族制则依据德性。所以，公正在于成比例。因为比例不仅仅是抽象的量，而且是普通的量。比例是比率上的平等，至少包含四个比例项"。在这里，"是否配得"只能根据几何的比例原则（A：B＝B：C）来加以确定，几何比例原则是一条动态而非静态的原则，作为比例中项的 B 是可变量，必须通过 A、C 来确定。因此，这里出现了一个三项性，至少要有三个项，才可能适用分配正义。在这个三项性中，为何"自由身份""德性""财富"能够作为"比例中项"，有着更为深刻的理由，它是整个分配正义的核心：谁能够找到这个比例中项，谁就掌握了分配正义的规则。

矫正正义是"得与失之间的适度",它依据的不是几何比例,而是算术比例,它是私人交易中的公正,"法律只考虑行为所造成的伤害。它把双方看作平等的。它只问是否其中一方做了不公正的事,另一方受到了不公正对待;是否一方做了伤害的行为,另一方受到了伤害。既然这种不公正本身就是不平等,法官就要努力恢复平等"。据此可以解释法官存在的理由:"去找法官也就是去找公正。因为人们认为,法官就是公正的化身。其次,找法官也就是找中间,人们的确有时把法官叫作中间人,因为找到了中间也就是找到了公正。所以公正也就是某种中间,因为法官就是一个中间人。"同时,可以解释为什么需要交易的规则:"例如在买卖和法律维护的交易中,得到的多于自己原有的是得,得到的少于自己原有的是失。而如果交易中既没有增加又没有减少,还是自己原有的那么多,人们就说是应得的,既没有得也没有失。所以公正在某种意义上是违反意愿的交易中的得与失之间的适度。它是使交易之后所得相等于交易之前所具有的。"因此,矫正正义也可以被称为"法官面前的正义"抑或"诉讼中的正义"、"交换正义"、"交易的正义"。其基本形式是:在A、B相等的情形下,从A中取出的东西,加到B上面,就使得B较之A多出了两倍的差量,即$(A+N)-(B-N)=2N$。在矫正正义中只具有二项性,是关于两个项之间的算术上的比较。这一比较又以一个既定规则为前提，并且唯有当两项从属于规则时才能进行比较，因此，矫正正义又是一个静态的正义规则。

在亚里士多德看来，上述两个正义规则，"既是正义本身，也是政治的正义"，通过分配正义与矫正正义，亚里士多德从理论上确立了城邦制度必须遵循的制度原则。"政治的正义是自然地共同生活，通过比例达到平等或在数量上平等的人们之间的正义。在不自足的以及在比例上、数量上都不平等的人们之间，不存在政治的正义，而是存在着某种类比意义上的正义。正义只存在于其相互关系可由法律来调节的人们之间，而法律的存在就意味着不公正的存在。因为法律的运作就是以对正义和不正义的区分为基础的。"既然法律的运作要以对正义与不正义的区分为基础，那么，根据正义的两个原则，法律学说就必须在分配正义和矫正正义之间彼此区分，并且需要通晓各自既相互区别，又共同联系的基本原理。

分配正义与矫正正义的区分体现在三项性和二项性之间的对立中，并且体现在动态性和静态性的对立中。从这两个对立中可以发现：分配正义支配着一个较矫正正义更广泛的社会关系，它是产生规则的正义，矫正正义则是如何实施规则的正义。因此，两种正义形式最本质的差别在于，前者是起源性的正义，后者则是正义的现实运用。在此基础上，人们注意到："矫正正义是权利平等者之间的正义，也是以分配正义为前提条件的，而该行为赋予了所有参加者平等的权利、相同的交换能力和相同的社会地位。所以分配正义是正义的原始形式，从分配正义中我们找到了正义的理念，法律的概念也必然指向它。"进一步来说，分配正义才是绝对的正义，才是真正价值的源泉，而与分配正义相对的矫正正义"并没有阐释任何绝对的价值，而不过是论述了能够最大限度同时满足双重利己主义的合目的性程序"。

如果我们从对价值的态度上来考察这两种正义观，则分配正义是正义的缔造者和评估者，是创造价值的价值，而矫正正义则是正义的消费者，它不能创造价值。唯有分配正义才能为矫正提供尺度和基本的比例原则。它从属于一个较规则更高级的领域。但这并非意味着，矫正正义自身没有独立的价值，一旦分配正义提供了价值，矫正正义同样可以作为价值的守护者，因为矫正正义重视规则的确定性，重视规则下的对等的权利和义务。我们不应该忽视正义的两项原则之间彼此独立又彼此相关的属性。

正义的两要素恰当地标明了"法"的两个方面，分配正义的动态性，以及它作为价值的生产者的地位，超越了规则的领地。相对于规则的领地来说，分配正义始终保持着一种离心倾向，但这并不意味着分配正义对规则的领地充满敌意，它之所以要始终保持与规则的领地的距离，为的是产生新的规则，创立新的价值。因此，分配正义是规则的真正产生者。分配正义之所以存在，目的是为现实的规则开创新的空间。矫正正义是分配正义的守护者，然而，这一切都要在分配正义已经完成价值生产之后方才开始。分配正义终结的地方正是矫正正义开始的地方。

在古代世界，分配正义的原则得到了充分的肯定，对于分配正义的讨论涉及人的在世幸福的问题。有关政体的探究实际上与分配正义相关，在此，担当"比例中项"的是"美好的灵魂"，在亚里士多德笔下，"美好的灵魂"接近神性，是较逻各斯更有效的东西。尽管亚里士多德说"我们不允许由一个人来治理，而赞成法律来治理"，但法律无法凭借自己来治理，健全的法律需要真正的立法者，由他来确定什么是良好的法律。这个具有美好灵魂的立法者不是培养而来的，"本性使然的东西显然并非人力所及，而是由神赋予那些真正幸运的人的"。只有这样的人才与德性亲近，有一种"爱高尚事物和恨卑贱事物的道德"，也唯有这样的人才能确保比例中项的适当性，才能担当为一切政制立法，并确定最佳政体的重任。

古代人关于战争与法的关系的思考，无关乎矫正正义，而关乎分配正义。没有分配正义的世界，或者是一个现实的无秩序的世界，或者是一个精神充满躁动与不安的世界，即便在此矫正正义仍然存在。分配正义导致的无秩序局面是一种短暂的秩序缺乏的状态，新的价值必将产生。分配正义产生的无秩序正是价值初生、混沌初开的状况，充满了紧张，亦充满了生机与活力。"一旦战争爆发，正义就必须沉默"，西塞罗的名句应该得到更准确的理解，此时，共和制已然日薄西山，共和国的精神已经沦陷，此时爆发的战争，将是一场毫无品质的混战。实际上，尽管在战争中不存在正义，却有为了诞生价值与正义的战争。如果失去了战争的语境，我们就会陷于对格言的误解。格劳秀斯在《战争与和平法》中庄严地宣告："正义不属于战争概念。"新的格言同古老的格言形成鲜明对比，在格劳秀斯的时代，沉默的正义并非分配正义，而是矫正正义。为了确定分配正义，必要的时候矫正正义必须沉默。这并非对战争的谴责，而是为了有品质地终结战争。

由此看来，作为规则与价值之源的分配正义是法哲学研究重要的、却极其容易被忽视的主题，古代世界的思想家们牢牢把握住分配正义的主题，在政体和法律方面贡献了辉煌的成就。他们有关正义的思考从未脱离过共同体生活，分配正义始终占据着针对矫正正义的优先地位。但自霍布斯以来，这个在古代世界中至关重要的正义命题却逐渐被消除，隐匿在思想的深渊中。与古代人对城邦共同体的思考形成鲜明对比的是，现代人开始从权利出发，即从个体的自由出发，从对等的主体出发，构建国家共同体。实际上，当霍布斯大张旗鼓地反对亚里士多德的正义学说时，矫正正义的原则已经向分配正义开战，并努力夺取分配正义的位置。

自由主义的法律学说以矫正正义为其理想，它崇尚

"契约自由"观念,是一种在同一规则下平等的正义。矫正正义的理想如今不仅渗透在司法过程中,在私法交易中,甚至成为国家共同体存在的根据。如今,如何确定规则的内容和价值已经不重要,原来形式上的平等现在已经上升到价值和内容上的平等,造反分配正义,它试图以其二项性来取代分配正义的三项性,试图以其静态性来取代动态性。一个典型的例子是,作为当代自然法学代表人物的富勒所谓的"法律的内在道德"理论,关注的不过是规则的形式方面,他对造法失败的"八大原因"的分析,充分体现了矫正正义的现代复兴。富勒所谓的"法律的道德性"不过是对法律规范性的探究,实际上是将规则视为法律的理想,目的不是捍卫规则,而是捍卫规则下的平等生存。

当代法哲学和政治哲学不遗余力地要求规则的确定性,过分推崇规则的形式方面,试图以法律形式来替代法律的内容,这一点在现代实证法学中自不待言,即便在自然法学中,对规则的关注也远远超出了对内容的关注。如果说,17、18世纪以来的思想家还尚未完全走向规则的形式化,则19世纪下半期以来的法哲学学说,或者致力于讨论规则的属性,或者致力于讨论规则下的对等正义,矫正正义已然成了法律学说的乐园。如今的法哲学正处于矫正正义的僭政时代。正义的僭政意味着法律理想的迷失,现代法学面临着深刻的危机。有着强烈危机感的法哲学家拉德布鲁赫将这个危机的时代形象地称为法哲学的"安乐死"。

正义的两要素之间的关系已被遗忘,如今的正义观充其量是一种片面的正义观。片面的正义观损害了正义,因此,正义的僭政最终是不正义。眼下,分配正义的领域已经被完全提交给政治学领域,政治法学被置于政治与法律的边缘,而并非法哲学研究者的必修课。关于立法权及其内部结构的讨论已经为关于《立法法》的条文分析和当权者的政策分析取代。政治被视为外在于法律学说的领地,即便是那些试图关注政治问题的法律学者也深感政治事件的变动不居和变幻莫测,法律学者默默地保持着与政治的距离,仿佛政治领域先天就与法律学术格格不入。之所以如此,既有历史方面的原因,也有知识传统方面的原因。部分学者对矫正正义的僭政有感于心,在他们看来,自由主义的法律价值、对等的正义观除了造成"现代性怨恨"之外,已是"穷途末路"。因而,他们号召自由主义的法律学者再次担当起对共同体的责任。当代兴起的古典政治哲学对于现代性问题的思考,无疑深刻地解释了正义的僭政导致的深刻问题,他们受到古代思想家的启示,不再诉诸矫正正义,而诉诸"美好灵魂",从而开启了法哲学与政治哲学的崭新前景。

12　从自然法转向自然权利[*]

——草街读书会"自然法思想：传统与现代"讲演

有关自然法的研究，国内尚未大规模展开，最近几年，有了一些进展，这与在座几位青年老师有很大关系。杨天江副教授翻译了近10种自然法研究著作，博士论文也做当代自然法研究。吴彦博士除了研究当代自然法的代表人物菲尼斯的思想外，还在商务印书馆主持"自然法名著译丛"，组译当代自然法领域的代表作。徐震宇博士一直关注中世纪和近代早期的政治法律思想，译了好多好书，格劳秀斯的《战争与和平法》有一部分就出自他之手。在商务印书馆的支持下，我们召开了第一届自然法青年论坛，就自然法在当代中国法理学的出场进行了讨论，撰写了十来篇笔谈，部分笔谈文章已发表在《中国社会科学报》《重庆文理学院学报》上面。今天我们集拢到一起，我想也是为了进一步促进自然法研究，使诸位更系统地了解

---

[*] 本文是作者于2016年12月9日西南政法大学"草街读书会"第六期"自然法思想：传统与现代"活动上的讲演稿。

自然法的思想史线索。我们的自然法研究实际上是非常薄弱的，还有好多工作要做。这里也非常感谢江帆老师为我们这群年轻人提供机会。

我的研究主要集中在霍布斯到黑格尔这一段，时间点上算是从17世纪到19世纪上半期，这是启蒙运动萌芽、兴起、发展到巅峰，最终走向衰落的时期。我在这里暂且称这个时期为早期现代，尽管并不准确。我们知道，在1790年代，康德还写过《何谓启蒙》这篇著名的论文，启蒙时代以倡导理性为主要特征，但在19世纪上半期，我们会看到开始出现反对理性的浪漫主义思潮，接下来，历史主义和实证主义也出现了。这段思想史非常有趣，在某种意义上，它是现代人生活方式的基础。与之相应，这段时期的自然法研究有它自身的特点，整体来说，这是一个自然法走向衰落的时期，是自然法走向历史化、实定化的时期，从这以后，尽管在天主教内部，自然法一直受到关注，但在世俗的政治法律生活领域中，自然法已风光不再。

17世纪到19世纪上半期是我们现代政治法律思想的奠基时期，我们如今学习法律，很多观念都是来自这个时期，比如说，我们如今主要讨论实定法，而不是自然法，我们区分了法律与道德，我们在课堂上所了解的知识告诉我们，这个区分是从19世纪上半期开始的，在第一本法理学教科书，也就是在奥斯汀撰写的《法理学范围之限定》

中，我们看到了他将法视为主权者的命令。法律与道德开始区分开来，开始明确法主要就是实定法，法学主要是实定法的科学。然而，应该注意的是，现代法律思想的开端伴随着自然法的衰落，这个衰落早在17世纪就发生了，在霍布斯的《利维坦》中（出版于1651年），就已经发生了。我接下来想要在文本解读的基础上，讲一讲现代法律思想开端时刻的自然法故事，也就是自然法走向衰落的故事。

《利维坦》第十四章和第十五章讨论的是自然法，霍布斯一上来就区分了自然法与自然权利，并且把重点放到了自然权利的界定上。他说："著作家一般称之为自然权利的，就是每一个人按照自己所愿意的方式运用自己的力量保全自己的天性——也就是保全自己的生命——的自由。因此，这种自由就是用他自己的判断和理性认为最适合的手段去做任何事情的自由。"这里的自由被明确地界定为自由地根据自己的判断和理性进行选择，选择任何自己认为适合的手段。这种自由概念和我们今天在政治法律学说中注重的自由概念基本上是一致的。霍布斯在这里将这种自由视为一种自然权利，这也就是我们今天对于权利概念的理解。我们所谓的权利就是一种自由，一种根据自身的理性和判断进行选择的自由。我们说要尊重一个人的权利，就是要尊重他的个人选择，只不过，我们在法学研究中，经常谈论的不是这种自然权利，而是一种法定权利。法定权利不过是将这种自由法定化，制度化了，并且，我们还常常用这种自然权利观念来审查法律规定的权利是否恰当。也正是在这个意义上，我们说，霍布斯是自由主义之父，他的《利维坦》从表面上看是在倡导一种极权的国家观，利维坦是一个海洋巨兽，个人在他面前都会被吞噬掉，但你们可以在霍布斯这里发现很多今天仍然还在用的观念，比如说，法无明文规定不为罪，法无明文规定不处罚，禁止刑讯，等等。

我们看到，霍布斯在这里提出了自然权利的语言，这个非常重要，霍布斯明确地说过，"人们必须为了自己的生命而保留某些权利，如支配自己的身体的权利，享受空气、水的权利，运动的权利，通过从一个地方到另一个地方的道路的权利，以及一切其他缺了就不能生活或者生活不好的东西的权利等等"。实际上，在霍布斯之后，在洛克和卢梭的学说中，在与他们同时代的那些作家中，我们都可以看到自然权利的语言，我们甚至可以说，这里存在一个自然权利的思想传统。霍布斯在讨论自然法的章节的开端不是讨论自然法，而是谈论自然权利，这意味着什么呢？意味着自然法开始退场了，自然权利的论述取代了自然法的论述。这是我们在研究17世纪到19世纪上半期的法律思想时要非常注意的一点。这一取代，就使得我们现代政治法律作家在处理问题的时候，更多地持有一种权利的视角，用权利是否得到了充分的实现来审视我们的政治法律生活。这一点对于当代中国的法学人来说也是如此。

接下来看霍布斯如何认识自然法，看看他的认识同之前的思想家，尤其是同阿奎那的有什么不同。霍布斯在这里说，"自然法是理性所发现的诫条或普遍法则。这种诫条或普遍法则禁止人们去做损毁自己的生命或剥夺保全自己生命的手段的事情，并禁止人们不去做自己认为最有利于生命保全的事情"。在这里，我们要注意霍布斯有关自然法的两个方面的界定：第一，自然法源自理性，而不是源自神的命令，这里的理性是指人的理性，但人的理性是什么，在霍布斯看来要靠哲学家去发现，尽管后来哲学家康德认为，理性每一个人都有，每个人都可以发现自身的理性。第二，自然法的目的与人保全自己的生命相关。这就将自然法的定义同自然权利联系起来了，因此，我们看到，这里是用自然权利来定义自然法。自然法是指那些能够实现自然权利的诫条或普遍规则。而这些诫条和规则是要通过理性发现的。因此，自然法就是理性所发现的有利于实现自我保存的规则。这个自然法的定义显然是不同于阿奎那的理解的，已经远远地超出了神学世界观的范畴。并且，这个定义也表明了一个非常重要的霍布斯以来的自然法的理解，这就是自然法已经被理性化了，一旦将自然法等同于人类理性所发现的规则，自然法就实定法化了。我们现在所看到的一切实定法，哪一个不是通过人类理性发现的呢？我们的法律就是出自人类理性的发现，是人类理性制造出来的。这个观念一直要到19世纪上半期，在萨维尼那里才得到挑战。1816年，在关于德意志是否应该制定出一部统一的民法典的论证中，萨维尼撰写了《论立法与法学的当代使命》。在这本小册子中，他说，法是民族精神的体现，而当时的法学家们的理性还无法认识德意志的民族精神是什么。萨维尼的观点遭到了另一位伟大的哲学家，也是法哲学家的攻击，这就是黑格尔。黑格尔在《法哲学原理》中说，萨维尼贬低了人的理性，理性有能力发现这些适合于人类的普遍规则，其实这个传统在康德那里已经开始了，康德在有关法的定义中，强调普遍法则，并且强调这种普遍法则是内在于理性自身的立法的。

自然法的实定化在霍布斯《利维坦》的第十四章和第十五章体现得非常清晰，我们之前看待自然法，觉得它是某种超出了现实政治生活的东西，它的根据是在神的世界中，或者至少是同神的命令是一致的，我们甚至在这个意义上，将自然法视为一种高级法（higher law），这潜在地就是认为实定法不过是一种低级法（lower law）。在古典自然法那里，因此是存在高级和低级之分的。但是，我们不妨看看霍布斯笔下的那十五条自然法，看这里是否还有什么高级和低级之分，从而更能够看清楚，霍布斯将自然法实定化的逻辑究竟在何处。

第一条：每个人只要有获得和平的希望时，就应当力求和平，在不能得到和平时，他就可以寻求并利用战争的一切有利条件和助力。

第二条：在别人也愿意这样做的条件下，当一个人为了和平与自卫的目的而认为必要时，会自愿放弃这种对一切事物的权利；而在对他人的自由权方面满足于相对于自己让他人对自己所具有的自由权利。（权利的相互转让与契约问题）

第三条：所订契约必须履行。（正义即履行契约）

第四条：接受他人单纯根据恩惠施予的利益时，应努力使施惠者没有合理的原因对自己的善意感到后悔。（"赠与是自愿的，而一切自愿行为，对每一个人来说，目的都是为了自己的好处。"）

第五条：每一个人都应当力图使自己适应其余的人。

第六条：当悔过的人保证将来不再重犯，并要求恕宥时，就应当恕宥他们过去的罪过。

第七条：在报复中，也就是在以怨报怨的过程中，人们所应该看到的不是过去的恶大，而是将来的益处多。（这一条自然法是第一条自然法的必然结果。"没有理由的伤害就会造成战争，这就违反了自然法，一般都称之为残忍。"）

第八条：任何人都不得以行为、言语、表情、姿态表现仇恨或蔑视他人。

第九条：每一个人都应当承认他人与自己生而平等，违反这一准则就是自傲。（批判亚里士多德）

第十条：进入和平状态时，任何人都不应要求为自己保留任何他不赞成其余每一个人要为自己保留的权利。("所有寻求和平的人必须放弃某些自然权利，也就是不具有为所欲为的自由。")

第十一条：一人如果受人信托在人与人之间进行裁判时，那么自然法就有一条诫条要求他秉公处理。（公道）

第十二条：不能分割之物如能共享，就应当共享，数量允许时，应不加限制，否则就应当根据有权分享的人数按比例分享。

第十三条：全部权利以抽签方式决定。要不然就轮流使用，让第一次占有权以抽签方式决定。

第十四条：凡斡旋和平的人都应当给予安全通信的保证。

第十五条：争议各方应将其权利交付公断人裁断。

霍布斯在《利维坦》中一共列举了十五条自然法，其中，对于第二、三、十五条进行了比较系统的讨论。第二条涉及权利的相互转让问题，也就是契约问题，第三条则讨论正义，但是这里的正义，在根本上是一种履行契约的正义。第十五条是他所罗列的自然法的最后一条，涉及的是，如果一方违反契约，该如何给出公正的裁判。霍布斯诉诸第三人来解决最后的争议，"在有关事实的争执中，裁断者由于对一方的信任不能比对另一方大，如果他没有其他证据时，就必须信任第三方面，或第三与第四方面，或者是更多的人，否则问题就会悬而不决，并将听任以武力解决，那样就违反自然法了"。这里有关公正裁判的问题，实际上同我们现代人在讨论公正审判时所持有的是同样的立场。因此，从第一条自然法到第十五条自然法，很显然并不是随意的列举，而是有一种内在的逻辑，也就是权利的确立和权利的救济问题。这是霍布斯的自然法学说所关心的最为核心的问题。也因此，尽管从表面上看，在霍布斯那里，似乎还有其他的未列举的自然法，比如说，"如醉酒和其他一切放纵行为……与可以列为自然法所禁止的事情，但这些都无须提出，也不十分宜于在这里讨论"。之所以不适宜在这里讨论，根本原因就在于这些问题并不涉及霍布斯关心的根本问题。①

在霍布斯有关自然法的讨论中，出现了两种意义上的权利：第一条自然法毋宁说是一种走向公民状态的命令，即，确立和平状态；第二条自然法指明的则是只有放弃自然状态下的自然权利，我们才能获得和平状态中的权利。因此，在第十五条自然法结束之后，霍布斯写道："人们虽然极愿遵守这些自然法，但涉及个人的行为时仍然可能发生问题，第一个问题是到底实行了没有，第二个问题是如果实行了的话，究竟是合法还是违法，前者谓之事实问题，后者谓之权利问题。"这里所谓的自然法确立之后出

---

① 实际上，在霍布斯的消极自由观基础上，醉酒问题并非重要问题，这是公民个体的自由选择，除非对公共安全有影响，否则不是自然法的绝对禁止对象。格林（Thomas Hill Green）在此问题上则持更严格的态度。

现的权利问题，实际上是指在公民社会中的权利问题，而非在确立公民社会之前已经存在的自然权利（这部分自然权利，除了少数保留的之外，大部分已经通过权利的转让而在公民社会中被放弃了）。侵犯自然法，因此也就侵犯了在公民社会中人的权利问题，这部分权利是通过自然法建立起来的，尽管其目的仍然是保障自然权利，但已经不再是公民社会存在之前的那部分自然权利，而是这部分自然权利的公民社会化。

尽管霍布斯并未明确将上述自然法规定为实定法，而是强调，这些自然法主要是在内心范畴中有约束力，而在外部范畴中，也就是将它们付诸行动时，就没有约束力。因此，他将研究这些自然法的科学视为唯一真正的科学，用这些自然法作为尺度来界定善与恶。但是我们可以看到，上述自然法中的内容，已经成为现代法律和司法实践的基本原则。这部分自然法已经不再涉及人的灵魂，涉及人对上帝的信仰，正如霍布斯本人明确界定的，这部分自然法"是规定人们以和平手段在共同体中保全自己的自然法，它只是与公民社会有关的原理"。尽管这部分原理还不是实定法，但是，它已经成为实定法的尺度，这些自然法所保障的，是公民社会中那些实定法必须要加以保障的权利。可以预见的是，在公民社会中，这些自然法必须被转化为实定法，否则和平的公民状态将无法被建立起来，也因此，公民社会要想建立起来，必须首先确立这些原则，也就是将其实定化。因此，我们在第十五章的末尾就看到，霍布斯对自然法与实定法作了一个非常模糊的区分。他说，"这些理性的规定人们一向称之为法，却是不恰当的，因为它们只不过是有关哪些事物有助于人们的自我保全和自卫的结论或者法则而已。正式说来，所谓法律是有权管辖他人的人所说的话。但我们如果认为这些法则是以有权支配万事万物的上帝的话宣布的，那么它们也就可以恰当地被称为法"。这就是说，如果有权管辖他人的人宣布了这些法则，那么，这些自然法条款就是严格意义上的实定法。

在讲完自然法的上述内容后，霍布斯接下来的主要工作就转向对代表，也就是主权者的讨论，并由此结束了《利维坦》第一部分有关人的讨论，而进入第二部分有关国家的论述。因此在霍布斯这里，我们就看到了自然法发展史上最重要的一次断裂，即自然权利替代了自然法，成为自然法的内在目的。从此，自然权利的话语开始流行，人的自我保全和舒适的自我保全替代了古典自然法对人的内心信仰、对灵魂的守护。不仅如此，自然法也开始实定化，成为公民社会赖以确立的原则，乃至于当我们谈论自然法时，必然想到的是现实的国家。这是人类进入理性时代在法哲学思想方面的独特景象，从此，人类开始自行设计人生活在其间的共同体生活，自然法成为世俗的共同体生活的"游戏规则"。

13 霍布斯与现代灵知主义

——阅读沃格林《新政治科学》札记

沃格林在《新政治科学》[①]第四章论述了灵知主义乃是现代性的本质之后,并在第六章论述现代性的终结之前,插入了第五章有关清教案例的论述。仅仅从这一文本结构出发,我们就可以推测,沃格林在此是想要将清教革命视为灵知主义革命的一个样本。他对清教革命的分析,因此最鲜明地体现出灵知主义革命的本质特征。

在第五章第一节中,沃格林再度强调,灵知主义革命影响了整个西方社会的存在意义上的代表。这个规模如此之大,以至于"即便是对其一般性的特征进行考察,也是不可能尝试的"(第141页)。因此,沃格林选择对特定的民族区域和特定的时间段的灵知主义运动进行分析。他最终选择了清教革命。第五章的主题因此就是从清教革命的描述和分析出发,并以之为模型,来阐述一般意义上的灵

---

① [美]埃里克·沃格林,《新政治科学》,段保良译,商务印书馆2018年版。

知主义革命或运动的一般特征。

一

沃格林将胡克视为灵知主义运动的"一个杰出的观察家",在胡克的《论教会政体》的前言中,沃格林看到了清教徒以及灵知主义大众运动的特征。将灵知主义视为一种大众运动,这就意味着,灵知主义并不局限在某一小部分人的世界之中,小部分人的神秘世界变成大众世界,这是清教徒的"事业"。

在《新政治科学》的第五章中,沃格林没有对这一"事业"究竟是什么进行集中说明,而是着力于描述清教徒为了推进这一事业从事的一系列活动。这个活动分为三个环节。第一,"当着群众的面,沉溺于对社会邪恶,特别是上层阶级的行为的激烈批判"。在这里,清教徒成为社会批判者,而将自身标榜为异常纯粹、热诚和圣洁之人,将自身打扮为一个"善人"。第二,"将大众的恶意对准现政府",对社会的批判并非泛泛而论,而是将世界上的一切错误和腐败都归咎于政府的腐败,将一切社会的邪恶归咎于具体的制度。也因此,只有推翻具体的制度,才能消除错误和腐败之源。第三,推荐一种全新的政体,消除一切罪恶。

这三个步骤环环相扣,实际上,这既是一种社会批判,也是社会动员。通过揭露具体制度的腐败,激发和动员民众对其进行彻底的批判,并因此将民众引向新制度的创建。从本质上讲,这是一种社会革命的思维方式。这种思维方式一开始就不是着眼于灵魂世界的真理,而是着眼于社会的变革。由这一点我们可以看出,清教徒的事明显并不是宗教的,即并非涉及灵魂世界的真理。相反,灵魂世界的真理要让位于社会世界的行动。

二

从上述有关清教徒思维方式的考察中可以看到,清教徒有一种深刻的智识缺陷。他们为了社会运动的目的,故意曲解《圣经》,背离了基督教的解释传统和规则。在灵知主义运动的早期阶段,这种对《圣经》的曲解是一种不得已的"伪装",为了推行清教徒的教义,他们对经文做了有利于自己的取舍和解释。这一对《圣经》的曲解因此是以一种《圣经》的语言提出的新学说。其中最典型的是加尔文的《基督教原理》,以此提出一种正确的或者说符合灵知主义革命态度的《圣经》的解读方式。沃格林在此使用了"宝书"一词,并将加尔文的这部作品称为"第一部刻意创作的灵知主义宝书"。

制作"宝书"的目的可以理解为灵知主义领袖们想要从内在的思想和观念层面塑造和激发民众的革命热情,也就是将灵知主义的外在革命行动与内在的精神鼓动联合起来。宝书对《圣经》章节做了倾向性解释，从而来支持和推动清教徒们的革命性行动。这种倾向性的解释甚至是牵强的，他们对那些与自身的教义相冲突的《圣经》内容视而不见。不仅如此，他们还将相信其教义的人视为"由于圣灵的特殊启示，其他人是读不出来的"，因此，那些阅读宝书的信徒们会狂热地拥抱宝书中的真理，拒绝听从其他说法，而愿意为之效劳。

三

在《新政治科学》第五章的第五节中，沃格林对霍布斯的政治思想进行了详尽阐述，并在末尾鲜明指出了沃格林的灵知主义意图。换言之，霍布斯被描述为一位灵知主义的政治思想家。

那么，沃格林如何描述作为一个灵知主义者的霍布斯形象呢？首先，我们看到，霍布斯面对的是清教革命带来的问题，这就是，当清教徒们以新真理的名义来改变公共秩序，并为此不惜诉诸武力时，霍布斯强调，社会的和平与和谐才是根本性的，要高于对于一切真理的探索。其次，根据沃格林的提示，我们进一步注意到，在霍布斯创建利维坦的行动中，基督教被等同于理性的指令，其权威来自政府的许可。因此，在霍布斯笔下，基督教并不是一种与灵魂的真理相关的宗教,而是变成了政治与社会秩序的附属物,基督教的正当性要在政治国家,或者更准确地说要通过主权者的授权才能获得权威。甚至他通过解释,将基督教等同于《利维坦》前两个部分中提出的社会真理。在这里,基督教的原理成为政治社会的原理,而政治社会也因此具有了神圣气质,尽管在这里,没有任何内容涉及灵魂的真理,相反,灵魂的真理被政治教育取代。对于灵魂的实现取决于在世俗的政治生活中服从于主权者的法律。一个地上的天国于是被建立起来。通过上述的论述,在沃格林看来,霍布斯就暴露了自己的灵知主义意图,即将历史冻结于一个永远存在的国家机构(第167页)。

四

沃格林认为,共产主义和自由主义的共同特征是改变人性,建立改良社会。无论是共产主义还是自由主义,都将关注点置于世俗的国家和人民之上,认为生活在世俗世界之中将会获得完善。它们认为在灵魂的真理和社会真理之间并不存在紧张关系,甚至用社会的真理取代了灵魂的真理。在这一点上,它们本质上与清教革命相似,都是灵知主义的现代形态。

但它们又分别体现了清教革命的两个方向上的延伸,

在第五章第四节呈现了共产主义与清教的联系。一方面，在清教徒的革命中，人民受到重视，基督来到了穷人之中，或者进一步来到了无产者之中。无产者成为上帝的圣徒，成为国家最优秀的人。因此，是人民的国家，而不是其他类型的国家。这样的国家具有神圣特征。另一方面，共产主义运动十分重视革命者的作用，这些革命者带着民众努力刷新旧世界，也承诺将由此带来一个新的世界。在此过程中，为了推翻旧世界，就必须依靠人民，依靠穷人或者无产阶级，这是现代无产阶级专政的清教根源。

尽管在实质上同样是一种清教革命，但自由主义却采取了不同方向，在《新政治科学》第五章，这是通过对霍布斯政治方案的阐述来体现的，更准确地说，这是灵知主义的高级形态。在霍布斯那里，可以看到，自由主义发明了一个永远存在的国家结构来解决有关灵魂的真理问题。用沃格林的话来说就是，"通过抛弃人类学的真理和救赎论的真理，霍布斯确实简化了政治生活的结构"（第167页）。在这个意义上，霍布斯是当今自由主义的祖师爷，这个"简单化"的政治结构，意味着自由主义的政治结构中，已经消除了灵魂真理和社会真理之间的紧张，从而也就失去了批判性张力。在这里，没有了哲学和基督教，自由主义的基础因此是一种被改造了的人，但不是像在共产主义社会中，通过激烈的社会运动来改变，而是以超越价值冲突的方式来改变，也就是搁置一切冲突，将政治秩序的焦点置于尘世生活的幸福，这在根本上是霍布斯的论证方式，即追求和平与服从政治秩序，放弃对灵魂真理的追求。

14　孟德斯鸠的笔法*

在阅读像《论法的精神》这类思想经典之前，略微了解其笔法是值得的，也是必要的。然而，这个判断会令现代读者感到奇怪，在尚未展卷阅读之前，如何谈论笔法问题？

文艺学理论中有一句话叫"风格即人"。这话出自略晚于孟德斯鸠的法国博物学家布封之口。博物学也称博物志、自然志、自然史，是叙述自然即动物、植物和矿物的种类、分布、性质和生态等的最古老学科之一。因而我们可将博物学家称为对风俗名物有见解的人，但与今日之民俗学家、考古学家不同，当时的博物学家思考的是像法律与政制的起源这类事关人类政治生活的重大问题。例如，布封的主要著作是《自然史》，皇皇六十余卷，表面看不过是对动物的描绘，传达的却是政治观点，与之相似，伏

---

* 本文曾发表于《思想战线》2013年第1期。

尔泰的《风俗论》也是法律与政治著作。"风格即人"出自布封在当选为法兰西学士院的院士时一篇题为《论风格》的演讲。《论风格》是一篇经典文论,这篇文论批评当时文坛上追求绮丽纤巧的风尚,呼吁文章要言之有物。所谓风格即人,即强调要将人的真情实感融入艺术创作。启蒙知识人十分欣赏这句话,进而将其发挥为风格是创作者主体性的表达。

文艺学理论通常将布封的"风格说"与发展自《文心雕龙》的"文如其人说"放在一起,例如周扬在《关于社会主义新时期的文学艺术问题》(《人民日报》一九七九年二月二十四日)一文中就如此表述:"西方说,风格即人。我国历来也说文如其人。我们要重视风格,也就是重视个人的独创性。"粗粗看来,两者之间并无区别,但细究之下,布封的"风格说"是启蒙时期的文论,《文心雕龙》则是古典时期的文论,两者在品质上有根本差别。最根本的差异是,两者谈论的"人"有完全不同的内涵。《文心雕龙》中的"人"是儒家君子,是有政治节操之人,而布封笔下的"人"则是启蒙文化塑造的近代资产阶级人。布封笔下的人崇尚自由写作,注重人的真实感情的流露,而刘勰则注重为文的品质,首先得学会成为某种类型的人,才有可能创作出相应类型的文章,所谓"文如其人",强调的是人的品质和灵魂的塑造。

尽管孟德斯鸠并未明确谈论过写作风格的问题,却撰写过《论趣味》的文章。趣味也好,风格也罢,都是与写作笔法有关的重大问题。在《论趣味》一文中,孟德斯鸠一面反对古人有关美的观点,承认启蒙运动的前提,认为个体性的人是产生趣味的终极原因,所谓"美丽的、优秀的、愉快的等等的根源都存在于我们本身"。另一面又试图在启蒙运动的框架内恢复古典时代有关美的讨论与德行的关联,例如,他谈到了"秩序的快乐","精神只看到大量的事物是不够的,还必须使这些事物有秩序",并因此而称颂古典诗人的创作,将诗人们所描述的黄金时代视为"精神在事物中间确立联系的另一个后果"。因此,不同于布封的"风格即人"的论述,如果由孟德斯鸠来探讨风格的话题,他就会将精神所确立的内在联系和秩序融入个体化的情绪,从而使个体化的情绪受到规训和节制。①

布封(1707—1788)与孟德斯鸠(1689—1755)是同时代人,同为法兰西学士院院士,但两者有关写作方式的论述却有根本差异。布封在讨论风格时,多讨论具体行文技巧,比如,在写作之前,要有计划,要选择恰当的题材,而对如何选择题材、选择何种题材,却讲得极少,因此,布封有关风格的探讨就不如孟德斯鸠谈趣味谈得深、谈得透,在孟德斯鸠看来,有何种趣味,就能决定其选择何种

---

① 孟德斯鸠:《论趣味》,中译文载于《罗马盛衰原因论》,婉玲译,商务印书馆1962年版,第137—164页。

题材。布封对这个问题根本没有兴趣，他所说的风格只是创作者将事实贯穿在一起的技巧，而与真理和高尚的趣味毫不相干，他从创作大师那里看到的不是题材的伟大，而是"许多色彩、许多波澜、许多幻象"，风格主要体现在创作者"渲染对象，放大对象"的全部力量和幅度。而对孟德斯鸠来说，写作的关键不仅在于创作者如何渲染和放大对象，也不在于创作者如何用瑰丽的语言来体现自己的人格，尽管兴趣完全是个体的选择，但并不表明个体完全凭借自己的意愿来创作，例如，孟德斯鸠在谈到他本人创作《论法的精神》一书的经历时，就说过如下的话：

> 我多次提笔，又多次搁笔，我曾无数次扔掉草稿，让它随风飘去。我每天都觉得慈父之手垂落下去，尽管我主观上并无意图，实际上却在追求我的目标，我既不懂得规则，也不知道什么是例外，我找到了真理，却又丢失了，然而，一旦我发现我的原则，我所追寻的一切便一股脑儿向我涌来。在二十年间，我眼看着我的这部著作萌生、成长、成熟和完成。[①]

孟德斯鸠的写作风格绝不仅仅在于他驾驭题材的风格方面，而且在于他的趣味方面，在于他选择的题材方面，

[①] 《论法的精神》，序言，第16段。中译本参见《论法的精神》，许明龙译，商务印书馆2009年版。出自"序言"部分的引文都随文标注出了"序言"的段落号。其他出自《论法的精神》的引文仅注明章节，不再标出其在中译本中的页码。

或者说在于他的原则。他选择的题材，即要对政治问题进行哲理思考，决定了他的写作方法。正如我们将要注意到的，他懂得区分显白教诲和隐微教诲，懂得为大众而隐藏真实观点，他的作品有古代政治作家的风格。在这里真正决定写作风格的，不是作家的主体性，而是作家对于政治与哲学之关系的深刻洞察。布封的《论风格》显然不能适用于像《论法的精神》这样的著作，因为它凸显的是启蒙哲人的知性，而非孟德斯鸠心仪的古典作家的心性。在阅读孟德斯鸠的作品时务必要注意这一点。不仅如此，我们还必须思考为何如此，方能理解古典政治哲学的完全不同于当今的写作方式。

一

阅读像《论法的精神》这样一本书，难度十分之大。因为孟德斯鸠采取了独特的写作方式，各个部分从表面上看缺乏逻辑关系，看起来整个论证是由大量的史实来构成的。但我们却务必要注意，他并不是一个客观的史家。为了搞懂《论法的精神》，不妨回到《罗马盛衰原因论》中。《论法的精神》在写作上的许多特色，在《罗马盛衰原因论》中可见一斑。

在《罗马盛衰原因论》中，孟德斯鸠在每一章中都武断地选择权威，亦步亦趋，从不质疑，例如，他在第一章中追随哈利卡尔那索的狄奥尼索斯，忽视李维，在第二章中依赖韦格提乌斯和弗朗蒂努斯的权威，而在后面的十章中，又频频引证阿庇安或波里比阿的论著，偶也参考弗洛斯特或萨鲁斯特。当时的历史学著作中已经采取了对权威著作进行彻底、审慎的检查和综合方法，但他很少考察作者因循的资料是否可靠，有时甚至对佐证夸大其词。尽管当时的考古学已有一定发展，但明显可以看出，他并未想到，那些雕像、瓶罐和碑铭题辞，会与他的著述有联系。就是在唯一一处使用考古学证据的地方，孟德斯鸠引用的碑铭也被认为是不可靠的，当时已经有人怀疑了他的历史叙事的真实性。[1]

不仅在历史的真实性上有问题，写法上也十分离奇，至少不按逻辑和条理来书写。此外，尽管他也发表了许多新的看法，却并未清晰地说明这些看法。这也是导致《罗马盛衰原因论》出版后遭攻击的重要理由，例如，有人就评价说，"尽管我喜欢这部著作，但讨厌它有三个缺点：它有时含糊其词，有时自相矛盾，有时为了说前人从未说过的话，而说了一些后人永远不会说的话"[2]，还有人说，这是文学真正的堕落，以往的历史学家从未用这样的方式来写过。尤其值得注意的是伏尔泰对这本书的评论，"这

---

[1] 夏克尔顿：《孟德斯鸠评传》，沈永兴等译，上海人民出版社2018年版，第205—206页。
[2]《孟德斯鸠评传》，第202页。

部著作充满了隐喻。与其说这是一本书，不如说，这是一本以怪异的风格写成的就事论事的'资料堆砌'"[1]。

从这些评论中，至少可以总结出孟德斯鸠笔法的如下特征：第一，它含糊其词，自相矛盾，无法按照启蒙哲人的写作方式来理解。这种理性化的写作方式，十分看重亚里士多德的三段论逻辑，其顶点就是德国观念论哲学的体系化的写作方式。第二，它表达了一些前所未有的东西。第三，它充满了隐喻，风格怪异。如果我们不是莽撞地认为这是作者本人的错误，那就极有可能是有意为之的写作技巧。在那些充满隐喻的、风格怪异的写法背后一定表达了一些前所未有的东西。

《罗马盛衰原因论》在文学表达方式上别具一格，夏克尔顿评判说，在孟德斯鸠的作品中，"没有一本著作达到了如此炉火纯青的地步。他的语言朴实而又简洁；偶尔采用的比喻、突入起来的对偶，字字珠玑的格言，更是引人入胜"[2]。那些不认真的、缺乏耐心的读者在遭遇这类作品时，肯定会放过最重要的东西。《罗马盛衰原因论》的笔法已经接近于古典政治哲人的笔法，这就是使用文学手法，刻意地隐藏某些重要的观点，而在《波斯人信札》中，我们还看不到这样的手法，尽管《波斯人信札》的文学味

---

[1] 《孟德斯鸠评传》，第204页。
[2] 《孟德斯鸠评传》，第219页。

道也相当浓郁，但文学在那里是武器，形象地描绘了专制政体的丑态、大胆嘲讽尘世的政治机构和教会权威，语言犀利而直接，得罪了不少权威机构和人士，差点使孟德斯鸠进入法兰西学士院泡汤——竞争对手为了打败他，从《波斯人信札》中找到了许多对他不利的证据。

因为孟德斯鸠在《波斯人信札》中已经直接讨论过基督教的种种问题，因此，人们原本期待他也能在《罗马盛衰原因论》中大胆讨论基督教，可是，夏克尔顿注意到，《罗马盛衰原因论》这部著作尽管在许多方面是敢于说话的，但对基督教却噤若寒蝉。① 孟德斯鸠之所以尽量少地论及基督教，不意味着这个主题不重要，而是因为他担心引起怀有敌意的批评，然而，对迫害的恐惧并不能妨碍哲人的自由思考，孟德斯鸠用曲折的文笔来论述基督教的天意论的历史观，一方面似乎是在称颂天意，另一方面又似乎赞同帕斯卡尔关于基督教事实上是病态的主张，从表面上看，他的立场含糊其词，前后矛盾，不免让人怀疑他的基督教真诚。② 然而，正如我们将在下文中注意到的，恰恰是这种笔法，表明了孟德斯鸠深谙古典政治哲学的写作方式，即懂得哲学与政治之间的深刻的内在关联。如果说在《波斯人信札》中，孟德斯鸠还是典型的启蒙哲人，尚

---

① 《孟德斯鸠评传》，第208页。
② 《孟德斯鸠评传》，第210—212页。

未懂得写作方式的政治含义，那么从《罗马盛衰原因论》开始，他已经懂得如何撰写这类作品。

针对《罗马盛衰原因论》的指责，对《论法的精神》同样适合。对于文体感兴趣的研究者们也注意到，《论法的精神》含糊其词，自相矛盾，表达了前所未有的东西，行文之间布满隐喻，风格极其怪异。例如，孟德斯鸠有关自然法的表述前后不一，他对英国的看法也不自洽，时而赞扬共和政体，时而赞扬君主政体，等等。但尽管这些特征给想要阅读孟德斯鸠的人造成了极大困惑，却丝毫无损于《论法的精神》一书的文学价值。观点上的缺乏逻辑和前后矛盾，被掩盖在语言的典雅和优美背后。20世纪从事语言与文学的西方学人早就注意到《论法的精神》的文学价值。《论法的精神》因此也被视为文学史上的杰作。

福莱西尔（F. H. T. Fletcher）在题为"《论法的精神》中的'诗学'"一文中，[①] 明确突出了《论法的精神》的笔法问题。他注意到：首先，孟德斯鸠对历史事件的处理，不管这些历史事件之间距离的时间多么遥远，在其外在形式上，还是在内在本质和重要意义上面，都不是真实的，而是用一种哲学家的冷静和旁观的态度来关注其道德意义。例如"罗马人民比其他人民更易受到悲惨景象的刺

---

① F. H. T. Fletcher. The Poetics of "L'Esprit des Lois". in *The Modern Language Review*, Vol.37. No.3, July,1942. P.317-326.

激。卢克莱西娅血淋淋的尸体呈现在人民面前，导致了王政的覆灭。遍体鳞伤的债务人出现在公共广场上，致使共和国的解体，维吉尼亚的惨象导致十大执政官被逐的结果，为了判处曼利乌斯死刑，不得不把卡皮托尔神庙遮挡起来，不让人民看见。恺撒的血袍使罗马重陷奴役之中"（第十一章第15节）。其次，除了哲学家的冷漠与激情，还有血气与激情，孟德斯鸠总是饱含激情地谈到他所热爱的东西，例如自由和封建主义，而对专制、奴役和不宽容，则深恶痛绝，例如，"封建法律犹如一幅美丽的画卷。一棵古老的橡树高高耸立，远远望去，枝繁叶茂，走近观察，树干一株，树根却不见踪影，只有挖开地面才能找到树根。又如，他对专制主义的诗性定义：路易斯安那的蛮人想要果子的时候，就把果树从根部砍倒，然后来摘。这就是专制政体"（第五章第13节）。

福莱西尔也注意到，在孟德斯鸠笔下，有些句子具有圣经《以赛亚书》和诗人惠特曼的诗行的魅力，例如第八章第21节对专制主义的批评，"有人曾让法律与专制主义并行不悖；但任何东西一旦与专制主义沾边，就不再强有力。专制主义在无数祸患的挤压下，试图用锁链束缚自己，但徒劳无益，它用锁链武装自己，变得更加骇人"（第八章第21节，译文有改动）。他甚至发现，《论法的精神》中有诗歌般的韵律和节奏，除了特定句子有这种节奏感之外，这种节奏也体现在思想的顺序和编排上对"三分法"

的偏爱，例如，三种政体（君主政体、共和政体和专制政体），三种政体原则（美德、荣宠和畏惧），三种教育，三种权力的划分（立法、司法和行政），以及代议制政府的三种制衡的权力（国王、贵族和平民）。此外，《论法的精神》中有许多地方都能发现诗歌般的语言，据说，有能力阅读法文原著的读者，还可以在音节方面发现其独特的魅力。

值得玩味的是，这篇研究《论法的精神》笔法的文章发表在《现代语言学评论》（*The Modern Language Review*）上，尚未触及《论法的精神》一书的实质内容。尽管作者也提醒我们，想要读懂《论法的精神》，重要的不是关注层出不穷的史实，因为它们极可能是编造的，或者是加工的，而要重视表述观点和编排史实的方法，并且他提醒我们，要注意孟德斯鸠的体系是隐藏起来的。但他并未揭示《论法的精神》的笔法与其想要传达的内在思想之间有何关联，因而他就将笔法与内容区分开来，将作为文学家的孟德斯鸠和作为政治思想家的孟德斯鸠区分开来，将有关政治思想的实质性内容交给政治学研究者来解决。

然而，作品的写作手法同实质内容有何内在关联？接受现代教育的读者自然不理解为何要追问这个问题。作品的写作手法主要涉及修辞和语言，实质内容则应交由专门的研究者去解决。早在小学语文课堂上，老师不就是这样教的么？如今的大学教育不也是这样来教学生解读经典的么？我们早就习惯性地认为，作品的文笔是一回事，想要传达的思想内容是另一回事。然而，孟德斯鸠的同时代人、颇有影响的启蒙哲人达朗贝尔却提醒我们：《论法的精神》的笔法同它要传达的思想内容之间有深刻的内在关联。这是怎么一回事呢？

二

《论法的精神》出版之后，孟德斯鸠面临着非常多的指责，其中大部分指责直指所谓含糊性的问题，即他没有清晰、有条理地表述自身的思想。实际上，即便是当代的研究者，也没有停止从这个方面出发来指责他，例如，萨拜因（George H. Sabine）认为，（这本书的）主题并没有太多的连贯性，书中充斥着大量不相关的内容。因而在他看来，《论法的精神》一书并没有结构安排。思想史家贝克尔（Carl Becker）也觉得，《论法的精神》不是一部系统的政治学论著，而是一部支离破碎的反思作品，实际上只是一部论文集。[①] 但这种指控很显然同孟德斯鸠本人的立场背离。他似乎早就意识到了自己将遭遇这种指责，在《论法的精神》的"序言"中，他请求读者们不要对这本花

[①] 相关评论参见罗温塔尔：《孟德斯鸠〈论法的精神〉第一章释读》，载于赵明主编：《法意》，商务印书馆2012年版，第123页。

费二十年心血写出的著作妄下结论:"想要探明作者的意图,也只有读完整的著作才能发现","我的原则绝非出于自己的一孔之见,而是从事物的本性中演绎出来的。"并且说,"我并未陈述这些原则的细枝末节,因为,谁能事无巨细地将这些细节和盘托出而不感到厌烦呢?"(序言,第1段)要么是孟德斯鸠在说假话,要么是评论者根本没有读懂他。启蒙哲人达朗贝尔就竭力为他辩护,并饱含深情撰写了著名的《孟德斯鸠庭长先生颂词》①。在这颂词中,无独有偶,也提到了写作方法的问题:

> 有些读者指责孟德斯鸠先生的写作方法有缺陷,我敢说,若能以刻苦和勤于思索的精神认真阅读,这个所谓的缺陷就不复存在;这些读者不应轻率地指责作者,说他在这部著作中忽略了那个本应具备的优点,须知这是一部论述哲学的著作,是一部花费了二十年心血的著作。应该把实在的混乱和仅见于表面的混乱区分开来,如果观念的一致性和延续性没有得到遵守,如果把结论当作定律,或是先有结论后有定律,如果读者绕了无数个圈子后,发现自己又回到了出发点,那才是真正的混乱。作者如果把他所使用的各种观念安置在它们各自的位置上,让读者自己去填

---

① 达朗贝尔:《孟德斯鸠庭长先生颂词》,载于《论法的精神》,徐明龙译,商务印书馆2009年版。

补观念与观念之间的空缺，那么，这种混乱只是表面的混乱。孟德斯鸠先生认为，他可以而且应该使用这种方法，因为他的书是写给善于思考的人读的，他们凭借自己的才具应该能够把他有意而且有理略去的东西补上。①

达朗贝尔在此区分了"表面的混乱"和"真正的混乱"，并表明，孟德斯鸠采取了如下结构："作者仅仅把握住大项分类，把只能归属某一大项的东西放在其中，凡是同时涉及几个大项的东西，则依据其性质分别放在各自合适的数个大项中。这种安排使读者可以轻松地看到各个不同部分的相互影响，而不至于晕头转向。"② 只有"善于思考的人"才能理解这个结构，因为只有"善于思考的人"，才能充分意识到"分类法"的价值。

要想发现孟德斯鸠在《论法的精神》中的秘密，首先有必要注意他的各种分类。分类是哲学思维的开端，对事物进行分类的做法与人类思想同时诞生。当古希腊哲学家们将世界的本源或始基追溯到水、火、气等自然事物时，实际上就建立起了对事物进行分类的基础。分类涉及人类对事物的全面认知，通常情形下，事物的类型划分得越细致，对事物的认识就越全面，分类法因此是逻辑学的基本

---

① 达朗贝尔：《孟德斯鸠庭长先生颂词》，载于《论法的精神》，徐明龙译，商务印书馆，2009。强调为笔者所加。
② 同上。

方法。懂得分类法是成为哲人的基本素质。在古典哲人那里，随处可见分类法的运用，例如，柏拉图在《治邦者》中就通篇使用了分类法，此外，亚里士多德的政体观也是运用分类法的典范。

然而，仅仅从分类法角度理解孟德斯鸠的写作方式并不充分，尽管注意到这些分类可以纠正我们对《论法的精神》一书的诸多误解。达朗贝尔接下来评论说：

> 至于对这样一部著作来说可以允许的某些含糊之处，我想说的话与上面谈及结构混乱时所说的话没有区别。在作者看来，平庸的读者觉得含糊的东西未必就是真的含糊。况且，作者故意为之的含糊之处何止一二。孟德斯鸠先生有时需要阐明一些重要的真理，如果以绝对的和直白的方式说出来，难免徒然造成伤害，他于是把这句话谨慎地加以包装，借助这种善意的人为加工，让可能受到伤害的人看不清楚这些话的真实含义，同时又不会让智慧的人莫名其妙。①

在达朗贝尔为孟德斯鸠所作的辩护中，这段话十分重要，甚至要比对分类法的强调更重要。因为它突出了一种特殊的写作方式问题，而这种写作方式在极大程度上揭示了《论法的精神》这本书的基本品质。

---

① 达朗贝尔：《孟德斯鸠庭长先生颂词》。

按照达朗贝尔的说法，孟德斯鸠之所以采取含糊其词的写作方式，是因为要照顾平庸的读者，因为这些读者并不习惯于分类法，在精致又繁杂的分类面前，他们必定会晕头转向，丧失阅读的兴趣。这样一来，想要教育大众就没有可能了，而孟德斯鸠的意图就在于启发民众："启迪人民并非无关紧要……倘若我能向所有的人提出新的理由，促使每个人热爱他们的义务、他们的君主、祖国和法律，在他们所在的每一个国家、每一个政府和每一个岗位上更加感到幸福；果真如此，那我就是世上最幸福的人了。"（序言，第10—11段）在这一点上，孟德斯鸠同其他启蒙哲人没有差异，开启民智、教育大众不就是启蒙的根本目的么？

然而，这个表面的判断会遭遇到如下问题：启蒙为何要使用含糊其辞的语言？深刻的思想为何不能用简单和直白的方式说出？直接告诉大众真相、揭示专制政体下生活的凄惨、描述自由生活的美好，不是启蒙哲人的惯常方法么？但达朗贝尔接着说，孟德斯鸠之所以要使用含糊的言辞，是因为害怕带来伤害（不仅害人，而且害己）。因此，之所以采取含糊的言辞来表达，是"故意为之"。一句话，含糊其辞并非孟德斯鸠写作方式的缺陷，而是体现了他的审慎，按照达朗贝尔的说法，是一种"善意的人为加工"。对这种曲折回环的笔法，心明眼亮的人当然不会奇怪，他们很快就能把握到要点，而凡事只看表面的人就很容易受到伤害,他们不关心真实的意图是什么,看到自由、民主的字眼就会兴奋莫名……

应该注意的是,孟德斯鸠并未放弃分类法。但正如达朗贝尔观察到的,其分类从表面上看并不严格,一个明显的例子是,他明确地要从政体的性质和政体的原则出发论述各种政体,然而,在讲述英格兰政体的部分中,这种分类却消失了。取代这种严格分类法的,是好看的外表——他频频用历史故事代替论述,使用了大量朦胧的、带有诗歌的韵律及色彩的表述。这种写法吸引了不少附庸风雅的文人,他们在阅读中各取所需,甚至有人说,这本书有诗歌般的语言,因此每天都会情不自禁地想要诵读几句。但在这群人之中,唯有少数人真正有智慧,不仅能够将分类法贯彻到底,而且懂得好看的行文背后的秘密。因此,在孟德斯鸠那里,启蒙仅仅从表面上看才指向所有人,实际上针对的只是少数人,因为能透过曲折回环的笔法洞见真实的人,终究只能是少数人。

然而,达朗贝尔却未使我们注意到,这种"故意为之的含糊"是一种独特的写作方式,是古代政治哲人的发明,因此,他根本就没有明确地向我们说出孟德斯鸠在何种意义上模仿了古人,更没有向我们表明,应该如何读这类书(但也许只有对我们生活在21世纪的读者来说,这才是问题,对于达朗贝尔来说则是常识)。而明明白白地向我们讲述这个道理的,是20世纪著名的解经哲人施特劳斯。

三

尽管施特劳斯并未写过有关孟德斯鸠的专论,却多次开设过孟德斯鸠的课程,注意到了他那独特的写作方式。[①] 例如,他在《迫害与写作艺术》一文中就明确地使用了《论法的精神》作为例子:

> 孟德斯鸠本人以及他的一些同时代人相信《论法的精神》有很好的,甚至绝佳的构思。拉布莱耶仍然认为,《论法的精神》在构思上有一些表面上的含糊之处,还有其他一些表面上的文学性瑕疵,这要归因于审查或迫害。[②]

施特劳斯要用孟德斯鸠的《论法的精神》说明什么呢?将迫害与写作技艺关联起来,会使人首先得出如下结论,即迫害使得言说者不得不注意言说的方式问题,写作者也不得不使用曲笔,以防止遭受人身伤害。

孟德斯鸠写作的时代不得不面对政治迫害问题,但好在他本人有处世智慧,一度得以避免。为了防止迫害,

[①] 施特劳斯有关孟德斯鸠的讲课实录已由笔者译为中文,参见施特劳斯:《从德性到自由——孟德斯鸠〈论法的精神〉讲疏》(华东师范大学出版社,2017年版),《阉奴、女人与政制——孟德斯鸠〈波斯人信札〉讲疏》(华东师范大学出版社,2016年版)。

[②] 施特劳斯:《迫害与写作艺术》,刘锋译,华夏出版社2012年版,第22—23页。

《波斯人信札》和《罗马盛衰原因论》都在荷兰出版。此外,在出版《罗马盛衰原因论》时,他还特意将书稿送给对自己有利的书报检查官审阅,以利评审通过。《论法的精神》的出版可以说是费尽心思,在法国出版已经不可能,并且,由于法国与荷兰关系不佳,委托荷兰出版商出版的想法也无法落实,最后,几经周折,才由卢梭的远亲,一位名叫皮埃尔·缪萨的瑞士外交官在日内瓦找人出版。但即便在日内瓦出版的著作也未必容易进口到法国,因为在1747年,任何在日内瓦印制的作品都是可疑的。

孟德斯鸠说:"我对苍天怀有感激之情,因为它让我出生在如今我生活于其中的政体里,因为苍天要我听命于它让我爱戴的人。"(序言,第1段)"我撰写此书,绝对无意贬斥任何国家中业已确立的东西。"(序言,第9段)这些话似乎是写给书报检察官看的,是他向现实权力妥协的证据。但潘戈(Thomas Pangle)却告诉我们,用现实权力的高压政策来解释孟德斯鸠的笔法并不充分。这里涉及的远不只是笔法的改变,而且是立场和心性的改变。①

在探讨"迫害与写作技艺"这个主题时,重要的不是用具体的危险处境来解释著作,因为这样做就会导致如下

---

① 参见 Thomas L. Pangle, *Montesquieu's Philosophy of Liberalism: A Commentary on The Spirit of the Laws*, The University of Chicago Press, 1973, P.11—19。该书中译本由笔者校订出版,参见潘戈:《孟德斯鸠的自由主义哲学——〈论法的精神〉疏证》,胡兴建、郑凡译,黄涛校,华夏出版社2016年版。

可能：举凡遇到无法解释的地方，就用作者的时代处境做解释，这种历史学的还原是现代史学的做法。相反，应将其视为一种特定的写作类型。尽管这种写作在诞生之初正是出于迫害，却不能说，有迫害的危险，就必须采取退缩和折中的办法。古代政治作家在面对这个问题时，会采用一种"显白写作"的方式。

何谓显白写作？施特劳斯注意到，有一类写作兼具私下交流和公共交流的全部优点，这就是说，尽管作品面向所有人，也适合于所有人看，却旨在写给少数值得信赖的聪明读者看。① 因此，在这种作品中就包含两类教诲，"一种是具有教谕性质的大众教诲，处在前台；另一种是关于最重要的问题的哲学教诲，仅仅透过字里行间暗示出来"②。之所以要采取显白写作，不仅是因为"哲人和科学家必须尊重社会所依赖的种种意见"③，而且也是因为，"出于所有实际的、政治的目的，大众观点对于真理来说不可缺少"④。这类显白写作之所以在写作手法上极具文学性质，如"晦涩的构思、矛盾、笔名、对过去陈述的不精确的复述、怪异的表达方式"等，正是为了既照顾大多数人的文学爱好，也能够教育那些"潜在的哲人"，使之获

---

① 《迫害与写作技艺》，第19页。
② 《迫害与写作艺术》，第29页。
③ 施特劳斯：《注意一种被遗忘的写作艺术》，林志猛译，载于《什么是政治哲学》，华夏出版社2011年版，第216页。
④ 《迫害与写作技艺》，第30页。

得真理。因此,行文表面上的含糊其辞就是一种有意为之的写作技艺,因为这样会使"他们能够把自己视为真理的东西透露给少数人,而又不危及多数人对社会所依赖的各种意见所承担的绝对义务"①。如此才可以理解,孟德斯鸠声称"绝对无意贬斥任何国家中业已确立的东西"(序言,第9段)绝非恭维之辞,因为他深切懂得,但凡哲学探索,都试图用关于"万物的知识"来取代关于"万物的意见",考虑到意见是社会生活的基础,因此,哲学的探索就有瓦解社会赖以存在的基础,危及社会的风险。

然而,孟德斯鸠有关意见或成见的界定却又清晰地表明,他是在对少数人说话,"我在这里所说的成见,不是那些使人对事物无知的东西,而是令人对自身无知的东西"(序言,第13段)。他十分清楚人的成见是从哪里来的,他说,"人是能屈能伸的,能在社会上适应他人的思想和看法,也能认识或者丢失对自己的认识。当本性被揭示时,人能够认识它;当本性被遮盖时,人便失去了对本性的感知"(序言,第14段)。人之所以被成见困扰,是因为人并未努力去认识自己。

考虑到只有哲人才能真正认识自身,因此,孟德斯鸠有关成见的论述也意味着,他是以政治哲人的身份来撰写《论法的精神》的,他想要通过《论法的精神》揭示人的政

---

① 施特劳斯:《注意一种被遗忘的写作艺术》,载于《什么是政治哲学》,第216页。

治与社会本性，从而教育"潜在的政治哲人"。在第一章第一节中，他对此作了进一步发挥，他说，人来到世上就要生活在社会之中，但有可能会忘掉他人，立法者借助政治法和公民法让他们恪尽自己的义务。从这个意义上讲，他所谓的立法者或政治家是指能认识到人的政治存在的人，他们懂得政治生活的本质，懂得区分政治生活的真理和意见。因此，尽管他想要对所有人说话，但他的目的并不在于教育多数人，他对多数人懂得政治生活的真理不抱期望，而是寄希望于少数人。

少数人应该具有何种品质呢？孟德斯鸠说："一些人幸运地生就洞悉国家政制，唯有他们才能提出改制的建议。"（序言，第9段）生就懂得国家政制奥秘的幸运之人总是少数人。由此也可以看出，《论法的精神》第一章第二节讲述的有关人人平等的话不过是"高贵的谎言"。启蒙哲人认为，人的天性是平等的，他们攻击和反对人的天性是有差异的学说，认为人天性就是政治生活的平等参与者，而孟德斯鸠只是表面上如此，实际上，他相信人的自然差异，有些人天性有高尚的灵魂，有高远的识见，生来就懂得国家政制的奥秘，只有他们才有责任和义务提出改制建议。多数人和少数人的对立不仅讽刺了启蒙时代爱好自由、平等的哲人们，更为关键地，它提醒了少数人应承担的责任。于是，我们才能理解，尽管孟德斯鸠在讨论自由的场合，明确区分了"哲理的自由"和"政治的自由"

（第十二章第 2 节），[①] 要捍卫公民享有的政治自由，但实际上，政治自由、现实生活中的安全，不过是多数人的需要与期待，《论法的精神》的真正目的是，促使人们摒弃成见，揭示人的政治本性。要想做到这一点，只能诉诸少数哲人的心智。

我们还应该注意到，"序言"不仅论述了少数人心智的必要性，而且论述了光有哲人的心智还不够，他们还需具有勇敢的美德。孟德斯鸠鼓励那些想要启迪人民的人，不要因为担心遭到报复而不去揭示真理，"如果担心坏会变得更坏，那就莫如别去碰它。如果不相信好能变得更好，那就莫如也别去碰它"（序言，第 10 段）。因此，少数人应该鼓起勇气，勇于揭示真理，"我们观察局部，只是为了对整体作出判断；我们考察一切原因，是为了看清一切结果"（序言，第 10 段），这是少数人的本分，是哲人的使命。仔细读一读孟德斯鸠的话，在这表面上看谦和的句子之下潜藏着多么强有力的力量！

施特劳斯提醒我们说，显白写作是一种被当代学者遗忘的、重要的政治写作方式，而几乎所有古代的政治哲人都懂得这种区分，"至少从文学史家的观点来看，典型的前现代哲人（很难把他们与前现代诗人区别开来）与典型的现代哲人最显著的区别就在于，他们对'高贵的谎言'、

---

① 《论法的精神》，第 199 页。

'虔诚的欺骗'、'迂回方法'或'真理的节约'持完全不同的态度。一个伟人居然会故意欺骗他的大多数读者——每个正派的现代读者哪怕只是听到这样的暗示，也一定会惊讶不已"。①《迫害与写作技艺》一书中明确提及有关孟德斯鸠的写作方式的看法，在施特劳斯看来，孟德斯鸠也是擅长运用显白写作的启蒙哲人。《论法的精神》的笔法其实就是显白写作的笔法，从表面上看，它是哲人撰写的有益于社会的教诲，这部分教诲是通过表面上的、常常是美好的言辞表达出来的，它充分考虑到了大多数人的所思所求，却是写给未来的立法者看的，唯有他们才懂得人类政治生活的本质，这是在显白教诲背后的、有实质意义的教诲。可惜的是，现代人无法理解这一独特的写作方式，因此也就根本无法把握孟德斯鸠的真正意图，一部耗费了二十年心血写成的大书，却被视为一部零散的论文集。他们根本无法透过《论法的精神》的文学特征看到这本书所涉及的"宏伟的主题"（序言，第16段）。

四

施特劳斯在《迫害与写作技艺》中揭示了像《论法的精神》这类书的技艺。特殊的写作技艺要求特殊的阅读技

---

① 《迫害与写作艺术》，第29页。

艺，它想要培养一种特殊类型的人。但凡想要成为这类人的读者都有必要认真对待他拟定的阅读规则，在《迫害与写作技艺》一文中，施特劳斯集中阐述了这些阅读规则。① 而一旦懂得孟德斯鸠的写作方式，懂得了运用字里行间的阅读法（reading between the lines），就会为理解《论法的精神》减轻不少压力。大多数现代读者都会被孟德斯鸠引用的大量史实吓倒，而一旦注意到他的独特写作方式，就应该将重点置于他编排这些史实的顺序和他赋予这些事实的具体特征之上，而非纠缠于史实的真伪。例如，有必要注意到他在哪些地方引用了古代史实，哪些地方又没有引用，还需注意他引用史实时最看重的是哪些作者。总而言之，孟德斯鸠使用了新的术语，对史实做了独特的解释，因此，与其纠缠于数不清的史实，还不如从中跳出来，紧盯着他的意图，探究这些事实背后的观念。

---

① 《迫害与写作艺术》，第24页。

15　孟德斯鸠的节制*

——重思《论法的精神》的意图

《论法的精神》一直被当成一本讨论现代法律的书，其中渗透了大量社会学的、历史学的、政治学的乃至于地理的、宗教方面的洞见，按照现代学术的标准，这是一部百科全书，尤其是在政治法律方面。我们会看到有关政体的研究，有关各个民族具体法律制度的研究，不管是民事法律，还是刑事法律，还有关于战争与和平权利的研究，以及诸如人口、税收、贸易等方面。在整个现代政治法律思想史上，相对于其他经典作品来说，这本书有着极其宽广的视野，也对后世产生巨大影响，今天我们的若干观念，可以从中找到起源。

稍稍翻阅《孟德斯鸠评传》可知，生活在启蒙时代的孟德斯鸠与卢梭、伏尔泰这些人相比，并未留下太多作品，他闻名于世的作品其实就是三部：《波斯人信札》《罗马盛衰

---

* 本文是2019年6月28日作者在上海陆家嘴读书会"在不确定的时代中节制、审慎如何可能——《孟德斯鸠评传》品读会"上的讲演稿。

原因论》和《论法的精神》。《波斯人信札》据说是一部具有讽刺意味的文学作品,《罗马盛衰原因论》据说是一部历史作品,《论法的精神》是一部专论法律的作品。因此,也难怪孟德斯鸠一直被认为是一个知识广博的法学家、历史学家或社会学家,即便在《波斯人信札》这部书信体小说中,读者们关注的也只是政治制度方面的教诲,通过这部文学作品,可以看到东方专制主义的鲜活图景。

孟德斯鸠留给后世的形象,是一个制度主义者、历史主义者。这样的形象有没有可能被打破?孟德斯鸠是否有更丰满的形象?在将孟德斯鸠视为一个制度主义者、历史主义者时,我们是不是失去了许多东西,但从另一方面来讲,我们所失去的,或许正是孟德斯鸠刻意向我们隐藏起来的东西。

现代人对政治法律思想有一个看法,即政治法律思想离人性很远,一个著名的说法是,法律与道德不是一回事,法律与道德应该严格地分离。值得思考的是,这种今天已经耳熟能详的看法,究竟源自哪里?今天我们说,有关政治与法律的讨论,核心应该是制度,因此,讨论政治法律问题的作者如果不对制度的设计与塑造提供一点实实在在的东西,就并非政治法律问题的真正专家。因此就其根本而言,政治法律问题的核心在于制度构建,而不是道德与德性,因此,它同哲学、文学就有着天然的距离。我们不时听过,爱好哲学和文学的人总是逃离政治学与法学，他们无法在政治学与法学中获得满足。

我想说，这种对于现代政治与法律的看法是在孟德斯鸠这里首先被完整构建起来的。阅读孟德斯鸠的著作，尤其是阅读他的百科全书式作品，我们会看到孟德斯鸠刻意弱化人类的内在德性对政治法律生活的影响。在孟德斯鸠所承诺的世界中，包括在他所描述的政治法律世界中，德性的因素被放到最不起眼的位置。这一点在《论法的精神》中十分明显，我们看到了他有意识地分离人的内在的德性生活与外在的政治法律世界之间的关系。这方面的一个明确证据是，他讨论共和政体、君主政体，最终讨论以权力的分立和制衡为特征的自由政体。在这个讨论中，德性的位置越来越低，以至于最终在自由政体中，我们所看到的完全是由制度建构起来的一种政治法律生活，内在的德性生活的要素消失不见了。在《论法的精神》第十九章的最后一节（也是最长的一节）中，他谈到了自由政体下人民的风尚，他极其具体地谈论种种风尚，并没有谈论任何意义上内在德性，在这一节中，甚至没有使用任何德性的字眼。

这就引申出了一个很有意思的问题，我们这次的讲演有一个大的主题，在一个不确定的时代，节制与审慎如何可能？节制与审慎常常被用来描述一种内在的德性，例如在柏拉图的笔下，节制和审慎（也译为明智）就是德性之一。这些德性常常被用来描述灵魂。但很显然，孟德斯鸠对灵魂之事并不感兴趣。但是，他的确谈到了节制（moderation），这个词也被译成"宽和"。他也说，节制是立法者的精神。那么，这种宽和究竟是什么意思呢？我们发现，他在使用这个词时常常同政体联系在一起，在《论法的精神》中谈论政体的时候，有一种政体常常被人忽视，这就是宽和政体。孟德斯鸠在讨论政体宽和时，着眼于两个方面：一方面是权力受到节制，另一方面是公民的人身和财产得到保障。这就是他笔下节制或者宽和的意思，这里丝毫不涉及灵魂的内在品质。

20世纪伟大的政治思想家施特劳斯曾经耗费了几个学期来讲孟德斯鸠，他带着学生逐章逐节来讨论孟德斯鸠的《论法的精神》，他们的课程实录已由我翻译出版，书名就叫《从德性到自由》。施特劳斯发现在孟德斯鸠笔下有一个"从德性到自由"的内在进程，他发现在古典时代强调的德性，在孟德斯鸠这里已经不再强调，孟德斯鸠关心的不再是德性，而是自由。这种自由，当然不是我们后来在德国古典哲学那里看到的自由，而是一种情欲的解放。施特劳斯的工作非常有意义，他让我们看到了一个现象，在现代自由主义政治法律体系的背后，实际上有一种人性论的预设，这个人性论就是一种不节制的、放纵情欲的人性论。相对而言，古典时代的强调灵魂的节制的人性论太严苛了，灵魂的节制体现出来的，当然是不允许放纵情欲，而是要为欲望设置界限。纵观孟德斯鸠的《论法的精神》，他非但不为欲望设置界限,反而要寻找一种既能释放人的欲望,又不威胁人的人身和财产安全的制度设计。在他所颂扬的那个自由政体中,我们看到"各种欲念在那里都不受约束",这是一个"和平、自由而安逸舒适的国家"(第十九章第27节)。

为了说明这一点,不妨举几个例子,其中最突出的例子莫过于他对音乐教育或者乐教的看法(参见《论法的精神》第四章第八节)。我们知道,乐教是一种古典的教育形态,对于中国古人来说,我们强调的是培育谦谦有礼、但又有教养的君子,这种教育直指人的灵魂深处,想要将人培育成为一个有修养的人。但在孟德斯鸠笔下,我们看到的是一种完全有别于古典时代的看法,他说,希腊是一个运动员和战士的社会,这些训练固然不错,会锻炼坚强的人,也能够使人粗野,从而有助于在战争中杀敌取胜,但是,仅仅有这个是不够的,还需要其他的训练加以调节,使之趋向"柔和"。于是,我们就看到了一段有关音乐教育的充满现代心理学意味的文字:

> 若说音乐能够激励美德,那是无法想象和理解的,然而,音乐倒是能够遏制体制所产生的凶悍效果,使良心在教育中占有一席之地;如果不借助音乐,这就绝不可能。

又说,

> 希腊人的训练只能激发某一种感情,诸如粗野、愤怒和凶悍,而音乐却能激发所有的感情,能让心灵体验温和、怜悯、慈爱与柔情。(两处引文均见第四章第八节)

在阅读孟德斯鸠《论法的精神》的过程中,这恐怕是一段最早让我们明确看到孟德斯鸠的意图的文字了。这段话中使用的"温和、怜悯、慈爱与柔情",是最令我们现代人动情的字眼,尤其是在一个和平年代,在一个为贸易精神所渗透的年代,我们难道不是渴望被人道主义的柔情和风吹拂么?孟德斯鸠生活在君主威权的年代,那个年代还有着十分严格的出版审查制度,君主还有非常强烈的扩张的冲动,他在那样的时代,强调一切政体都可能腐化,变成专制政体,在专制政体中,没有柔和,有的是恐惧。孟德斯鸠渴望君主的权力受到限制,在他表面上冷静的叙述背后,有着十分强烈的价值诉求。

如果将孟德斯鸠谈论音乐教育时使用的"柔和"一词与他对自然人的描述联系起来,我们也许会更清楚,"柔和"一词可能是理解他笔下"节制"一词的关键。相较于霍布斯和洛克,孟德斯鸠有关自然法的表述别具一格。在此不妨看看他讨论自然状态中自然人所遵循的法则。《论法的精神》第一章谈论了四条自然法。第一条是和平。第二条是填饱肚子。第三条是两性之间的互献殷勤。第四条则是在社会中共同生活。前三条属于一个序列，第四条属于另一个序列。按照他的说法，前三条自然法是在人类的情感基础上建立的，可以不凭借人的智慧和知识。而按照他的说法，智慧和知识一旦产生，人类就将走向战争。因此，前三条自然法对于理解孟德斯鸠的人性论来说非常重要。

在孟德斯鸠笔下，人类最初的生活是一种和平状态，这不是因为自然人懂得相互尊重，而是因为自然人感到自己弱小，极端怯懦。由此我们可以获得三个观察结论：第一，在孟德斯鸠的自然状态中，平等是作为自然人的怯懦的结果而产生的，每个人都觉得自己不如他人，谁也不敢去攻击他人，因此产生了人与人之间的平等。第二，在自然状态之下，自然人最担心的莫过于自身安全，怯懦的人总是希望能够获得保护，抵御外来的攻击。这个怯懦的自然人，当然不会有勇气，也不会有四处出击的欲望，相反，他只有极其简单的要求，这就是填饱肚子。这就进入到第二条自然法，填饱肚子也就是自我保存，这里没有强烈的扩张欲，因为怯懦，因此根本不会想征服他人，比较容易满足。第三条自然法，两性之间互献殷勤，为什么要互献殷勤？孟德斯鸠说的是，"一个动物在一个同类向它靠近时所体验到的愉悦"，因此这里其实说的是一种性的愉悦，孟德斯鸠并没有说这里的两性究竟是同性还是异性。但我们可以看到，这种愉悦就是爱情。

仅仅从这三条自然法来看孟德斯鸠，似乎我们会觉得他笔下对自然人的描述太简单了。或者考虑到自然人其实是对于人的本性的认识或者观察来说，这不过是一个怯懦的、欲望简单的，但追求爱情的人的形象。怯懦者当然不会有征服的勇气，他必定不事扩张，但怯懦者不一定会欲望简单，仅仅想着要填饱肚子。唯有第三条自然法，似乎大有名堂，一个怯懦的、欲望简单的人，会放弃对爱情的追逐么？很显然，这第三条自然法，也就是谈论两性之间爱欲的自然法是《论法的精神》的重要主题之一，这一主题反映在他对女性的看法中，对家庭的看法中，反映在他的《波斯人信札》中，稍微翻阅一下《孟德斯鸠评传》，我们也可以看到，孟德斯鸠热衷于混迹巴黎的沙龙，和卢梭似乎有相同的爱好。

尤其明显的是，在《论法的精神》第二十三章开端，孟德斯鸠用诗文赞美过人与人之间的自然的愉悦，即自然的情欲。在《论法的精神》中，孟德斯鸠极少明确地运用诗文，只在第四编中出现了两处：第一处是在讲述贸易的开端，即第二十章的开端，在那里他转述了尤文纳尔的诗文，赞美皮埃利亚山的童贞女（皮埃利亚山的诸位童贞女……昔日我所感受到的魅力和温存已离我而远去，请把它们重新注入我的心灵！）；第二处是在论讨论人口、婚姻和家庭的场合，在那里，一开始就歌颂维纳斯女神（"哦，维纳斯女神！哦，爱情之母！……［万物］在愉悦的吸引之下养儿育女，生生不息，热切地追随你，追随那巨大的魅力。")。

按照施特劳斯的解读，这两处诗文不同凡响，不同的诗文引领了不同的主题，一为商业，即赚钱的欲望，另一则为人口，也就是生育。正如施特劳斯提醒我们注意的，整个第四编是以自然的欲望为主题的。由此可见，只有在一个崇尚贸易的社会，只有在一个公共权力不走极端的社会才能指望这种自然情欲的满足。相反，为了追逐这种自然的情欲，我们当然会更加拥抱一个崇尚商业的社会，一个权力受到制约的社会。唯有自然的情欲才不损害自然人的怯懦感，自然情欲带来的魅力和温存会使人类暂时地忘掉自己的柔弱与胆怯，正如脆弱的人只有在呵护和柔情中才能忘掉自己的脆弱一样。不仅如此，自然的情欲还能自发地带来秩序，这就是自然人的本质性存在。

严格来说，孟德斯鸠的自然法仅仅包含前三项，第四项则是社会的基础。然而，愿意过社会生活只是空洞的愿望，它究竟有何内容？有关自然法的论述，尤其是前三项自然法因此为社会生活及其实定法提供了标准。但令我们感到惊讶的是，胆怯的自然人如何能够成为实定法下人们生活的典范。孟德斯鸠崇尚的自由生活，是以轻松、欢快为特征的，这是现代人崇尚的生活，他们希望权力的行使是轻柔的、宽和的，希望能通过贸易自由缓和对外关系中的紧张，他们也喜欢音乐，但看重的是音乐能缓和紧张心情的效果。《论法的精神》中弥漫的这种轻松快活、脉脉温情的风格，仿佛使我们看到了大革命前夕巴黎乃至全欧洲的气象。

至少就《论法的精神》这本书来说，我们看到的是一个近似于科学工作者的孟德斯鸠的形象，他冷静地叙述在各种政体下人们的具体生活状态，客观地评判各种制度的价值，他甚至观察冰冻的羊舌，去证实气候对人的感受的影响。他频繁使用物理学乃至几何学的语言，表达他对政治法律现象的观察结论，所有这一切，都使他成为现代政治法律科学的鼻祖。

然而，在陈述这一切时，我们切不可以忽视孟德斯鸠的根本意图，这就是一种基于自然情欲的充满脉脉温情的社会。在这个社会的安排中，始终弥漫着一种轻柔的人道之风，这一点最令人回味。这种轻柔的人道之风在《论法的精神》中处处可见，与庄重、质朴而严肃的古典风格形成鲜明对照。

以一种冷静的方式，暗自发明一种保障这种生活方式的制度化方案，这或许正是孟德斯鸠在一个君主享有全权的时代，在一个商业贸易不断兴起的年代做出的审慎选择。究竟是继续坚持君主全权，还是走向一种自由的、节制权力的制度生活，正是孟德斯鸠那个时代的人所面临的不确定性，而面对这种不确定性，他的崇尚"节制"的制度发明本身是否也足够节制，对于今天的我们来说，同样是值得考虑的重大问题。

16 卢梭、现代性与政治*

一

施特劳斯在《自然权利与历史》一书中,专列一章检讨卢梭的思想,开篇即言明:"现代性的第一次危机出现在让-雅克的思想中。"卢梭对人的社会性和政治性的否定,惹怒了这位对古典政治学问有着强烈癖好的作家。考虑到"卢梭至死都认为,即使正当的社会也是一种形式上的束缚"①,于是,他就将孤独的自然人形象同其作者一并打入现代性的冷宫。然而,人们也注意到,《社会契约》开端宣称:"我要探讨在社会秩序之中,从人类的实际情况与法律的可能情况着眼,能不能有某种合法的而又确切的政权

---

* 本文的一部分曾以"卢梭与政治的现代命运"为题发表于《经典与解释》辑刊第24期《雅典民主的谐剧》(华夏出版社2008年版)。
① 施特劳斯:《自然权利与历史》,彭刚译,生活·读书·新知三联书店2003年版,第260页。

规则。在这个研究中，我将努力把权利所许可的和利益所要求的结合在一起，以便正义和功利不致有所分歧。"施特劳斯的论断同上述句子中透露出的决心与自信全然相悖，遂让人产生怀疑之感，那个与孤独的自然人相伴的卢梭形象因此也开始逐渐模糊起来。

在对卢梭著作的研究中，施特劳斯强调，卢梭认为个人与社会存在根本上的不和谐，总是保留了少数人反对即使是来自最好社会的要求。在他看来，之所以在卢梭学说中总是保留着一种内在的矛盾与不安，根本原因在于"卢梭在肉体的需求中找到了社会的基础"[①]。果真如他所言，则卢梭崇尚自然的理由，和霍布斯远离自然的理由就没有根本的不同。在霍布斯的自然状态学说中，由于人们无法在自然状态中找到安全感，因此必须同尚未成熟的过去挥手道别，而在卢梭笔下，自然人之所以远离城邦或国家，源于对德性存在的不自信和对人之能力的根本怀疑。一种是面对生存事实的"恐惧"，另一种是对存在处境的"忧心"，无论是哪一种，都不足以在社会生活之外开创一个独立的价值空间。

这种主观性的情绪是现代社会的病症所在，尼采正是在此基础上吹响了反对现代性的嘹亮号角。在他看来，"政治和社会的空想家"以万丈豪情和滔滔雄辩，要求用

---

① 施特劳斯：《自然权利与历史》，第267页。

革命来推翻社会秩序,误以为公平人性的最骄傲神殿随即会自动拔地而起,结果却是革命带来的恐怖和放纵,而这种野蛮能量,这样的恐怖和放纵长久以来一直被埋葬。这一切灾难性的后果出自一种苏格拉底式的理论理性。这就是将科学和对真理的追求不是视为某种职业,而是视为能让理论者勇敢直面生存与死亡的志业。在尼采判断的基础上,施特劳斯认定,卢梭身上尚有一种以"自然人"为标准的苏格拉底智慧[1]——卢梭以自然的名义,不仅对哲学提出了质疑,而且质疑了城邦与德性。

苏格拉底式智慧究竟是否应该为现代性承担罪责?至少在康德看来,它却是真正捍卫实践生活的原则和力量,例如,康德就庄重地宣称:"柏拉图最初是在一切实践东西中,就是说,在一切以自由为依据的原则中,发现他的理念的,而自由本身则是从属于那些作为理性之一种特有产物的知识之下的……从来不会有人合乎纯粹的德行理念所包含的那个内容而行动,这一点根本不证明这个观念就是某种妄念。因为一切有关道德上的价值或无价值的判断仍然只有借助于这一理念才是可能的。"[2] 尽管康德对苏格拉底式智慧的赞誉有所保留,但他的确认为,柏拉图哲学在此领域中使用的高超语言完全能作为一种更宽松的且适

---

[1] 施特劳斯:《自然权利与历史》,第268—269页
[2] 康德:《纯粹理性批判》,邓晓芒译,人民出版社2004年版,第271页。

合于事物本性的解释,这就是它能够在德性、立法和宗教的诸原则方面,在诸理念虽然永远不能在其中得到完全表达,但首次使(善的)经验成为可能的地方,有一种特别的贡献①。

康德的实践哲学吸取了柏拉图哲学中的超越一切经验和欲望的理念,极大地提升了实践生活的价值。在他看来,苏格拉底派哲人仍然以对凡俗政治的关心为根本的问题意识。他们从实际的城邦生活出发考察生活的内在目的。他们对日常生活的经验或公共道德生活的反思,达到了一种脱离宗教信仰而独立的、道德的原本价值的观点。罗尔斯注意到,由于古希腊哲学将荷马的理想作为过时的生活方式加以反对,由于古希腊哲学没有在公民宗教中获得指导,它就必须为自身构造出人类生活的至善理念。他因而认为,道德哲学一直是自由而律己的理性自身的训练,它既非建立在宗教基础上,亦非建立在启示基础之上。在寻求比荷马时代的道德观念更适合于公元前5世纪雅典社会和文化的道德观念的过程中,古希腊道德哲学从一开始就或多或少地是自成一体的。

追随苏格拉底对理念生活的热爱,现代哲学家们将理念视为凡世生活的真实状态,没有理念的生命才是真正抽象和空洞的。因此,在现代哲学家们看来,对苏格拉底式

---

① 康德:《纯粹理性批判》,第273页。

智慧的展开，实质是对生命之本真状态的描述，反映了生命的内在目的，反映了生命在自我实现过程中的规律性。理念就其本质来说是一种整体性的存在，它不依赖于经验，却是使一切经验得以成为可能的前提，因而是德行的真正源泉，从此，德行不再只是知识，而是德行的践履。只有在此意义上，才能理解卢梭在《论科学和文艺》结尾对高尚道德生活的颂唱。

卢梭意图通过对科学和艺术的批判来抨击传统或通俗形而上学，反对建立在主观情绪上的艺术和科学。他不否认科学，也不否认艺术在人类生活中的意义，而是反对将生活的基础奠定于主观感受。提升艺术使之同生命本身相关，将科学奠定在正确的基础上以和人类普遍的福利相一致，才是他写作的真正意图所在。科学与艺术一旦离开了正确的根据，就不仅不能带给人们幸福，不能带给世界德性与教养，反而会败坏人类心灵，成为堕落的源头。离开了有关"根据"的知识，就会受制于感官的被动性，只能培养起偶然的冲动与情绪。卢梭致力于讨论"根据"，延续了古典哲人的讨论风格，唯有"根据"才是真正可以教导的，"根据"是存在本身，是德行本身，是公民生活必须凭靠的基础。

古代世界仍然沉浸在感性生活中，从意识的发展阶段来说，苏格拉底派哲人出生得太早。只有明白这个道理，才可能懂得黑格尔对古今的评判。他曾经说："现代哲学懂得区分真正意义上的古代和现代,表象中的东西变成了纯粹自我意识的财富;但是这种向着普遍性的上升过程还只是精神发展的一个方面,并非精神的全部形成。——古代人的研究跟近代的研究又很不相同,古代人的研究是真正的自然意识的教养和形成。古代的研究者通过对他的生活的每一个细节都作详尽的考察,对呈现于其面前的一切感性事物都作哲学的思考,才给自己创造出一种渗透于事物之中的普遍性。"他曾如此想象古代人的心灵:"从前有一个时期,人们的上天是充满了思想和图景的无穷财富的。在那个时候,一切存在着的东西的意义都在光线,光线把万物与上天连接起来;在光线里,人们的目光并不停留在此岸的现实存在里,而是越出了它之外,瞥向一个神圣的东西,瞥向一个,如果我们可以这样说的话,彼岸的现实存在。那个时候精神的目光必须以强制的力量才能指向世俗的东西而停留于此世,费了很长的时间才把上天独具的那种光明清澈引进来照亮尘世之间的昏暗混乱,费了很长时间才使人相信被称为经验的那种对现世事物的注意研究是有益的和有效的。"[①]

在黑格尔看来,现代人的目光相较而言"是过于执着于世俗事物了,以至于必须花费同样大的气力来使它高举

[①] 黑格尔:《精神现象学》,上卷,贺麟、王玖兴译,商务印书馆1979年版,第5—6页。

于尘世之上，人的精神已显示出它的极端贫乏，就如同沙漠旅行者渴望获得一口饮水那样在急切盼望能对一般的神圣事物获得一点点感受。精神是如此易于满足，我们就可以估量他们受到的损失是多么地巨大了"。现实事物的丰富性使现代人穷于应付，古代人教导他的对事物作全体的把握成为不切实际的幻想。他们"能找到现成的抽象形式。他掌握和吸取这种形式，可以说只是不假中介地将内在的东西外化出来并隔离地将普遍的东西制造出来，而不是从具体事物中和现实存在的形形色色中把内在和普遍的东西产生出来"①。如今，他们已经懂得如何从物体的经验概念中将颜色、硬或软、重量甚至不可入性等一切经验性的东西一个个去掉，最终留下的是它占据的空间，即一个抽象的关于某物存在的观念。既然现代人以抽象生活为本质，哲学就必须有能力扬弃固定的思想，使普遍的东西成为有生气的东西，想方设法使个体脱离感性的思维方式，从而成为被思维的和能思维的实体。要完成这一任务，就必须能做到纯粹思维，使思维上升到自我认识，从而抛弃空洞的思维形式。正因此，探究一般理性的内在规律就成为现代哲学的根本任务，其目的是使思维的空洞性和感性世界的丰富性关联起来。

卢梭在此方向上是先行者。在他看来，在浩渺广袤的

---

① 黑格尔：《精神现象学》，上卷，第22—23页。

宇宙中，探究宇宙的秩序和追溯人与宇宙的关系不过是妄想。因此，一个人如果真的想要发现点什么，而不是出人头地、追名求利，就必须首先将探讨的对象限制在同自身有直接关系的东西，而对其他东西不管不问。这一点既不空洞又不狭隘。因为出于事物的本性，一个人总会因自己的经历而感知到许多东西，而不至于狂妄地认为自己与上帝同在，能和上帝一样俯视世界。然而，仅凭这一点还没有权利对事物加以判断，一个人过于相信自我判断的结果，而不去作进一步的探究，结果只能是有助于培养狭隘的心灵。既然现世生活的需要使人们不得拒绝对事物作判断，因此为了证明自己究竟有没有这种权利，有没有认识事物的这种能力，人就必须转向对自身性质的探讨。

人对自身性质的认识乃是一切知识的来源。既然如此，要想对人间事务做出正确的裁断，就必须首先拥有一种经过检讨的有关人的可靠知识。这一对人性的探究出现在《论人类不平等的起源和基础》一书中，这就是卢梭那极富争议的自然状态学说。自然状态是人性的最初阶段，而并非人在自然界中所处的最初阶段。卢梭对自然人的探究是哲学人类学研究的典范，其实质是形而上学的而非心理学的。没有理由认为自然状态作为人类的幼年较之任何其他状态有价值上的高低等级，也不能事先未经考察就表明自然状态是一个较低层级的、因而是人类必须想方设法弃绝的生存状态。卢梭有关自然状态的种种设想不过是一些推论罢了,这些推论源于他对人类为了建立社会可能使用的智慧的设想。在他所处的时代,人们还无法找出一套可靠的哲学方案对自然人做出准确的界定。

卢梭有关人性的讨论以自然状态作为开端,这个开端即两项原则:其一是要热切地关切我们的幸福和自身的保存;其二是使我们在看到任何有感觉的生物,主要是我们的同类遭受灭亡或痛苦时,会感到一种天然的憎恶。然而,卢梭是如何发现这两个原则的?

在《爱弥儿》中,人类对自身的认识是从人自身的感觉开始的。人类面对广袤的宇宙,当涉及对具体事物进行评判的权利时,第一次将眼光投向自身,投向自身的感受,并且,考虑到黑格尔关于古今生活原则的论述,就会很容易想到,人类将自己的眼光从对上天的注视转向对现世生活自身是多么不容易,是多么伟大的创举!卢梭进一步将我的感觉的存在与独立于我的感觉存在的存在区分开来,并因此将独立于人的存在的"物质"和属于人的存在的"物体"区分开来。不仅如此,对于日常生活的细微体验也使他感觉到,既然我的感觉是真实的,是物质分子的结合,则使我们产生判断错误的经验就表明,在知觉的我之外还有一个"我"存在。产生错误的不是对象,而是一个主动的、有意志的自我。凭借这个发现,卢梭成功捍卫了人类的感性生活。由此,人们就可以懂得,造成人世生活的灾难的,不是感性生活,而是因为缺乏对内在于自身的这一能动的自由意志的洞见。这一发现给予康德极大启示，正是从上述有关人之本性的认识出发，康德将现象与物自体世界分离开来，达到了对知性之合目的性的认识，并进一步上升到理性，为人的尊严提供理论上的根据。

要想充分理解卢梭对人类感性生活的捍卫，务必读懂他的自然状态学说。尽管从表面上看，卢梭仿佛是从对专制政体的抨击出发来捍卫人类的社会生活的，所谓"人生而自由，却无往不在枷锁之中"，他追随孟德斯鸠的观点，认为专制权力不过是政府腐化的结果，是一切政府的终点，它使政府回到强者的权力上。堕落的政府是不平等的顶点。但我们却不能由此认定，在这种堕落的自然状态和最初的纯粹的自然状态之间有何内在关联，在堕落的自然状态中，根本不存在人类社会诞生的根据。真正的社会性的诞生应该在纯粹的自然状态中寻找。卢梭有关历史上的自然状态的讲述同其有关的自然权利的教诲之间绝非毫无关联，他也并未强行地区分作为人之事实的自然状态和作为人之法理地位的自然状态，之所以给人们以此种印象，不过是因为，他的自然状态绝非单纯的事实状态，亦有其法理意义。

从表面上看，卢梭试图在人类激情，即怜悯的基础上确立人的社会性。于是，考虑到激情不是社会状态而是个体的自然状态，似乎就可以断言，他放弃了社会状态，而偏向于个体的感性生活。但自然状态之所以被设定，在于通过激情发现生命的尊严。对激情的承认与承认激情放荡不羁的生活不是一回事，通过有关自然状态中怜悯的揭示，卢梭展示了独立于一切感性生活的激情，深刻地揭示了他对人类生活尊严的维护，从而使怜悯不再只是一种激情，而成为审查一切世俗立法的尺度和原则。正是在此意义上，卢梭的自然状态和社会状态就建立了内在关联。

我们有必要认真对待卢梭笔下的怜悯原则，务必不要将其同日常生活中所谓的同情彼此混淆。怜悯描述了人类生活的本质，它意味着人类本真的生活是一种审美生活，表达了人同自然之间的一致，也是人与人之间共同分享的情感，正是在此意义上，它可以成为人与人之间结合的根本动力，同时，因为它既与人类的现实生活保持距离，又消弭这个距离，因此，它就可能为一切人为政治法律秩序的建构提供理念，为反思和批判现实政治生活提供尺度。怜悯因此不仅为我们展示了人类最丰富的感性生活，并且揭示了一切政治与社会生活的理想，提供了真正的政治与社会生活的理念。卢梭对人世生活的一般状态体会得如此深刻，他有关自然状态的描述，完全是为了恢复生活世界的尊严。

没有人比康德更能懂得卢梭的意图。在这位伟大的哲人兼评论家看来，卢梭在《论科学与文艺》与《论人类不平等的起源和基础》两书中，极其深刻地指出了文化与作为一个自然种属的人类的本性之间不可避免的冲突，但在

《爱弥儿》和《社会契约论》及其他论著中,又试图解决以下难题:文化必须如何进展,才能使作为一个道德种属的"人"的禀赋得到恰如其分的发展,从而使这个人不再与作为自然种属的人相抵牾。一切压迫人生的真实灾祸以及一切玷辱人生的罪恶就是从这种抵牾中发生的。在这位杰出的评论者看来:"卢梭从根本上并不想使人类重新退回到自然状态中去,而只会站在他自己现在所处的阶段回顾过去。他承认,人的本性是善的,却采取了消极的形式,也就是说,他本身并不故意要为恶,而只是有被恶劣的或不适当的引导者和榜样所传染和腐蚀的危险。"这一解读既揭示自然和自由相互分离的根源,又指出自然和自由相互一致的可能性,较之卢梭所遭遇到的其他批判者来说,这位评论者肯定会令卢梭心生敬意。

二

在《论科学和文艺》一书结尾,卢梭说道:"哦,美德!淳朴灵魂的崇高科学啊,为了认识你,难道非得花那么多艰辛和摆设?你们原则不就铭刻在所有人心里?要认识你的法则,难道不是返求诸己,在感情沉静下来时谛听自己良知的声音就够了吗?"[①] 对于此种德性的探究,需要

---

① 卢梭:《论科学和文艺》,刘小枫译,华东师范大学出版社 2021 年版,第 73 页。

真正的哲学。然而，凭借时下流行的施特劳斯政治哲学的立场难以搞懂这一"真正的哲学"。施特劳斯穿梭于卢梭笔下的自然状态和社会状态之间，并非为了理解内在于人心中的德性法则，而是为了以古代政治哲学的名义声讨卢梭。① 在他的笔下，卢梭的自然人具有与动物亲和的特征，并不具有如现实生活中的人类那般丰富善变的心灵。②

根据施特劳斯的看法，卢梭建构的仅仅是一种理论理性的德性观，这种德性观是现代自然科学的产物，与关心公共生活的古典德性格格不入。③ 然而，务必注意到，德性并非仅限于理论德性和政治德性，一种先于政治德性的善并不一定是理论德性。在理论德性和政治德性之外，有着一个新型的德性，它乃是初始德性，政治德性与理论德性都是它的派生物。离开这个初始德性，在理论德性和政治德性孰优孰劣的问题上纠缠不休，都难免情绪化的选择和争吵。④

---

① 施特劳斯：《现代性的三次浪潮》，载贺照田编：《西方现代性的曲折与展开》，吉林人民出版社2002年版，第86—101页。
② 《自然权利与历史》，第277页。
③ 《自然权利与历史》，第269—270页。
④ 这个初始德性在康德笔下得以展示出来。康德曾经说：理性知识能够以两种方式与其对象发生关系，"要么仅仅规定这个对象及其概念（这对象必须从别的地方被给予），要么还是现实地把对象做出来。前者是理性的理论知识，后者是理性的实践知识。这两者的纯粹部分不管其内容是多还是少，都必定是理性在其中完全先天地规定自己对象的、必须事先单独加以说明的部分，并且不能与那出自别的来源的东西相互混淆"。这个纯粹的部分因此构成了一个需要专门加以讨论的对象，它既是理性本身，也是为理论理性和实践理性奠基的部分。参见康德：《纯粹理性批判》，第11页。

很显然，自然人的德性并非这个初始德性。在卢梭笔下，自然人的生活并非人们生活的全部内容。由此看来，初始德性的获得需要一门专门的知识加以讨论，具体来说，这就是《爱弥儿》中著名的"萨瓦牧师的自白"。唯有在此基础上，才能懂得卢梭自然状态对于自然人的存在体悟的真正含义，并且由此才能理解文明人实现其存在体悟的根本方式。

"萨瓦牧师的自白"是《爱弥儿》一书中最具哲学味的部分。在此，爱弥儿已经成长为一个年轻人，即将迈入社会生活。这个年轻人"多少有些常识，而且始终爱真理"，而"无论是我的父母或我自己都很少想到要以此去寻求美好、真实和有用的学问"。[①] 爱弥儿所生活的世界，正是施特劳斯笔下的哲学家所生活的世界，哲学家们爱真理，而大众对此却很少加以考虑。这就是施特劳斯所谓的在"发现自然"之初所面临的情形。[②] 在西方哲学史上，"自然的发现"即是著名的"苏格拉底问题"，苏格拉底正确地揭示了人类理性的原则，最终使一切现象在"理念"中找到了根据。

然而，卢梭重提苏格拉底问题，并且为这一问题提供了新的解法。他注意到，在浩渺广袤的宇宙中，探究宇宙

---

① 卢梭：《爱弥儿》（下卷），李平沤译，商务印书馆1978年版，第377页。
② 《自然权利与历史》，第113—114页。

的秩序和追溯人与宇宙的关系不过是妄想,尽管人们有时会认为自己能够经历足够多的东西,以至于他因此觉得自己与上帝同在,能够与上帝一样俯视整个世界。在他看来,一个人在尚未对事物经历之前就匆忙地对事物妄加判断,不仅会带来错误的观念,而且更是训练了个性中潜藏的独断论倾向。一个人过于相信自我判断,且不作进一步的探究,只能有助于狭隘心灵的培养。因此,为了证明自己究竟有没有这种权利,有没有认识事物的这种能力,人必须转向对自身性质的探讨。①

在《爱弥儿》中,人类对自身的存在的体悟是从人自身的感觉开始的。卢梭说:"我存在着,我有感官,我通过我的感官而有所感受,这就是打动我的心弦使我不能不接受的第一个真理。"② 这种对于感觉世界的肯定,意味着他在一个新的层次上回答了苏格拉底问题。如果说,施特劳斯坚持认为苏格拉底借助对世俗权威的冒犯而走出自然哲学家的世界,得以开启一个不同于荷马世界的新世界③,那么,卢梭已经不再诉诸此种"反抗者"立场,而是肯定了自然哲学家所发现的世界的正当性。但他并没有沉溺于此,而是努力超越它。有必要注意的是,卢梭对现象世界的超越乃是借助于那个独立于"我"的感觉的"我"的存

---

① 《爱弥儿》(下卷),第380—381页。
② 《爱弥儿》(下卷),第383页。
③ 《自然权利与历史》,第85页。

在而实现的。在此,"我"的存在既独立于又时刻伴随着一切经验的存在,是一个有别于神性的新的"存在"。

尽管卢梭接受了近代感觉论者的基本立场,却在根本的地方有别于他们。他主张,"我的感觉既能感知我的存在,可见它们只是在我的身内进行的,不过它们产生的原因是在我的身外,因为不论我接受与否,它们都要影响我,而且它们的产生或者消灭全都不由我作主。这样一来,我就清清楚楚地认识到我身内的感觉和它们产生的原因(即我身外的客体)并不是同一个东西"[①]。在此,我身外的客体只是一种观念形式,我所接受的并不是这一观念形式,而是我的感觉所能接受的感觉形象。在卢梭笔下,观念形式的抽象性和感觉形象的具体性之间的对立,通过独立于人而存在的"物质"和属于人的存在的"物体"之间的区分表现出来。这个区分,正是日后康德所谓的"物自体"和"现象界"之分离的根源。

不仅如此,卢梭还通过对"判断"的考察发现了一个独立于感觉存在的"我"的存在。"判断"是一个不同于知觉的新阶段,在肯定感觉真实性的基础上,通过对"判断"同对象不相符现象的观察,他认定,"判断"之所以发生错误,原因在于存在一个独立于感觉而存在的能动主体。正是它主动运用我们的感观,赋予我们的活动以意志

---

① 《爱弥儿》(下卷),第383页。

属性，最终造成了判断结果与对象之间的符合或者不符合。这个主体的发现乃是卢梭发现的第一个定理。在此基础上，他观察到，那超越一切感觉的自我乃是万物的终极目的，即第二定理。不仅如此，"我"的这种能动性的存在，其力量只是来自它自身，因此那个独立于一切感觉的"我"的属性即自由性，这个观念上的"我"因此可称为"自由意志"。这就是卢梭发现的第三个定理。①

因此，从对感观存在的肯定出发，卢梭达到了对一种能动的自我意识的认识，从而获得了人类理性的三个定理，揭示了人类的本质特征。由此，人事生活的灾难并非源于人类的本能或欲望，而是因为缺乏对内在于自身的这一能动的自由意志的反思性认识，从而使欲望的满足失去了方向。然而，也正是这一"意志自由"，在欲望或本能世界之外，为人们提供了一双敏锐的审查欲望世界的眼睛。从此，欲望或本能世界有望得到规范，并且不是用一种欲望对抗另一种欲望，"意志自由"乃是欲望世界有序化的根本形式。

在施特劳斯看来，霍布斯不如卢梭那般反对社会。但我们需要进一步意识到，霍布斯对于社会性的承认并非基于"社会生活是自然的"这一亚里士多德命题。霍布斯曾直言不讳地指出，作为古代政治哲学之基础的这一基本命题，"尽管广为人所接受，却是不能成立的，其错误在于

---

① 《爱弥儿》（下卷），第384—385页。

它立足于对人的自然状态的浅薄之见。只要深入地考察人为什么要寻求相互陪伴及为什么喜欢彼此交往，就很容易得出一个结论：这种状况的出现不是因为人舍此别无其他的天性，而是因为机运"①。霍布斯竭力反对"人天生是社会的"这一主张，而试图模仿"上帝造人"的艺术，构建"利维坦"。为了达此目的，他重新解释了"认识人自身"这一古老的命题，在他笔下，"认识你自己"这句德尔菲的神谕有了较以往完全不同的意义："（它）教导我们，由于一个人的思想感情与别人的相似，所以每个人对自己进行反省时，要考虑当他在'思考''构思''推理''希望'和'害怕'等的时候，他是在做什么和他根据什么而这样做的，从而他就可以在类似的情况下了解和知道别人的思想感情。"②

新的公民学说建立在对人性内在结构的考察基础上，在对人性的探究中建立起了共同体之可能的根据。霍布斯借助一种并非自然主义的"恐惧"和"自我保存"概念，达到了对于人性的普遍性的认识。通过一种审美意义上的"恐惧"情感，他揭示了走出自然状态的可能性，一方面用稳定的"法制"替换了"自然状态"的混乱，另一方面则用"绝对主权"观念将其中的那个非自然性的要素保留

---

① 霍布斯：《论公民》，应星、冯克利译，贵州人民出版社2003年版，第3—4页。
② 霍布斯：《利维坦》，黎思复、黎廷弼译，商务印书馆1985年版，第2页。

下来，由此为利维坦的道德属性提供保证。利维坦中所表露的那种新的上帝观，旨在培养那种指向非自然性要素的情感，从而直接服务于"绝对主权"观念。卢梭的确从霍布斯的自然状态学说中获得了极其重要的思想资源，他在霍布斯的基础上继续思考"认识人自身"这句古老的箴言在新时代的含义。实际上，《论人类不平等的起源和基础》一书正是以德尔菲神庙上的那句铭文开端的。卢梭通过对人的心灵的最初和最朴实的活动的审慎思考，获得了两个关键性的概念，即"自我保存"和"怜悯"，不仅如此，在他看来，原始心灵完全能使这两个原动力互相协调和结合起来。①

值得注意的是，"自我保存"和"怜悯"并不只是作为个体生活的基本事实，而是作为一切个体的事实而加以普遍预设的。考虑到在自然状态中，"自我保存"是务须忧心的事情，则在此只需注意，那种"怜悯"情感是如何可能成为一种对于人性的普遍性认识的。"怜悯"乃是一种先于理性而出场的普遍的内心情感，相较而言，霍布斯笔下的"恐惧"概念则表达了在一个理性时代的普遍性的感情。由此看来，两者的不同在于：卢梭在理性尚未出现的地方，发现了人性中的普遍性要素，从而防止了工具理

---

① 卢梭：《论人与人之间不平等的起因和基础》，李平沤译，商务印书馆2007年版，第37—38页。

性对人类生活的僭越；而霍布斯则谋求一种方法，以在一个理性时代规训理性。因此，如果说霍布斯所发现的人性中的那个普遍性的要素，是一种与理性的建构能力相适应的普遍性，那么卢梭就发现了一种务须理性参与的普遍性。正是这个差异，解释了为什么霍布斯的自然状态学说乃是建构利维坦的直接原因，而在卢梭笔下，在自然状态之后，并不必然意味着社会状态的到来。

"萨瓦牧师的自白"中对自由意志的发现，乃是对这一自然情感的反思性认识。将自由哲学与"欲望的普遍化"程序简单等同，无疑是对"自由哲学"的曲解。① "意志自由"并非等于"欲望的普遍化"，而是一种独立于一切经验对象而加以发挥的能力，它内在于人性之中，乃是一种藏匿在个体之中的普遍性的德性法则。由此看来，"怜悯"和"自由意志"在人性之中具有同样的普遍预设的可能性。不同的是，前者是自然人直接从自然那里秉承的直接的内心情感，而后者则是文明人通过反思得来的对人的内心世界普遍法则的认识。前者所具有的那种自然而然的纯洁性与后者通过反思而来的对于法则的认识，就其与德性的关系而言，两相对照，恰如"下里巴人"与"阳春白雪"一样的高洁与洁净。不仅如此，"自由意志"的被

---

① 此种关于自由哲学的观点为施特劳斯派所主张，参见《自然权利与历史》，第283页。

发现意味着个体主动地寻找回了自然最初赋予他的"怜悯"。"自由"之法则的客观性恰好是对情感的主观性的一次反思性还原。也正是在此意义上,将"怜悯"作为探究初始德性的前提,是卢梭自然状态之设计的真正含义。

尽管"自然状态"不能建构任何政治世界,却表明了德性对人类存在的优先性和正当性,即便人们散居四处,缺乏交流和沟通,也并不妨碍人类作为一个可以相互传达的、不同于动物的种类而存在。不仅如此,由"怜悯"所支配的"自然状态"还为人类的政治存在提供了一个理想:自然人的生存中所表现出来的丰富性,以及他们内心情感所长久保留着的积极性,足以为一切社会状态的建构提供一个值得永恒追求的理想。自然人的内心自由和外在自由达到了完美的统一,为一切政治社会的建构提供了样板。实际上,卢梭正是从此种天然和谐的状态出发,逐步过渡到一种反思性的自由即"普遍意志"的。唯有如此,他才能完成"社会契约论"所要解决的根本问题:"要寻找出一种结合的形式,使它能以全部共同的力量来卫护和保障每个结合者的人身和财富,并且由于这一结合而使得每一个与全体相结合的个人又只不过是在服从其本人,并且仍然像以往一样地自由"。[①] 卢梭的"普遍意志学说"此

---

① 卢梭:《社会契约论》,何兆武译,商务印书馆2003年版,第一卷开始部分,第3页。

后为康德的权利哲学进一步发挥。在康德笔下,"权利"意味着将每个人的自由限制在他与所有人的自由相协调的条件之下。这一普遍性的法则正是"普遍意志"的恰当内容。①

康德曾经说:"我们的时代是真正的批判的时代,一切都必须经受批判。""批判"一词恰当地描述了近代思想的形象。"批判"意味着理性必须达到自我认识,必须委任一个理性的法庭,"这个法庭能够受理理性的合法性保障的请求,相反,对于一切无根据的非分要求,不是通过强制命令,而是能够按照理性的永恒不变的法则来处理,而这个法庭不是别的,正是纯粹理性的批判"。② 应该提及的是,无论是康德还是黑格尔乃至现当代的哲学家们,在对理性的认识上,并没有能够超越"萨瓦牧师的自白"中所设定的自由哲学思想。

正是在上述背景下,古代人关于"什么是最好的政治?"的追问,就转化为"政治社会是如何得以可能"的问题,从而也意味着自然权利的思想进入一个反思性阶段。以卢梭为代表的现代政治哲学家走上了一条迥异于古代政治哲学的道路,他们不再认同"人天生是政治动物"这句古老的箴言,而是希望能够在人性的内在要素中找到社会

---

① 康德:《康德历史哲学论文集》,李明辉译,联经出版公司2002年版,第114页。
② 康德:《纯粹理性批判》,第3页及其脚注部分。

之可能性的根源。对此，正是卢梭首次提供了解决这一问题的全新思路，从而深刻地启发了德国古典形而上学家们。比如说，康德就曾明确将关于权利的讨论与政治社会的可能性相互关联，而黑格尔之所以将国家视为"伦理实在"，目的也并非为现实国家提供辩护理由，而是表明国家的存在基于人类理性所获得的正当性，从而深刻地反对那种对于国家的盲目否定和反动立场，鼓励年轻一代守护作为人类生存之一部分的政治生存。

17　略论德国观念论的权利学说[*]

一

长期以来，人们一直试图用自由主义来理解德意志观念论权利学说，试图用古典自由主义的权利学说理解德意志观念论的权利学说，对个体层面的事情强调有余，而对共同体（不管是民族还是国家）层面的事情却重视不足，更未注意到，德意志观念论的权利学说实际上以自由主义权利观的正当性及其限度的反思为根本主题。德意志观念论思想家不仅要对自由主义的权利文化进行深刻反思，更重要的是，要利用德意志哲学思想酝酿出一种符合现代精神的政治法律体系。作为德国观念论法哲学的先行者的康德，不仅首次开启了观念论的体系，

---

* 本文曾以"德国观念论的法哲学思考"为题，发表在《中国社会科学报》2016年6月8日法学版，收入本书时略有修改。

而且首次将这个哲学体系运用于法哲学，明确提出权利概念的实质是关系。这种努力在费希特、谢林、黑格尔那里得到了积极响应。

德国观念论哲学的思想家们从一开始就试图从共同体的角度出发来界定权利，这一点不曾为后世学者觉察，譬如，康德在《权利学说》中为权利给出了如下定义：权利是如下条件的总和，即根据这些条件，任何人的有意识的行为，按照一条普遍的自由法则，确实能够和其他人的有意识的行为相协调。费希特也明确指出，权利概念是关于理性存在者之间的一种关系的概念。因此，只有在考虑这些存在者的相互关系的前提下，这个概念才会发生。费希特甚至十分明确地提出了"权利关系"（Rechtsverhältniß）的概念。尽管表面上看，在黑格尔的"任何定在，只要是自由意志的定在，就叫作权利"的论断中并未透露出权利的核心界定是基于关系的线索，但倘若不孤立地对待这个论断，就会看出，在这个论断中所谓的自由意志，不是指个体的意志，而是一种"希求自由意志的自由意志"，因此，权利涉及的必然是自由意志之间的相互关系。由此看来，权利概念一开始就指示着特定个体之间的某种关系，这完全不同于以个体利益、资格、主张为核心内涵的自由主义权利概念。

二

承接古典自由主义的权利学说来理解德国观念论的权利概念是20世纪以来新自由主义的做法,但在19世纪晚期的英国观念论者那里,权利却被理解为一种基于相互承认的社会关系,比如说在格林和鲍桑葵的学说中就是如此。以罗尔斯为代表的20世纪下半期的新自由主义者认为,自由主义提供了人们进行自由选择的总体框架,在各种具体的生活目标和生活方式之间其实并无差异,按照罗尔斯的话来说,"权利优先于善"。新自由主义者对平等的兴趣要远大于对美好生活的兴趣,因为后者依赖于有关经验生活和经验人性的反思。

新自由主义者是从对康德哲学体系的重新解释中获得其辩护理由的,他们认为,康德的"意志自律"原则可以为其政治法律哲学主张提供较之功利主义更为严格的哲学辩护,比如,罗尔斯基于其建构主义的康德解释,一方面将"意志自律"视为一切政治法律建构的出发点,根据意志自由,每个人都有能力也必须被许可就生活中什么是好的做出他自己的计划、选择和决定,并且,社会必须尊重每个人做出的计划、选择和决定,而不应将人作为实现目的的手段,而应将每个人视为自身的目的。另一方面,他还将道德视为工具,具体来说,是在原初状态下对"基本善"，譬如自由、机会、收入和财富进行分配的工具。

新自由主义者的解释表面上符合康德的意志自由的原则，却不曾注意到，在康德的体系中，核心的概念不是"意志自由"，而是"意志的普遍法则"。我们可以通过有关德性法则的模型看到，意志自律的原则实际上包含了对于人与人之间相互关系的要求。因此，不能仅仅从个体出发，将个体的选择自由作为政治法律秩序的基础。实际上，从费希特到黑格尔的观念论法哲学，都对仅仅建立在个体自由上的政治法律秩序观提出了深刻的反思和批评。他们最终指出了一种全新的思路，即真正合理的政治法律秩序，不是以个体为中心，而是以共同体，以个体之间的相互承认为中心。在费希特那里，意志自律原则中包含的相互承认的关系得到了清晰的说明，在晚期费希特、谢林和黑格尔那里，这种关系上升到了伦理国家的形态。

三

揭示理性本身蕴含的社会结构或者共同体结构是德国观念论权利学说的重点，也是其难点，要想实现这一点，就需要摆脱新自由主义的道义论，摆脱新自由主义者在诠释德国观念论传统时所摆脱的个体主义、原子主义视角，摆脱那种将意志自律视为个体自由选择能力的证明的做法，而将意志自律视为一个更高级的概念，视为一个需要在共同体中，在个体的联合中才能实现的高级概念。这是在对德国观念论的权利概念进行理解和把握过程中必须首先抱持的基本立场。在某种意义上，这也是德国观念论权利哲学在整个法哲学史上的贡献，即要在意志自由的前提基础上，不仅推论出个体，更重要的是推论出个体所必然具有的政治社会存在状态。

德国观念论中的权利概念是一个更准确地描述政治法律秩序的基本结构的概念，它极大地拓展了我们的视野，展示了为自由主义权利概念不及的共同生活层面。当我们将视野死死盯住自由主义的权利学说，紧紧握住规范主义的法律不放，以为仅仅凭借保障权利的制度、凭借对掌权者的限制就能实现权利的保障时，德国观念论的权利学说提醒我们，要重视共同体的精神基础。在政治法律生活领域中，有必要建立一种基本的规则意识，建立相互承认和认同的政治文化，这在当下政治法律改革中尤其重要。我们务必认识到，自由主义者看待政治法律生活的视角，尽管从表面上看是现实的，但其实相当偏狭，将法律生活中的主体视为坏人的视角，视为利益追求者的视角，尽管能为外在的管制提供强有力的理论支持，却无法提供守法的真正动机，无法培养真正意义上的法律意识和建立起基本的共同体感情。

18　法律实证主义的修辞学及其政治意蕴*

——奥斯汀《法理学范围之限定》第五讲释义

在《法理学范围之限定》第五讲开端，奥斯汀明言，由于修辞学原因，"严格意义上之法"（laws proper or properly so called）概念得到了不适当扩展，导致所有非严格意义上的法律，都与"严格意义上之法"类似。第五讲以对修辞学分析作为开端，这一分析极其烦琐，目的却非常明确：划分法律的"势力范围"，将并非"严格意义上之法"驱逐出法律领域。

在奥斯汀看来，类似（analogy）不恰当地扩展了概念的内涵，导致了比喻（metaphor and figuration）的产生。他同时指出，类似和比喻有重要区别。而要想搞清楚两者的区别，有必要区分类同（resemblance）和类似（analogy）：

> 类似是类同之一类，广义的类同指的是，只要对

---

* 本文曾发表于《朝阳法律评论》（第十辑），2015年第1期。

象之间有相同的地方，就可以说它们是类同的。但是除了这个被大大扩展了的类同的内涵之外——在这里，类同是作为一个类，而类似则是其中之一种，还有一种狭义上的类同概念，就此概念而言，类似恰与类同构成反对。两个相互类同的主体，当它们共同属于一些确定的类或者共同属于一些直接或间接地涉及的种的时候，或者当它们具有的每一特征，都是属于同类中的所有主体的时候，则我们可以说，它们在这个词语的狭义上是类同的。当一个主体属于直接或者间接的涉及的类，而另一个主体则否，也就是说，一个主体具有一类型共同具有的全部特征，但是另一个主体却并非如此，这个时候，相反地，可以说两个类同的主体是类似的。①

由此看来，彼此"类似"的东西并不属于同一个种，它们无法在更高级的位上达成一致。因此，"类似"的东西是"似"而不"同"，而"类同"则建立在同一性基础上，尽管彼此之间仍然可能存在"不相似"之处。注意到类比活动的上述属性，就有可能提供一条解答"什么是严

---

① 参见奥斯汀：《法理学范围之限定》（影印本），中国政法大学出版社2003年版（以下简称"剑桥本"），第106—107页，译文参考刘星译本，参见奥斯汀：《法理学的范围》，刘星译，中国法制出版社2002年版（以下简称中译本），第139—140页。中译本没有注意到这两个关键术语（resemblance和analogy）的区别。笔者在此将analogy译为"类似"，而将resemblance译为"类同"，是为了强调后者较之前者与奥斯汀所谓的"严格意义上的法"更为接近。

格意义上的法"的进路。

正是通过上述区分，奥斯汀找到了造成混淆的原因。并且，他不仅区分了"类似"和"类同"，还根据"类似"的程度界定了比喻意义上的法。在他看来，任何一个比喻都是词语的"类似"运用，"比喻"发生在"类似"中，每一个词语的"类似"都意味着一个比喻。比喻意义上的法并非真正的法，它与"严格意义上的法"在范畴上有重大差异。考虑到比喻意义上的法相对于"严格意义之法"仅有一种"非常微弱"的相似性，[①] 因此，在奥斯汀看来，它并非"严格意义上之法"。

"严格意义上之法"与其他规则并存，是导致规则间彼此混淆的根源。奥斯汀对此忧心忡忡，也许正是因此，他才如此急迫地限定"法理学的范围"。但此种界定方式，并非出自"事物的本质"。奥斯汀显然无法理解"事物的本质"一词的深刻含义，[②] 也并不关注"类似"与"类同"之区分在何种程度上具备有效性。在我们看来，"区分"必须以"事物的本质"或者"存在"为前提。因为缺乏对"存在"自身的考察，则此种区分只能基于一种"外在立

---

① 在第五讲即将结束之际，奥斯汀承认"人们在将比喻意义上的法和准确意义上的法相互联系起来时所使用的类比，几乎不会得到一般性的肯定含义的描述……每一个比喻意义上的法，缺乏一个关键性的'相似'特点"，参见剑桥本第148页。这一类称为比喻性的法因为较原型太远，其相似度最弱，根本无法得到一个肯定性的描述。详见中译本，第196—204页。
② 参见中译本，第199—204页。

场"来形成。① 此种外在立场的实质，在奥斯汀通过修辞学所完成的关于"严格意义上之法"与"非严格意义上之法"的区分过程中表现得十分鲜明。②

一

如前所述，修辞可能带来两种结果：一方面，表面上能等同的东西，实际上不相同，此即"类似"；另一方面，表面上不能等同的东西，却有根本上的同一性，此即"类同"。与之相应，奥斯汀所谓的"并非严格意义上的法"包含了两类：一是人对人制定的（准确意义上的）法，它们既非由政治优势者制定，也不是由拥有法律权利的个人制定；二是因人们类比式修辞活动而与准确意义上的法相互联系在一起的法，这些法仅是人们的一种舆论，或者感觉，是人们针对自己的行为具有的，或者针对人类自己行

---

① 对此，奥斯汀本人似乎尚未自觉，根据他的计划，在实现他的主要任务——即界定法理学的适当范围——之前，必须考察实证法区别于其他规则的显著特征。这就意味着，在没有恰当地对实证法加以界定之前，根本无法得到关于实证法的界限。然而，这一工作实际上在第六讲中才得以完成，因此，第五讲将非严格意义上的法剥离出来的尝试是否能成功，就颇令人怀疑。
② 本文不对修辞学本身进行讨论，仅仅关注奥斯汀借助修辞学所表达出来的东西。关于修辞学在英国政治哲学中的应用及其历史，参见昆廷·斯金纳：《霍布斯哲学思想中的理性和修辞》，王加丰等译，华东师范大学出版社2005年版，第一部分"文艺复兴时期英格兰的古典雄辩术"。尤其参见第四章"重新描述的技巧"和第五章"比喻的使用"。

为感受到的。①

在此首先分析第一类，这类规则是"既不由政治优势者制定，也不由个人依照法律授予的权利而制定"的"并非严格意义上的法律"。在奥斯汀笔下，它们被称为"实证的道德"（positive morality）、"实证道德的规则"（rules of positive morality）或者"实证的道德规则"（positive moral rules）。②

"实证道德"一词涉及许多问题，在此必须注意它的具体含义：其一，"实定的"（positive）意味着"基于人类自己制定"；其二，"道德"一词在其不加限定的使用时，既可暗示上帝的律法，亦可以暗示并非严格意义上的法。因此，"当不加限定或者单独使用的时候，道德既可以指称与其标准或者尺度相一致的'实际存在'的由人制定的道德，又可以指称'应该存在'的由人制定的道德，假定这一道德，应该与其尺度是一致的"；其三，在将"实证道德"视为"严格意义上之法"时，奥斯汀并没有对其善恶加以考虑。"无论人类法是否值得赞扬，无论它们是否符合其标准，或者尺度，它们都是'实际存在的由人制定的道德规则'。"③

有必要注意的是，在"实际存在的道德"和"应该存在

---

① 中译本，第144页。
② 同上书，第145页。本文将统一采取"实证的道德"这个名称。
③ 参见中译本，第145—147页。

的道德"之间存在重要区分。在奥斯汀看来,对于"应该存在"之道德的讨论,意味着一种通达神意的方式,对此的论述体现为他为功利原则的辩护。在奥斯汀看来,功利原则为伦理科学奠定了一个较以往更坚实的基础,在此基础上,可使人们对上帝的旨意有更清晰的理解。并且,作为立法科学的基础,功利原则也为审视实证法提供了尺度。① 也正因此,功利原则并非法理学的基本原则,而是立法学的基本原则。在此基础上,奥斯汀宣称:法理学科学(或者简略地说"法理学"),与实际存在的由人制定的法有关,或者,与我们所说的严格意义上的法有关,而不管这些法是好的,还是坏的。② 这就意味着,除了上帝法或通往上帝法的功利原则之外,不再有应然意义上的法存在,"实证道德"企图对"实定法"说三道四,是将自己视为"应该存在的道德"。如此就必然混淆"实际存在的法"同"应该存在的法"。

然而,"实证的道德"与"严格意义上之法"的区别微乎其微,奥斯汀指出:某些实际存在的社会道德规则,是我们所说的准确意义上的法,它们由于两个显著特征,而不同于其他种类的法:第一,它们是具有强制性的法,或者规则,而且是由一类人对另外一类人制定的。第二,它们既不是政治优势者制定的,也不是享有法律权利的人

---

① 奥斯汀关于法理学对象和伦理学对象的一个详细说明,参见中译本,第148—155页。
② 中译本,第147页。

制定的。①

这就不可避免地会产生相互矛盾的结论：一方面，作为命令（作为由明确的个人或者群体颁布的命令），这些规则的确是"严格意义上之法"，拥有制裁的内容，也向人们设定义务；另一方面，这些实证的社会道德规则并非"最高统治者"的命令，因而不是实际存在的由人制定的法，也没有包含法律性质的制裁。这就使这些在"类同"中产生的实证道德规则几乎完全丧失了作为"严格意义上之法"的基本特征。

这种矛盾究竟如何解决？只有表明有一个不需要服从的社会状态，才能保证命题的有效性。这正是奥斯汀的做法。在他看来，消除矛盾需要"消极状态"作为语境。这个"消极状态"或者是一个自然状态或者无政府状态，在此不存在统治与服从的关系；法律或者是由不具有政治优势地位的臣民所制定的；或者是由君主或主权者实体并非针对臣民而制定的。② 与此相适应，他将可以作为严格意义上的法的"实证的社会道德"划分为三种类型：①生活在自然状态中的人们所制定的规则；③ ②由统治者制定的

---

① 中译本，第158页。
② 中译本，第160页。
③ 在自然状态中，规则设定者是不可能具备主权者的身份的，因此，也就不可能以主权者的身份来制定法律，从而不能根据法律的权利来设定法律。但是，自然状态中是否有强制规则呢？这个强制规则来自何处呢？有必要注意的是，这个强制规则仍然是人类对人类制定的。参见中译本，第160页。

规则,但这里所谓的统治者并非具有政治优势地位的统治者;①③由那些并非享有法律权利的臣民们所制定的规则。② 如果承认上述三种"实证的社会道德"乃是"严格意义上之法",就无疑认可了在政治社会之外可能存在着的另一种状态,即"消极状态"。在此,政治社会所需要的"统治—服从"关系形式被取消。在"统治—服从"关系并不明显的地方,规则的拘束力使人产生了一种基于"类同"而来的印象,即这种规则和严格意义上的法具有同样的基础。

对于此种新的状态必须加以详尽论证,尽管奥斯汀本人没有这样做,他很快转向了那些并非严格意义上的法的分析。③ 如前所述,奥斯汀继承先辈——其中有杰出的霍布斯——认为在政治社会之前,存在"自然状态",在"自然状态"中没有法律,因而也就谈不上有根据法律而来的权

---

① 在奥斯汀看来,父母对孩子、主人对奴隶、债权人对债务人以及赞助人对受助人制定的规则都属于这一类,它们具有强制性,但并非作为一般个人的臣民通过法律授权所设立。这个例子颇与哈特笔下的持枪者语境类似。按照奥斯汀的表述,持枪者所发出的命令仍然是类同意义上的"严格意义上的法律",它具有与"严格意义上的法律"的同一性。不仅如此,一个团体——尽管它并不具有法律权利,仍然也可能制定出一种有约束力的规则。参见中译本,第162页。
② 国际法是属于君主或主权者实体并非针对臣民制定的法的典型例子,"由一个主权者向另一个主权者制定的法,不属于实际存在的由人制定的法",因此被称为"实证道德",但此种实证道德毕竟"由于具有强制的性质(从而可以说是来自一个确定的渊源),它也可以等同于我们所说的准确意义上的法",因此,认为奥斯汀否定国际法的强制力乃是出于对"道德"一词的误解,实际上,奥斯汀并未否认国际法具有强制力,只是否定了它的"法律身份"。参见中译本,第162页。
③ 参见中译本,第163页。

利、义务和惩罚。但奥斯汀显然并不是在政治社会的诞生的意义上来识别"自然状态"。因此，他选择用"消极状态"这个术语以示区分。他关于"实证社会道德"的分析表明，在"严格意义上之法"之外，还存在着一种法，但并非"政治社会"的法，而是"消极状态"的法。对奥斯汀来说，"消极状态"并非一个设想出来的、仅在逻辑上存在的状态，而是在现实中存在的或者在历史中存在过的状态。

透过奥斯汀关于"消极状态"的几个例子，我们可以认为，所谓的消极状态——有别于政治状态——有着极其强烈的现实生活指向。奥斯汀所谓的"消极"不过指出了人们的生活方式与现实法律之间存在的隔阂，不过说明了人们在现实生活中所处的与政治状态相敌对的状态，在这种敌对状态中，并不存在"统治—服从"关系，但现实生活中出现的"迫使—屈从"关系却似乎与"统治—服从"关系具有相似的外观，这就不可避免地使人们在这两种关系之间产生了混淆。

因此，有必要注意"迫使—屈从"与"统治—服从"之间的差异，前者强调的是强制，无论是自然状态中的强制，还是缺乏法律权利的强制，抑或是主权者对与之毫无服从关系者的强制；后者则认为强制并非说明主权者和臣民之间的唯一因素。在我们看来，当奥斯汀陈述"严格意义上之法"时，他所关注的肯定是不同于"迫使—屈从"关系的一种新的关系，一种较之"迫使—屈从"关系更为稳定的关系。而既然"迫使—屈从"关系的本质乃是强制，则在这个"消极状态"中，就充斥着无法治、无政府和无国际等观念，这里缺乏一个建立在"统治—服从"关系之上的"政治体"，如此看来，"迫使—屈从"关系和"统治—服从"关系之差异的本质乃是"政治体"和"非政治体"之别。

然而，既然这种建立在"迫使—屈从"基础上的规则在类同的意义上可以被称为"严格意义上的法律"，则也意味着它同"严格意义上的法律"可以等同。这就似乎告诉我们：奥斯汀并没有放弃"迫使—屈从"关系下的规则之作为"严格意义上的法"的身份。也正因此，无论奥斯汀对严格意义上的法律作出了多么精致的界定，他仍然是在强制意义上来理解"严格意义上之法"的。[①]

这些欠缺"严格意义上之法"要素的规则，之所以被称为"严格意义上之法"，原因在于"类同"：尽管在表现形式上有差异，却属于同一种属关系。正因此，在奥斯汀看来，在政治体和非政治体之间，并不存在根本差异，而只有程度之分。然而，"实证道德"之所以要从"严格意义上之法"的领域中剥离出来，是因为它使人们对"统治—服从"关系视而不见，必将损害政治体的基础。因此，"消

[①] 在此意义上，哈特并没有误解奥斯汀，在哈特看来，法的强制性是奥斯汀理论的核心所在，在某种意义上，哈特正是由此出发构建自己的法律哲学体系，参见哈特：《法律的概念》，许家馨、李冠宜译，法律出版社2018年版，第68—76页。

极状态"之所以"消极",是因为它无视政治体的存在,摧毁了"严格意义上之法"的正当性。

18世纪60年代,法国的政治家们认识到,他们的海外事务陷入同欧洲事务之间的相互依存关系。政治家们认为,那个时代乃是殖民地、贸易以及由此而形成的海上实力决定欧洲大陆势力均衡的关键时期。在这种形势下,对于英国而言,要么积极参与欧洲大陆事务,要么从欧洲孤立出来,后者往往并非真正的选择。考虑到不列颠在18世纪的外交政策,奥斯汀"两个主权者之间没有隶属关系"的观念有必要加以重视和理解,国家与国家的关系处在"消极状态"中。具体来说,"政治体"并非这个世界上唯一的主体,在"统治—服从"关系之外,还存在其他类型的关系,这就是国家与国家之间所处的"自然状态",它乃是在"政治体"成立之前存在的人与人之间之"自然状态"的再现。这个领域纯粹是由"势力"和"利益"来决定。因此,奥斯汀承认此种实证道德为"严格意义上之法",实则表明他承认"均势",承认一种在冲突与抗衡过程中所造就的稳定局面。在他看来,这种稳定局面,这种纯粹根据"迫使—屈从"关系所形成的规则,也可被称为"严格意义上之法"。

奥斯汀学说中的"政治体"和"非政治体"相互并存的现象常常为我们忽视。实际上,从这类特别的社会"实证道德"中发现的"政治体"和"非政治体"共存的现象,构成了一个"政治体"必须面临的双重挑战：一方面是来自内在的挑战，内在的无政府、无法治的倾向挑战这个"政治体"之存在的基本前提——"统治和服从"关系，对这个前提的损害将使国家再度陷入"自然状态"；另一方面则是来自外部的挑战，"政治体"必须时刻接受一种外在敌对势力的挑战，它可能使"政治体"处于对另外一个政治体的"屈从"状态，却也是屈从而已，而并非"统治和服从"，在他看来，征服并不能使一个民族陷入对另一民族的"统治与服从"中。

从奥斯汀的学说中可以感受到时代生活的紧迫性。18世纪的欧洲大陆弥漫着不安定因素，各国为寻求"均势"，遂使外交关系时刻有"箭在弦上"的态势。为避免国家在外交生活中陷入僵局，也为避免一国沦为另一国的附庸，使每一个民族即便在一场失败的征服战争中仍然能及时振作，具有独立自主的发展和抵抗能力，拒绝承认主权者之间存在隶属关系是合适的。即便在今天，国际关系仍然没有完全消除这种紧张，国际生活中出现的温情脉脉的场面，并不意味着民族国家最终会通过民主选举，产生一位凌驾于其他国家之上的国家作为政治优越者。在此意义上，似乎可以说，奥斯汀乃是一位国家法学家，他的法理学还远远没有像凯尔森的纯粹法学那样踏上纯粹之路，他的学说中仍然有过多时代的影子。

二

除了上述类型之外,在接近于"严格意义上之法"的类型中,尚有一类还没有进入我们的视野,这就是与严格意义上的法极其类似,却仅仅表达了人们对人类行为所抱有的舆论和情绪的规则。这类规则并非"严格意义上之法",而是由一般舆论设定或者强制执行的法,这类法包括尊严法、礼仪法以及国际法等。① 之所以产生这类规则,是因为:

> 某些不特定的群体,或者一些不特定的人群,对一类行为具有反感或者赞赏的态度,或者,换一种方式来讲,某些不特定的群体,赞同或者反对一类行为。由于这种感觉,或者由于这种舆论,这类不特定的群体整体或者其中的一部分人,便有可能表现出认为一类行为是"应为"或者"不应为"的心态。而且,因为这种心态的存在,某些人(这是不特定的)便有可能给予行为者一些不利的后果。②

对于建立在意见、舆论基础上的规则之"法律的身

---

① 中译本,第163页。
② 参见中译本,第164页。

份"的否定，同样需要借助于修辞学的分析，① 修辞活动在此并没有产生"严格意义上之法"，而是产生了与之极其类似的法。具体来说，在这些规则中，面对一个"未来的"违反者，强制实施这种类型的法的一方，永远是不特定和不可分辨清晰的。②

要想彻底弄清楚奥斯汀的真实意图，务必深刻理解他所界定的"严格意义上之法"。在《法理学范围之限定》的开端，他就指出，"严格意义上之法"——即政治优势者对于政治劣势者所颁布的命令——必须具有的基本要素：其一是政治上的等级位份，其二则是必须具备一个完整的"命令"。完备的"命令"要求：首先，一个理性存在提出的要求或者意愿，是另外一个理性存在必须付诸行动和遵守的；其次，在后者不服从前者的情况下，前者设定的不利后果，会施加于后者；再次，前者提出的要求，是以文字或者其他形式表现出来的。③

根据上述"命令"所具有的要素，可得出如下结论：第一，命令务必清晰，这意味着命令的发出者是清晰的——或者直接出自政治优势者，或者是出自其授权；第二，命令本身容易为人们理解；第三，（在遭遇不服从的

---

① 舆论和意见的法究竟在什么意义上被混同于严格意义上的法，参见中译本，第166—168页。
② 剑桥本，第125页。
③ 中译本，第23页。

情况下）不利后果的负担应该是毋庸置疑的。凡此种种，都会因为意见与舆论的"不特定"特征而被取消。对于通过意见和舆论所发布的规则之结构，奥斯汀深有体察：

> 这种法的确立，是依赖一般性舆论的，这一方（——指强制实施法的一方），并没有处于一种由主权者，或者国家授权的司法者的地位，去执行主权者或国家发布的命令。这一方，仅仅是在惩罚实际出现的违反我们所说的法的违反者，或者，用类比的语言说，它仅仅是在适用包含在这种法之中的制裁……"未来"强制实施这种法的一方，针对"未来"可能出现的违反者，则永远是不特定的，则永远是不可分辨清晰的。①

"不特定"导致的诸要素的"不可分辨"，最终妨碍了服从者对命令的"识别"，具体来说，"当我们所提到的法，是由一般舆论设立的时候，属于一个特定的群体或者阶层的大多数个人，就一类行为而言，被人们认为是相似的，或者，被人们感觉是相似的。但是，这个'大多数'的数字，或者，组成这个'大多数'的具体个人，并不能全面精确确定下来，或者分辨清晰"。② 如何清晰"识别"因此成为奥斯汀的分析重点，他不遗余力地谈论他所认同的特

---

① 中译本，第165—166页。
② 中译本，第170页。

定标准。他相信，不特定的群体是无法共事的。这种不特定性，使得一个群体无法成为积极或者消极的机构，他甚至以英国出庭律师谴责坑蒙拐骗的律师的卑鄙活动作为例子，来为他的主张提供合理性证明，他希望能够明确地获得如下结论：

> 在独立的政治社会中，握有最高统治权力的一个主体或者若干主体，是一个特定的个人，或者是一个特定的个人群体。基于这一点，他进一步认为，不特定的或者不明确的主体，是不可能成为握有最高统治权力的主体的，从而，是不可能明确地发布命令的，或者含蓄地发布命令的，并且，也是不可能将权利授予该社会中的臣民成员的。①

"识别"的问题不仅是对"舆论作为法"的单纯反驳，而且关乎"严格意义上之法"的确证，本质是对"最高统治"的辨别。②

《法理学范围之限定》乃是一项勘定边界的工作，根据奥斯汀本人的讲法，这项工作得益于洛克在《人类理解论》中提出的法律分类。洛克在《人类理解论》的第二卷第27章中对人类判断行为正确错误时所依据的法律作过一

---

① 中译本，第174页。
② 在关于最高统治的辨别中，奥斯汀提出了一个非常关键的问题，这就是最高统治的稳定性，在这一部分分析的结尾，他用了一个多版面的篇幅讨论了罗马最高统治的变迁问题（剑桥本，第132—134页；中译本，第174—176页）。

番讨论,在他看来,有三类评判的规则,一种是神法,其次是市民法,再次为舆论法。神法涉及罪孽,市民法讨论过错,而舆论则关乎善良风习。在这三类法律中,神法是检验道德正确与错误的试金石,市民法是国家用来约束国内人民的行为的规则,舆论法乃是人们依据其对比自己的行为,判断自己行为是否正确的规则。前两类规则之间的区别明显,唯第三类规则界限不明,却极其重要:

> 人类的嗜好、教育、风尚、观念和利益,其相互之间存在种种区别。所以,在一个地方所赞扬的,在另外一个地方,则可能是受到谴责的。①

较之上帝法和国家法,这类规则缺少直接而来的权威,上帝法的权威起初基于信仰,此后基于教会和传统,最后只能依靠教会来维系,上帝法的威权日益下降,最后不得不试图在尘世间寻找到一条可以替代它的方法,这就是建立在功利原则之上的政府原理,② 这一原理在边沁那里得到集中表述。政府存在的唯一基础在于尘世的幸福,如果不是为了实现幸福,也就不必成立政府。幸福论的国家观念在霍布斯那里已经初现曙光。在这个方面,奥斯汀

---

① 中译本,第 191 页。
② 关于这一点,我们在密尔的《论自由》中感受深刻,初期的基督徒内心充斥的是真正的信仰,他们热爱真理甚于对自身的关注,但是在基督教的历史使命完结之后,基督教世界所犯下的罪恶并不比他们所谴责的对象所犯下的罪恶更轻。参见密尔:《论自由》,商务印书馆 1982 年版,第 46—49 页,尤其是第 49 页。

几乎毫无保留地沿袭前人成果。但与此同时，他也必须认真对待舆论所形成的规则，尽管他用了大量的篇幅说明这种规则是如何偏离了"严格意义上之法"，却没有彻底否认这种力量在现实生活中可能产生的影响，他写道：

> 但是，我在设想，我可以这样认为，如果一个人相信赞扬和鄙意不足以使人产生强烈动机，从而，使人适应人们相互交往的规则，以及舆论，那么，这个人似乎并不熟悉人类天性或历史。如果这个人专心致志地观察，他就会发现，人类之中的大多数人，即使不以这种风尚法（law of fashion）作为约束自己行为的唯一法律，也是以其作为基本的法律……万人之中，无人可以在遭遇他们的不断憎恶和鄙意之后，依然能够厚颜无耻，还有勇气继续过活下去。一个人，在特定的社会内不断遭受鄙视和非议，如果可以继续心安理得，无所顾忌，那么必定是一个奇怪而又非比寻常的人。许多人，是会追求孤寂生活的，而且，他们也会令人惊奇地安于这种生活。但是，只要对自己尚存人的思想以及人的感觉，任何人，都不会忍受自己非常熟悉的朋友的厌恶和非难，都不会在遭受厌恶和非难的情形下，安心地生活下去。①

---

① 中译本，第192—193页。

无论怎样强调舆论的力量，舆论毕竟不是法律，尽管法律必须考虑到舆论的作用，以防止舆论削弱法律的约束力。二十多年后，密尔表达了对日常生活中过于浓厚的恪守舆论的力量的不满，在他看来，在实际上决定在法律惩罚或舆论支持下需要遵守的行为准则的主要东西，是社会的好恶，或者社会中一些有势力的部分的好恶。"对于这个情形，一般来说，就是一些在思想和感情方面都走在社会前头的人们也从未从原则上加以攻击，尽管他们在其中某些细目上会和它发生冲突。他们宁愿从事于探讨何事为社会所当好所当恶，而不去究问社会的好恶对于个人是否应当成为法律。他们宁愿就着他们自己持有异说的某些特定之点努力去改变人类的感想，而不把保卫自由、保障一切异端作为一般性的主张。"①

然而，奥斯汀赋予舆论的地位是太重要了，② 在他看来，国家法必须尊重舆论，而不是颠覆舆论。不仅如此，在他对习惯法的论述中，已经赋予了为法院所认可的习惯以严格意义上的法的特征，这一切都必将导致国家法消极地对待这些习惯，在此意义上，最高统治者必将拒绝对于舆论以及在其基础上形成的习惯的任何更改。③

---

① 《论自由》，第8页。
② 也正是奥斯汀对于舆论的这种态度，使得之前被下降为并非"严格意义上之法"的"国际法"再度具有了强大的约束力。
③ 中译本，第186页。

三

正是在此意义上,有理由认为奥斯汀并非一位"通俗"意义上的实证法学家,即只关注与法律概念与规则以及规则与规则之间的逻辑关系的实证法学家,而是将政治生活视为法律生活之前提的国家法学家。他将识别真正意义上的法律的任务转化为一个政治问题,即识别谁是真正的掌握权力的统治者的问题。

谁掌握了统治权,谁就掌握了发号施令的资格,或者,谁能够影响统治权,谁就参与了统治,谁也就成了真正的立法者。作为法学家的奥斯汀持有一种真正的政治立场,这种政治立场通过将严格意义上的法之根据奠定在"统治—服从"关系中表达出来,而在他对错误观点的反驳中,这种政治立场更清楚和明白。混淆"严格意义上之法"和并非严格意义上的法,对法理学者来说,只是意味着在研究对象上无法给出一致意见。[①] 但对于立法者而言,政治体在执行统治规则时所带来的影响要比一场学术讨论严重得多。[②] 奥斯汀提醒人们关注不同规则之间的界限,实际上是要求在各个领域之间建立彼此尊重:立法者必须

---

① 中译本,第184页。
② 中译本,第186页。

尊重习惯，必须尊重社会的道德和宗教感情，否则将无法建立起人们对法律的尊重。

19世纪上半期的英国社会发生着一种让人忧心的变化。① 发生在英国议会之中上议院和下议院之间关系的悄然变异，反映了英国社会精神气质的转变，这种转变是法国大革命影响下的产物，大革命的性情鼓舞着欧洲社会，更是让一部分知识人心动不已。在此之前，人们观察到，"通过在许多市郡施加影响，上院任命了下院的相当一部分议员；另一部分议员中的大多数是富裕的中上层绅士——他们很多方面像贵族，且同情贵族。按照当时的宪法，两院没有本质的不同。他们的本质是相同的；大致上说，他们是两个渊源相同而非不同的议院。两院中的主要成员来自同一个阶级——有封号和没有封号的英国士绅阶层"，与此相对，英国人从传统中带来的观念和社会风习也当然地赋予这种体制以正当性，"广大的'十磅'房户并不能形成自己的观点，也不能强迫他们的代表听从这种观点；他们作出判断时实际上受到了比他们更有教养的阶层的引导；他们倾心的是来自这些阶层的代表，给予他们更多的信任。如果一百个小店主奇迹般地走进了1832年的

---

① 本文对19世纪上半期英国社会发生的变化的描述参考了白芝浩在《英国宪法》中的叙述，他也正是本文中所称呼的那位"敏锐的社会观察家"，他对1867议会改革法的评价无疑是一位政论家留给后世最为珍贵的礼物，参见白芝浩：《英国宪法》，夏彦才译，商务印书馆2005年版，"再版导言"。

议会,他们在那里就会有异类之感。没有什么东西会比由选民中一般群众充斥其间的议会更加不伦不类",这乃是因为"他们受身份和财富的影响。他们中间较好的一部分无疑相信,那些在不容争辩的诸方面比他们强的人在不可感知的观念和知识方面也会比他们强。但是,老的选民群体并不多加思索:他们喜欢让一个'高贵者'来代表他们;如果他富有,就会得到他们的尊重;而如果他是一位勋爵,就更会得到他们的垂青"①。

奥斯汀于1818年婚后不久来到伦敦,成为边沁和老密尔(詹姆斯·密尔)的邻居,那时边沁和老密尔都在竭尽全力从事着他们所倡导的改革工作。奥斯汀旋即成为改革派的中坚。然而,奥斯汀和边沁似乎充满了隔阂,尽管他在《法理学范围之限定》这本书中谈到过边沁几次,② 却几乎没有在肯定的意义上。边沁成为他的靶子,他时常借助对边沁的批判来澄清自己学说中一些不甚清楚的地方。即便在为功利主义辩护时,他宁愿引用帕雷而不是边沁,尽管当时边沁已经提出了体系化了的功利主义学说。

在著名的《哲学激进主义的兴起》一书中,我们可以

---

① 《英国宪法》,第19页;第9—10页。
② 比如在谈及法官立法的地方,奥斯汀就写道:"边沁先生,正如我所想象的,就曾令人遗憾地在使用法官法的称谓的同时,认为法官立法是不明智的。应该指出,无论如何,我都不会赞成边沁先生所赞成的这个观点。"中译本第215页。此外,在对于"制裁"的理解问题上,他认为边沁不恰当地扩大了制裁的内涵,参见中译第204页以下。

遍访奥斯汀身边的友人们的学说,却未曾看到关于奥斯汀本人的只字片语,这或许是因为《法理学范围之限定》过分关注于某一主题,或者也因其风格并不合于英国绅士们的口味,① 但或者还是因为一些优秀的评论家断言,奥斯汀并非真正的实证法学的创立者。② 而更根本的原因也许是,就时代的发展而论,奥斯汀的法理学不合时宜。

边沁在《政治的谬误》中指出了存在于错误(error)和谬误(fallacy)之间的不同。在他看来,错误仅仅是一种不正确的意见,但谬误似乎还有更多含义。边沁认为每一个公共人都始终受到两种不同利益的影响:一种是公共利益,这是他作为一个社会人在社会中得以分享的东西;在另一方面,他又是作为私人而存在,因此就意味着在某些方面,他必然会脱离社会而谋求纯粹私人性的利益主张。在公共人的私人利益和普遍利益发生冲突时,如果个体希望维护他所属的特殊社团的利益而反对普遍利益,则这就是谬误产生的根源。改革派对统治者与被统治者的利益共通性充满信心。他们不仅认可此种共通性,并且力图实现它。在当时的政治生活中,人们已经注意到:

> 事实是,大不列颠的政治和司法制度的复杂性是

---

① 相较于布莱克斯通《英国法释义》隽永的写作风格和强烈的现实操作性,奥斯汀的法理学著作则显得颇为晦涩,并不具有直接适用于现实的力量。
② 参见凯利:《西方法律思想简史》,王笑红译,法律出版社2002年版,第278—279页。

贵族特权而不是公众自由的堡垒。如果选举制度因普遍选举制度而简化，且行政权力的所有持有者都仅仅依赖于议会，议会本身又紧紧依赖于大多数人，那么就没有必要通过制度与程序的复杂性来保护个人自由权以反对行政权利的侵犯，既然行政权产生于大多数人的意志，那么它的决定就必然在总体上符合最大多数人的利益；因此通过宪法和手续的简化，这些决定的做出应当尽可能地简便快捷。当辉格党以自由政体的复杂性反对专制政体的简单性时，边沁学派的激进主义者也以民主政体的活力反对复杂的贵族政府的效率低下。①

边沁主义的政治倾向可以解释为什么他要如此大张旗鼓地主张法律编纂，然而，英国的现实似乎没有给予边沁多少成功的机会。但在英国之外，人们对他的理论的接受能使他心安理得，哈列维对这种影响的描述似乎不无夸张——"边沁的理论在巴黎被成功接受，在1825年，他的名誉在那里已经是神圣了，实际上，边沁不仅仅在巴黎出名，在整个欧洲和南北美洲也是如此。"②

奥斯汀并没有如此强烈的自由呼声，这一点在他论证功利原理是否能为每一个人把握时已经初见端倪，他宣称

---

① 哈列维：《哲学激进主义的兴起》，吉林人民出版社2006年版，第337—338页。
② 哈列维：《哲学激进主义的兴起》，第527页。

"洛克先生的愿望、希望和预言，随着时间的推移，也是可以真正实现的——'伦理科学，可以进入具有证明能力的科学之列'"，他仍然没有提到边沁。在他看来，"伦理真理的传播，以及推进，注定会遭遇到无数的具体障碍，从而历尽磨难，甚至受阻停顿"，从这句话中，我们可以推测出奥斯汀对改革派运动所持有的审慎心态，在1800年代最初的工厂法案以及表现为1825年《联合法案》的有关反对工人团体的法律的缓和中，今天的人们仍然可以窥见当时的工人团体正以勃勃生机发展壮大，"'契约自由'信仰的批评者开始出现，他们指出在双方起点极为不平等的关系中，不存在真正的自由"，[1] 这种激烈的变局令边沁为首的激进主义者兴奋不已，却令奥斯汀深感不安。

政治家白芝浩对他所忧心的发生在议会中的变革有过一番形象的描述，他写道："总体来说，自由党人，或者说至少那些极端的自由党人，就像一个人一直使劲推着一扇推不开的门，而当这扇门突然间开了，阻力消失了，他就会重重地向前摔一跤。陷入这种令人心烦的窘境的人很少能提出有效的批评，而自由党人们当然也提不出这样的批评。"[2] 边沁本人当然还来不及提出这样有效的批评，我们也无法期待他能够做到这一点，当他在1832年离开人世

---

[1] 凯利：《西方法律思想简史》，第293页。
[2] 白芝浩：《英国宪法》，第13页。

时，此前不久英国议会法已经作出了第三次解释，这在白芝浩看来不过是蠢蠢欲动之举，最终的恶果乃是1867年议会法案，后者意味着自由主义在英国的胜利，上院精神替代了上院。他写道：

> 我认为在某个细小的方面我们能够清楚地看到1867年改革法的效果。我认为它完成了由1832年改革法开始的某种转变——关于上议院和下议院之间关系的转变。……英国宪法关于这一点的书面理论照例是错的。根据这种理论，上下两院是立法机构的两个分支，彼此完全平等且完全不同。而在1832年法案出台之前，它们之间的区别并不如此明显，而是有着一个很大的、很显著的共同点。通过在许多市郡施加影响，上院任命了下院的相当一部分议员；另一部分议员中的大多数是富裕的中上层绅士——他们很多方面像贵族，且同情贵族。按照当时的宪法，两院没有什么本质的不同。他们本质上是相同的；大致上说他们是两个渊源相同而非不同的议院、两院中的主要成员来自同一个阶级——有封号和没有封号的英国士绅阶层，1832年法案改变了这种局面。贵族和士绅丧失了其在下院的控制权，而这种控制权又落到了中产阶级手里，于是两院真的有差异了，并且再也不相互平等了。①

---

① 《英国宪法》，第19页。

边沁逝世的那一年，奥斯汀的《法理学范围之限定》出版，他在该书中明确提及一种"对于财产制度的偏见"。当时这种偏见正在盛行，在奥斯汀看来，这种偏见使贫穷阶层的人们针对富有阶层的财富产生了牢骚怨气，在这种不满情绪下，他们打碎机器、烧毁库房或者点燃谷物，试图用这些方式"去实现提高工资的目的，去实现增加教堂赈济的目的"，在他看来，凡此种种，都是因为这些人不明白"实际人口增长原理"，而如果他们理解这个原理，"他们就会理解，侵犯所有权，对他们自己也是有害的。这样一种侵犯，挫伤了累积财富的意愿和动机，因而，减少了使贫穷阶层生存得以持续下去的经济财源。他们就会理解，他们是深深地得益于财产保护制度的。他们就会理解，如果勤劳工作，就可以不断地和雇主们共同分享财产制度所带来的幸福"①。

正是在上述意义上，追问奥斯汀是否为法理学奠定了坚实基础，或者法律的命令理论是不是奥斯汀的独创，这个问题并不重要。重要的是，我们能从他的法理学论述中看到，法理学的基础乃是现实的国家形式，至于这种国家形式是否正当，则需要立法理论来回答。至于政治的基础应该奠定于何种基础，政治哲学家和立法学家有责任作出解答。而对法理学家来说，重要的是弄清国家的现实立场

---

① 中译本，第85页。

为何,而非国家对未来应该抱有何种期望,法理学家应忠于现实政治生活,无论这种现实生活是否令人满意。

实际上,这个立场早在康德的《永久和平论》中就有所表达,康德曾说,某些"长于国家智虑的人"要么常常和实践家走到了一起,为了谋求私人的利益,而一心只在考虑阿谀奉承当今的统治权力,不惜以牺牲全民族乃至整个世界作为代价,要么幻想他们能够根据先天的权利概念判断一般国家体制的原则,"他们大肆宣扬自己认识了人其实却并不认识人以及人可以造就为什么样子。他们以这种概念去处理为理性所规定国家权利和国际权利的时候,也就不可能是别样而只能是以阴谋诡计的精神迈出这一步。"① 康德笔下的"长于国家智虑的人"肯定包含了当时动辄对法律生活指手画脚的知识人,这些人大谈法律的变革,将自己视为改革派的中坚,他们对个人在这场变革中的得利追求要超过对真理的追求,康德对此一类人的讽刺之辞肯定使奥斯汀印象深刻。②

我们可以确证,《法理学范围之限定》传达的是一种现实的国家法学说,它表明法理学的真正对象是现实的国家法规范。这一判断意味着,法理学家首先要对国家现行

---

① 康德:《永久和平论》附录一"从永久和平的观点论道德与政治之间的分歧",参见康德:《历史理性批判文集》,何兆武译,商务印书馆1990年版,第133页。
② 奥斯汀十分熟悉康德的《永久和平论》,他细致地研究了这部作品,并在阅读过程中画满了图表,这些图表因为其妻子的编辑工作而幸运地得以保存。参见中译本,第379—384页。

有效规则加以确认,不能从一开始就摆脱这一工作,而径自讨论何谓国家或国家的基础为何。奥斯汀既不认为现行的法律体制以及当其被改动时随之而来的法律体制必定最好,也不认为在现行法律之外,能提出一种尽善尽美的学说。他对法官立法表示赞同,认为"在每一个国家,法官所制定的法,一直要比立法者订立的制定法更为优秀",其中缘由,并非基于逻辑推理,或基于某种道德观念,而是因为法官立法在现实中一直如此,而且运行良好,成就斐然。① 至于舆论所造就的法律以及上帝律法,在他的笔下都不具有形而上学色彩,而是现实生活中所出现的一系列政治法律现象,他呼吁立法者应该正视这些规则,以防止混淆带来的损害。

如此看来,奥斯汀的命令学说是对实际存在之国家法的描述,他之所以容忍"实证道德"作为"严格意义上的法"而存在,实际上是对欧洲均势的承认。奥斯汀是改革派运动中的保守主义者,在他看来,法理学是真正的实践科学,是为法律人准备的科学,而边沁奉行的思想,实质是一种立法科学,是立法者的学问,此种学问适合于教授,而不宜直接在个案中实行。边沁风风火火的改革主张,背离了立法者和执法者之间的区分,此番混淆的后果,必将造成政治社会中的混乱局面。为避免这种政治风

---

① 中译本,第215页。

险，奥斯汀精心勾画了他的法理学体系，限定法理学之范围，以与功利主义的立法科学相互区分，为达此目的，他必须寻找适当的工具，以将相互混淆的对象剥离开来。这就是奥斯汀在第五讲的开端大谈修辞学的目的。

19 《法律的概念》与对道德的放逐

在对哈特的法哲学的理解中，学者们更多关注的是由初级规则和次级规则构成的规则体系，这是哈特本人津津乐道的规则体系概念，是在他看来相对于奥斯汀的法律实证主义的重要进展，实际上，这也是《法律的概念》的前六章的主题。然而，哈特本人也意识到，这一有关规则体系的理解，并不能穷尽有关法律的讨论，因为有关法律与道德之关系的讨论，也在法律概念的分析中处于核心位置。然而，可惜的是该书并未为此留下核心的位置，只是到了《法律的概念》一书的第八章和第九章，哈特才想起这一点。因此，仅仅从《法律的概念》的结构上看，就可以知晓道德在哈特有关法律的概念的讨论中的位置。

我们暂时不着手哈特有关道德概念的处理，而追问一下，由初级规则和次级规则构成的法律体系究竟能给我们怎样的承诺。哈特为我们讲述了这个法律体系呈现出来的社会图景，他谈论到，在极端的情形下，次级规则只为官员们持有。换句话说，只有官员会接受并使用法律体系中有关法律的有效性的标准，而民众则从外在视角出发，这就意味着民众并不分享对法律体系的认同。哈特没有明言的是，在民众看来，这个法律体系也许是一种邪恶的体系，他仅仅强调："这样一个社会可能十分可悲，犹如待宰羔羊般脆弱，而且这只羔羊可能终究难逃进入屠宰场的命运。"① 很显然，他阐明的法律体系面对这样的社会并没有发出批判的声音，因为他在接下来说，"我们几乎没有理由认为这样一种社会不可能存在，也没有理由拒绝将'法体系'之名赋予这个社会"（同上）。可以设想，熟谙哈特的法律实证主义分析的法学家们完全可以从这个社会的法律运作的各个角落中寻求心仪的法律智慧。

令人惊讶的是，在二战之后的英国，哈特竟然有如此闲情雅致进行一种法律的科学分析，作为一个曾经受到纳粹威胁过的英国公民，他原本可以用纳粹德国的法律实践来作为他的分析材料，可是，在《法律的概念》分析的关键部分，我们可以看到有关美国的法律实践、南非的法律实践的分析，却看不到对纳粹德国的法律实践的分析。这就不免令人遗憾，既然可以将"法律体系"的名称赋予纳粹德国时期的法律，那么，倘若他能够使用初级规则和次

---

① 哈特：《法律的概念》（第三版），许家馨、李冠宜译，法律出版社2018年版。第179页。本文采取文中夹注的方式注明页码。

级规则的体系来分析一下纳粹德国的模式，那就一定可以让我们有更多收获。他在后面批评那些否定恶法非法的人时说了如下的话："拒绝承认有效却不道德的法律，这似乎无法使人在面对威胁或者组织威权时更坚定地抗拒邪恶，或者更明白蕴含在规则要求里的道德内涵。"（第276页）倘若如此，如果他在《法律的概念》一书中承认纳粹的法律具有有效性，并对之进行科学的分析，也就当然会使我们更坚定地抗拒邪恶，更明白蕴含在规则要求里面的道德内涵，这样一来，后世学界针对他的批评便会少一大半。

哈特曾自诩自己的这本书是一本描述社会学的著作，他非常明确地写下了他对人类法律生活的观察："在每个国家的法律里，处处都有显示，社会既有的道德和更广泛的道德理念对法律影响甚巨。这些影响或者是通过突兀的、公开的立法程序称为法律，或者是沉默平和地通过司法程序影响法律。"（第270页）在列举了一系列道德影响法律的例子之后，他说，法律实证主义不能否认这些都是事实，也不能否认法律体系的稳定性部分依赖于法律和道德的这些对应。这就意味着，回到法律所处的社会语境，法律与道德是难解难分的，而既然哈特的任务是进行一种描述的社会学分析，那么，他为何在描述这一关系的过程中，在对法律的界定中，要有意避开道德呢？他自始至终没有告诉我们，为何道德会影响法律，以及为何法律要回应这种影响。如果道德与法律不是一回事，法律就不应吸收,而是更应该排斥道德要求,消除道德对法律生活的影响,这正是日后引发争议的焦点。

《法律的概念》因此有一种内在矛盾:如果哈特坚持他的两个规则模式,那么就可以明确地将道德的讨论排除在外,如此一来,第八章和第九章有关正义和道德的处理就没有必要写作了。这两章无论如何并非《法律的概念》内在逻辑所要求的部分。如前所述,两种规则的模式并不担保如此形成的法律体系是一个道德的体系,它完全有可能是一种非道德,甚至是反道德的体系。

对于这一内在矛盾的指控,哈特也许不会同意,因为他似乎并未坚持两个规则构成的法律概念,在《法律的概念》的第九章中,他明确谈到了有关"自然法的最低限度的内容"。尽管这一章常常被视为他对古典自然法的批判,尤其是对亚里士多德和托马斯主义的自然法的批判,但论者们也许没有注意到,在这一章中,他保留了近代自然法的相关内容,他将在霍布斯和休谟笔下发现的学说视为"更务实的观点","他们从自我保存的谦卑意图里,发现了赋予自然法以经验性的善的必要元素"(第258页)。只要稍微懂得一点自然法的思想史,就可以知道,霍布斯在《利维坦》中针对古典自然法学说展开了尖锐的攻击,这一攻击的结果,就是自我保存学说。这一自我保存着眼于人类的世俗生活,着眼于人作为一个活生生的欲望个体,就如同霍布斯对亚里士多德的抨击一样,哈特也质疑有关自然法的古典看法,因为古典的自然法理论提供了有关人类目的和善的错综复杂的和具有争议性的概念。

哈特明确意识到现代自然观同古典自然观的差异,古典自然观是一种目的论的自然观,自然的就是好的,就是完善的,在古典自然观背后是一种有关自然的形而上学的观点,这种观点可以在亚里士多德的四因说中发现更完整的表达。因此,古典时代的自然当然意味着一种规范性的东西,实然的和应然的东西并没有截然区分,而并非如同现代人对于自然的看法,自然不过是一种机械的自然规律。在有关自然法的论述中,哈特明显站在现代人一边,他一方面和边沁和密尔一起主张从实然之物中推不出应然之物,并因此而指责古典自然法理论的错误。另一方面则和霍布斯站在一起,将自我保存视为人类的目的,这就全然无视古典时代对善的生活的追求,而在古典作家那里,生活得好,或者说共同善才是城邦生活的最高目的。

尽管哈特在对由两个规则构成的法律体系的论述中,放任了一个"犹如待宰羔羊般脆弱"的社会,但是,在有关自然法的讨论中,他却有一个与之矛盾或冲突的保留,这就是,在有关人类法律和道德规范的讨论中,他要将自我保存作为一个预设,他说:"我们所关心的,是那些为了持续存在而设的社会措置,而不是那些自杀俱乐部。"(第259页)当然,一个"犹如待宰羔羊般脆弱"的社会,更像是"谋杀俱乐部",而不是"自杀俱乐部",这个社会是由官员们的内在视角来支撑的，有了官员们的内在视角，这就意味着次级规则的存在，这个法律体系是严重不平等的法律体系，是一个具有压迫性的法律体系。但如果考虑到哈特接下来的分析，我们就会看到，这个"谋杀俱乐部"有可能会转变为一个"自杀俱乐部"，在有关自然法的讨论中，列举了五项内容，分别是人的脆弱性、人与人之间的近乎平等、有限的利他主义、有限的资源以及有限的理解和意志的力量。只需稍微浏览，就可以提出如下看法，出于强力捍卫法律体系者，不能始终保证力量上的优先性。因为人与人之间近乎平等，已经彰显了相互自制和妥协的体系的必要性，而有限的理解和意志的力量，也会使强力的拥有者在采取压迫性的处置过程中出错，或者使之产生对弱者的同情，这些都可能使这个谋杀的俱乐部，最终转变为一个陷入彼此屠杀的俱乐部，换言之，这个法律体系并不能保障一种稳定的秩序。

自我保存的需要，使遵守上述的五项自然法成为必要，但即便如此，哈特仍然不认为这是法律体系的内容，这些自然法被他视为一种自然的必然性（第266页）。它要求法律必须规定对人身、财产和承诺所需要的最低限度的保障。他力图淡化这些内容的自然法身份，他时而说自己倡导的是一种"薄的自然法理论"（第258页），时而又强调这是"自明之理"（第265页），他甚至强调，他提出的自然法只是"自然事实"（第260页），它们同法律的关系，是一种自然的因果联系,这种联系甚至可以化约为"幼儿的温饱"(同上)。"幼儿的温饱大可以是一个社会发展或维系其道德或法律规范的必要条件,甚至是其动因,但它不是人们为什么要这么做的理由。因果的连接并不一定会和目的或有意识的意图相冲突。"(第261页)如此,哈特就成功剥离了法律中的道德因素,这些事实是人类的一切规范生活的前提,但它们既非法律,也非道德,因为后面两者都以人类的有意识的意图与目的作为出发点。

通过将道德的内容化约为人类生存的自然事实,哈特最终确保了法律概念分析的前后一贯性,但回顾这一推理,可以清晰地看出,哈特式法律实证主义背后关注的仅仅是人类的自我保存,对于人类如何过得好,亦即人类对道德生活的求索,则被他放逐在外。在法律与道德的分析最后,他提及了承认恶法是法这一法律实证主义的优点,在他看来,法律实证主义可以避免简化道德问题的多样性,可以避免无政府主义。也许19世纪下半期的英国是太过自由了,他才担心无政府状态的风险,而丝毫不担忧邪恶法律的危险。而有关法律实证主义可以避免简化道德问题则更是令人奇怪,如果不谈论道德可以避免简化的话,为何不说法律实证主义回避了道德问题呢?从道德出发来讨论一个法律体系的善恶问题,难道不会更激发起人们的道德感觉么?有关道德问题的多样性的争论,前提必须是争论,在争论中做出的选择,难道就一定是简化了道德,而不是深化了对道德的认识？

他甚至谈到了苏格拉底式的服从（第277页），谈到面对不正义的法律施加的惩罚，是否应该逃跑的经典问题，然而，他没有意识到，苏格拉底一方面选择留下来，但另一方面也选择了对不正义的法律展开尖锐批判。苏格拉底没有选择冷静地坐下来对不正义的法律进行客观的实证主义分析，苏格拉底甚至终身与这种立场斗争，面对精通法律的高尔吉亚，苏格拉底始终追问的是正义与善的伟大命题。

20　凯尔森纯粹法学之我见

凯尔森在 1960 年代推出《纯粹法学说》第二版是当代法哲学史的重大事件，法学研究者常常会将它同哈特在 1960 年出版的《法律的概念》相比较。在很大程度上可以说，《纯粹法学说》代表了欧陆典型的法哲学思想，而《法律的概念》则代表了英美法系的基本思维方式。仅从行文之中就可以看出，在《纯粹法学说》中充斥着我们在大陆法系的学习中常见的一些概念，并对这些概念进行精确的界定，对于长期浸淫在大陆法系传统中的中国法学研究者来说，认真阅读《纯粹法学说》是专业法学研究的一项基础训练，能否读懂《纯粹法学说》也因此是检验自己的法学认知水准的重要尺度。相较而言，尽管《法律的概念》在英美法哲学乃至哲学研究中占有重要地位，但在这本书中，没有如此密集地对概念的界定和分析，例如，没有对权利与义务、公法与私法，对行为能力、权利能力、法律关系、法律主体等目前在中国法理学中仍然流行的概念进行精致分析。

对于凯尔森的纯粹法理论的印象，人们大多停留在有关基础规范和规范的等级结构理论的层面，纯粹法学究竟是一种怎样的理论，其品质如何，仅仅透过有关基础规范以及规范的等级结构论说，似乎不能给我们以一种清晰印象。基础规范迄今仍然是凯尔森的《纯粹法学说》中聚讼纷纭的论题，相比第一版的《纯粹法学说》，第二版的《纯粹法学说》更具有系统性，讨论也更充分。[①] 想要充分熟悉和了解凯尔森的纯粹法学说，就有必要系统地阅读第二版的《纯粹法学说》。

一

尽管凯尔森针对自然法和正义的理论有更集中的讨论，但本文仅关注《纯粹法学说》第二版中的讨论。作为一种形式的法律学说，它着眼的是法律的形式特征。当然，这里的形式不是指外在特征，而是就法律之所以作为法律这个意义上来讲的。法律之作为法律必须具有怎样的特征，凯尔森相信通过纯粹法学理论已给出了基本回答。

---

① 关于两个版本的《纯粹法学说》的对比，参见耶施泰特的《法理论的经典之作——1960年的〈纯粹法学说〉》一文，载于汉斯·凯尔森：《纯粹法学说（第二版）》，雷磊译，法律出版社2021年版。本文对《纯粹法学说》的引用采取文中夹注的方式。

在这个回答中，凯尔森首先注意到法律作为一种社会规范，首先强调这一规范的功能属性。

这一功能属性在《纯粹法学说》第二版中是这样表述的：

> 从一种心理学——社会学的立场出发来看，每一种社会秩序的功能都在于：引发服从于这一秩序之特定的人类行为，促使这些人不去实施某些出于任何原因对于社会——也即对他人——有害的行动，而去实施特定的对于社会有益的行动。（第32页）

纯粹法学并不关注意识层面的事情，法律在此是作为一种社会控制机制出现的，这种控制机制的核心在于将某种不利连接于与法律要求的行为相对立的行为，也就是制裁。

将制裁作为法律规范的重要构成要素，意味着纯粹法学说在论及社会控制时，依赖的仍然是一种心理学机制。"从一种心理学—社会学的立场来看，规定回报或惩罚是为了使针对回报的希望和对惩罚的畏惧成为社会所期待之行为的动机。"（第35页，另外参见第143页）尽管凯尔森在其纯粹法学说中给读者们留下的是一种纯粹的规范分析的印象，但是，为了完成他的论证，他不得不依赖于心理学—社会学的论证。这一点不仅体现在他对制裁这一强制机制的分析中，更体现在他对第19节有关"原始思维中的归结原则"的分析中。这一分析未提供任何其他的思想来源，仅仅围绕着一个确信展开，这个确信就是"早期人类是根据与确定他与其同伴之关系相同的原则，即根据社会规范来诠释他用感官查知的事实的"（第105—106页）。这个判断完全未顾及古典学和历史学在19世纪晚期取得的成果，也丝毫没有提及列维-施特劳斯在几乎同一时期有关原始人类思维方式的研究。在《纯粹法学说》针对这一点的分析中，我们仅仅可以看到一系列断言，这就是断言他所谓的归结原则早在早期人类那里就存在。例如他说，在早期人类那里，正当的行为将获得回报，被给予利益，糟糕的行为将受到惩罚，被给予某些坏处（第108页）。但是，他没有意识到，希腊人的神灵并不对凡人作道德判断，例如在《奥德赛》中，尽管奥德修斯悲叹宙斯带来的厄运，但他从来没有想过这种厄运是因为他的劫掠行为而招致的惩罚。

　　本文无意指责或挑战凯尔森基于心理学和社会学视角在《纯粹法学说》中的分析，但这一对心理学和社会学的借助，就使《纯粹法学说》所谓的"纯粹"仅仅是一种表面现象。实际上，如果去掉了这部分心理学和社会学的分析，《纯粹法学说》中所谓的法律的纯粹性要大打折扣。试想，如果人类的结合并不是因为存在这种强制，如果人类对于这种强制性的法律机制反感，那么，法律的存在还有效么？很显然，凯尔森并不认为这是纯粹法学想要解决的问题。他断言，法律规范在根本上是基于社会控制的实效得到证明的。

对于功能的强调，尤其体现在凯尔森对于归结原则（在笔者看来，译为归责原则似乎更妥当）的分析中，在这一分析中，令人印象深刻的不是这一原则的来源，而是设置这一原则的意图。这一点在凯尔森笔下得到了明确说明。作为法律命题中的一个关键要素，归结原则表达的是一种功能性的关系，功能性关联一词多次出现在凯尔森有关法律规范的讨论中，他说："通过归结能力的概念来表达的归结是特定行为（不法行为）与某种不法后果的联结。"（第107页）如果考虑到，设置这一归结关系的乃是制定法律规范的法律权威，那么，归结原则所表达的就是这一法律权威想要通过规范实现的意图。

尽管凯尔森也同意，法律规范表达的并非实然，而是应然，尽管他强调这种应然并非人们主观而是客观的规范所赋予，但如果追究这一客观规范的来源，就不得不涉及如下问题——究竟是谁在制定这一规范？规范的制定者，也就是立法者，之所以想要制定规范，是为了表达特定的价值和意图，尽管这个规范的制定者并非个人，但也绝非某种超验的或者抽象的存在。如果考虑到规范所强调的功能性，可以想见，规范制定者仅仅是出于功能性的目的而设置规范。至于这一功能性的目的的内容是什么，凯尔森不着一字。我们可以说，这一内容可以是无限的，凯尔森拒绝针对这一功能性的内容设置任何价值评判的标准。

在通常的哲学讨论中，有效性（validity，或译效力）的问题在很大意义上与正当性的问题关联，换言之，与价值评判密切相关。但是，由于凯尔森强调规范的功能方面的作用，因此，正当性的问题就与此无关，这里充其量存在一种功能意义上的正当性。一个不具有实效的规范也就是一个无法发挥出功能的规范。尽管从实然无法推论出应然，但对一个功能性体系来说，如果它在实际上没有功能，这个规范就没有意义。因此，当凯尔森涉及有关效力和有效性的关系问题时，他的立场是模棱两可的。但如下说法是清晰的，这就是，在凯尔森笔下，有效性的问题尽管不等同于实效，却在很大意义上取决于实效。只有着眼于法律规范的功能性，才能做出这种评判，功能表达的是一种应然，独立于功能的实际效果，但要讨论功能，也必须预设这一功能可以发挥出效果，一种没有效果的功能显然不具备有效性，它甚至不能称为功能。

识别出纯粹法学所表达的规范的功能性，我们才能理解为何纯粹法理论要如此强调法的强制性。因为，对于法作为一种社会规范，其功能的发挥基于一种特定的心理学和社会学的模式。在这种心理学中，威慑会对人类的实际行动发挥作用。换句话说，如果惩罚没有效果，如果惩罚的效果有限,那么,法作为一种强制性的秩序就很难成立。我们会用其他的理论来解释法,比如说,法是一种相互承认的秩序,在这里,强制性的效果并不在于威慑,而在于一种心理补偿机制甚至是一种符号,这就使得强制性的含义大打折扣。

用今天流行的话来说,正是因为社会控制需要一种强制机制,正因为这种强制机制基于心理学—社会学的理由可以发挥效果,凯尔森将以这种机制作为基础规范,不假思索地预设为法律,并区别于其他规范形式。对于这种作为社会控制的特定的规范形式的强调也建立在一种特定的假设之上。

很显然,凯尔森在讨论规范的地方,一上来所注意到的,正是规范作为一种社会控制的载体,尽管他并没有明确地说,规范是为了社会控制之用。他声称的是,规范是一个意义载体。"人们用'规范'来指:某事应当是或应当发生,尤其是某人应当以特定方式来行为,这就是某些有意指向他人行为的人类行为所拥有的意义。"(第6页)但如果仔细考察这个意义载体,我们又会发现,它其实并不对意义的内容有任何实质性的涉及。

不着眼于意义的特定内容,这就意味着,社会控制可以通过各种手段进行,实施社会控制的人可以赋予法律规范以任何特定内容。因此,凯尔森就可以对法律规范进行形式化处理,于是,在阅读《纯粹法学说》第二版的过程中，我们就产生出如下感觉：从整体上看，纯粹法学说是一种形式的法律理论，这种形式的法律理论并不涉及法律规范的内容，而侧重于法律规范发挥功能的形式。它着眼于法律规范的社会功能。这是一种社会控制功能，纯粹法学说并不对这种社会控制的价值发表意见，无论这种社会规范正义与否，它只涉及这种社会规范只作为法律规范必须具有的形式，这就使纯粹法学说在根本上是一种实证法学理论，而与传统的自然法学脱离。

倘若将法律规范的实质视为社会规范，着眼于法律规范的社会控制功能，而且，考虑到社会控制功能依赖于一种威慑的心理机制，那么，从逻辑上可以推知的是，这一法律规范一定是强制性的，并且是设定义务的。也因此，在题为"法静态学"的第二部分，凯尔森一上来就描述了制裁、义务与责任的问题。而在此过程中，一个明显值得注意的现象是，权利问题在这里被取消了。在整个"法静态学"部分中，重点当然在于第 27 节和第 28 节有关制裁、义务和责任的讨论，而从第 29 节开始一直到这一章结束，尽管有大篇幅有关主观权利、行为能力、权利能力、法律关系以及法律主体的讨论，但是这些讨论所揭示出来的恰恰是，它们不过是一些"辅助概念"，而法秩序本身可以在不借助这些概念的前提之下来进行描述。

还值得注意的是，对和平的关切在《纯粹法学说》第二版中并没有被视为一种道德价值，而被视为一种社会控制功能。"集体安全或和平是这样一种功能,它是被称为法的强制秩序在其发展的某个阶段事实上所拥有的。这一功能是一种可以从客观上加以确认的事实。法律科学上的确认,即法秩序使由它构成的法律共同体实现了和平,不包含任何价值判断;它尤其不意味着承认某种正义价值,由此它绝不能被提升为法概念的一个要素,因而也不能被用作区分法律共同体和匪帮的标准,就像奥古丁的神学所作的那样。"(第62页)

在凯尔森笔下,和平不是一种价值要素,他是从社会控制的角度,也就是从功能角度理解和平的。《纯粹法学说》第二版中有关和平的讨论出现在有关"法律共同体对强制的垄断"的讨论后,换言之,正是因为法律共同体垄断了暴力的适用,特别是,法秩序要对自力救济原则加以规范,明确自力救济的条件,如此就会产生一种必然的结果,这就是集体安全(第48页)。"集体安全"这个词在《纯粹法学说》第二版中优先于和平,更为具体地说,和平是集体安全的结果。而集体安全之所以能够达成,完全在于法作为一种强制秩序,必须要对暴力的运用进行垄断。这是一种功能性的产物,而不是对和平作为价值的追求。按照凯尔森的逻辑,充其量可以说,和平是法秩序对暴力的垄断的一种趋势(第150页)。

也因此,在《纯粹法学说》第二版中,可以看到,对义务的强调先于对权利的强调。但很显然,对义务的强调与对集体价值的强调并无关联,因为他是从法律作为控制秩序的角度来谈论义务的。义务之所以被设定,是因为要迫使行为人做出特定的行为,否则就会施加某种制裁,他说:"如果法被理解为强制秩序,那么只有当某个法律规范将某种强制行为作为制裁联结于相对立之行为时,某个行为才能被视为客观上为法律所要求的,进而被视为某项法律义务的内容。"(第149页)由此看来,之所以义务在此占据优先的地位,是因为法秩序要求特定行为的方式,将某种强制行为作为制裁同相对立的行为联结起来,很显然,这不可能是权利。也因此,从社会控制的角度出发,权利就成为一个多余的词汇(第165页)。或者即便承认权利的存在,也必须以法律义务为前提。而唯有在一种技术性的意义上,凯尔森才承认一种独立的权利的存在,这就是在诉讼中产生的权利,更为准确地说,是在涉及一种"请求权"的时候。(第173页)

二

总体上看,凯尔森的规范概念是一种形式的、功能化的概念。唯其是形式的,它才是功能的。形式的概念意味着,它抽出了属于规范的实质性的内容,而仅仅着眼于一切法律规范所共有的形式,这就是它不过是一种具有强制性的特定规范,在《纯粹法学说》第二版中,并没有如同富勒、拉兹等对规范的普遍性、公开性、不溯及既往等特征的强调，而仅仅强调这一规范并不是单独存在的，而是以体系化的方式存在。《纯粹法学说》一上来就强调了规范的等级结构，"赋予某个法律（或不法）行为以含义的规范本身是通过某个法律行为被创设的，后者本身又从另一个规范那里获得其法律意义"（第5页）。

将法律规范的内容抽取出来，仅仅从法律形式的角度来描述法律，这是凯尔森建构其纯粹法学理论的一个关键的技术性做法。这一做法通常被认为是可以归结给影响凯尔森理论之建构的新康德主义传统。但至少在《纯粹法学说》第二版的正文中，凯尔森并未明确讨论新康德主义作家的相关论述。但是，这种抽取出内容的形式的法律概念，又的确会让人联想起康德的理论建构。但是，我们一般归结给康德的，是针对康德的形式主义伦理学。这就是，康德在建构其道德哲学的时候，并没有从任何实质性的道德主张出发来建构他的体系，而是将一切道德的根源追溯到定言命令，其一般的表述形式为：要这样行动，要使你行动的准则能够意愿成为普遍的行动法则。这一普遍法则公式，尽管与之相伴随还有其他几项公式及派生公式，但是在这些公式中，除了人是目的，而不仅仅是手段及其派生出来的目的王国公式之外，其他的公式之中，并没有说出这一普遍的行动法则该如何构成。很显然，至少在凯尔森的《纯粹法学说》第二版中并未触及康德的形式主义伦理学的问题。①

但从质料中抽身出来,而仅仅着眼于形式的做法,又的确与康德相关。在这个意义上,凯尔森在建构纯粹法学说的过程中,更有可能运用的是康德的第一批判中建构认识论所运用的方法。康德将知性范畴和感性直观分离开来,而重点考察知性范畴,从而在经验主义之外,开启了一个全新的认识论空间,知性范畴作为建构经验中的最为关键的部分,它决定了一切经验知识的可能性和样态。感性直观无法建构自己,只能凭借知性范畴来进行塑造工作。在这个意义上,我们可以说,知性范畴是我们一切经验判断的形式。与之相似,凯尔森对法律规范的描述,采取的是相似的办法,这就是将法律规范的内容抽取出来,而仅仅着眼于一切法律规范的形式。但是,这仅仅是一种形式上的相似性,因为,康德在对知性范畴的讨论过程中,并未撇开它同感性直观之间的关系。在我们的一切经验知识的建构中,尽管知性范畴十分重要,却不能脱离感性直观而存在。这就是康德的名言"知性无直观是空的,直观无知性是盲的"想要表达的内容。

不同于康德在认识论建构中的形式化处理,凯尔森更坚决地脱离了内容。对法律规范的一切内容存而不论。将一切实质性的内容的讨论视为法政策学或者意识形态,认

---

① 只有在有关正义的《正义问题》的第43节中,凯尔森才处理康德伦理学的问题。

为这都不属于法律科学的内容,而仅仅将侧重点置于法律规范的形式特征方面。而在法律规范的形式特征方面,他所倚重的主要是规范的等级结构。我们可以像质疑康德的范畴表一样来质疑凯尔森的这种规范的等级结构,正如我们质疑为何康德的范畴表是 12 对而非更多一样,我们可以追问为何是一种垂直的等级结构,而不是平面的结构或是任何其他的结构。

脱离了规范的等级结构,凯尔森的整个纯粹法学体系就变得不可理解,《纯粹法学说》第二版的第 34、35 节对此进行了详尽分析。由于脱离了规范的内容,因此就不得不着眼于规范的等级结构,在某种意义上可以说,这一等级结构,尤其是居于这一等级结构顶端的基础规范,成了凯尔森的纯粹法学说的逻辑建构的一个拱顶石。

论者也注意到,对于基础规范的论证,在第二版《纯粹法学说》中论述得要更充分。但即便在第二版中,我们也难以获得有关基础规范的清晰印象,它在很大程度上不过是一种思维预设。换句话说,我们无法将基础规范等同于第一部宪法,因为第一部宪法已经是一种法律规范,它必须要获得授权,而授权它的基础规范,自身不能够是一种规范。"作为最高位阶的规范,它必须要被预设,因为它不可能是由某个其权能必然基于某个更高位阶之规范的权威来制定的。"(第 242 页)"这一规范只能为它所证立的规范提供效力基础,而非效力的内容。"(第 244

页)"构成相关出发点之规范之所以有效不是因为其内容,它无法通过一种逻辑操作从被预设之基础规范中演绎出来。"(第245页)这些论述都是含混的,因此,我们不妨从凯尔森有关具体规范的基础规范的论述中来进一步考察。

当凯尔森谈到上帝和基督的命令的效力时,他说,上帝和基督的命令的效力源于应当服从上帝和基督的命令。很显然,应当服从命令不是上帝和基督的命令本身能够提供的内容,但的确只有当信徒们确信上帝和基督的命令应当服从时,整个教会法的体系才能成立。因此,这是整个教会法所依赖的一个基本前提。应当服从命令,这并不决定于教会法本身,而是决定于信徒是否成为信徒。回到世俗的法律体系中来讨论,就会得到这样一个结论,当我们将一切具体规范的效力追溯到历史上的第一部宪法之后,就无法进一步继续往上追溯,这时我们只能假定历史上的这第一部宪法是有效的。"这部宪法的效力必须要被预设,如果将根据它事实的行为诠释为创设或适用有效的一般法律规范,以及将在适用这些一般法律规范时所实施的行为诠释为创设或适用有效的法律规范应当是可能的。"(第249页)

有必要注意的是,在凯尔森看来,这里被预设的基础规范,并不涉及国家法秩序的内容公正与否,以及这一法秩序事实上能否确保在它所构成的共同体之内建立一种相对和平的状态。换言之，在这里，基础规范只是一个逻辑推论的顶点，当我们去寻求一个规范的效力来源时，最终必然要停留在一个地方。因此，基础规范的预设，是规范的等级体系的一个逻辑结果，在对于基础规范的详尽讲解的部分，他将基础规范作为一种先验逻辑的预设。按照凯尔森本人的说法，"它只能是一种被设想出来的规范，即这样一种规范：如果某个大体上有实效的强制秩序被诠释为一个有效法律规范的体系，她就要被作为预设。因为基础规范不是被意愿的，同样也不是被法律科学所意愿的规范，而只是被设想出来的规范，所以法律科学在确认基础规范时并没有扮演制定规范的权威"（第255页）。

换言之，当我们在法律规范的体系内追溯某一个具体的法律规范的效力来源时，总是要向上追溯到某一个更高级的授权性规范，最终在整个实定法体系的顶端，也就是在历史上的第一部宪法那里，我们无法进一步追溯，否则就要抵达法律规范的体系之外。凯尔森因此预设了一项基础规范，这就是在历史上的第一部宪法这里，也同样存在一部法律逻辑意义上的宪法（第247页）。历史上的第一部宪法是以这部逻辑上意义上的宪法为出发点。这部逻辑意义上的宪法确定历史上的第一部宪法是有效的。

如果想要通过对历史上的第一部宪法的内容进行分析，寻找这种有效性的来源，就会与凯尔森的想法背道而驰。因为，基础规范之所以被预设，并不是因为在内容上它和其他具体的规范，乃至于历史上的第一部宪法中的规范有怎样的关系，而仅仅是确定了当我们寻找效力来源时，将历史上的第一部宪法作为最终的效力来源。至于它为何是最终的效力来源，答案仅仅是逻辑意义上的。

当凯尔森将基础规范视为一种先验逻辑预设时，它就是在类比的意义上运用了康德的认识论的概念。这是《纯粹法学说》第二版中公开申明的说法。在康德的认识论中，作为一切知识的先验逻辑预设的是先验的我思，也就是先天统觉。正是这种先天统觉对直观世界的杂多进行整理，也成为知性的一切运用的最高原则。但正如我们在康德的认识论中想要直接去把握这个先验的我思，终究会是徒劳一样，在凯尔森这里，想要去把握这一基础规范，也同样徒劳。但是，在对于康德的认识论的理解中，我们切莫遗忘，在对于统觉的先验统一性中，康德发现了自我意识的客观统一性。这种客观统一性有别于主观意义上的统一性，后者是受经验影响的。

在对规范的观察中，凯尔森试图通过确立规范的体系，塑造一种秩序形态，他的总的看法是，国家即一种法律秩序，甚至世界也是一种法律秩序，在后者的意义上，国际法显然先于国内法。只有当世界成为一个法律秩序构成时，才能真正地谈得上是人类的法律生活状态。而一个规范体系，必然由各种不同的规范组成，众多的规范是否能建构成为一个统一体,这就不得不预设一个最终的规范的效力来源。这个作为最终的基础规范的东西,实际上是一种对于法律支配下的生活方式的期待,也就是,人们同意过一种法律的生活,服从最高层次的规范,并服从由这个最高层次的规范授权的其他具体规范。换句话说,尽管基础规范是一个预设,但这个预设仅仅从逻辑层面上讲并不充分。基础规范并不仅仅是一种先验逻辑预设,也是一种对规范生活的确信,正如先验的我思也并不仅仅是一种先验逻辑预设,也表达了对于人的自我立法的一种确信。但对此,至少在《纯粹法学说》第二版中,凯尔森并未有丝毫提及。

基础规范的背后实际上有一种确信,这就是凯尔森认为,人类的世界将会是一种法律秩序的世界。离开了这种确信,整个纯粹法学的理想就站不住,也就根本不可能将法律与道德区分开来。倘若人类的世界不是一种法律秩序的世界,而是一种道德秩序的世界,那么,他的纯粹法学的建构也就不再成立。因此,整个纯粹法学理论的建构是建立在法律规范的支配性的基础上。基础规范预设了这样一个基础,但这个基础就如同必须服从上帝这个基础一样,并不是不证自明的。

在这个意义上,纯粹法学理论还未触及一个最根本的法哲学问题,就是为何法律秩序应该存在?为何人类要选择法律的生活?为何人类会建构一个法律共同体?不预先回答这些问题，纯粹法学说想要摆脱道德、政治、社会来建构自己的学说体系的努力，就只能是空中楼阁。而这些问题，并不比"为何自然法的秩序应该存在""为何人类要选择相信自然法"这类问题更为实在。[①] 更具体地说，在凯尔森的视野中，秩序只是法律秩序，他没有意识到其他秩序形态的存在，对秩序问题的深度思考，在他的学生沃格林那里得到更充分的展示。日后，沃格林在谈及他曾经的授业恩师时说，凯尔森的分析非常周密，也非常清晰，他没有进一步说出的是，在对于秩序的存在形态这个问题的解答方面，凯尔森的观点是片面且单一的。

也因此，在凯尔森的体系中，很难回答一个法律共同体和匪帮之间究竟有何差异。匪帮，除非是那些缺乏组织性和纪律性的小型帮派，甚至是个人，也会具有自己的规范体系，他们的规范也具有强制性，也甚至可以看到，存在一个规范的等级结构，最终在某个匪帮头领或几个头领组成的议事会那里可以找到最高等级的规范，而这些规范背后也存在一个基础规范，这就是服从某一个或者几个头领。凯尔森承认海盗国家的存在，他提到了非洲西北沿海的所谓海盗国家，认为，"依据它们的内部秩序，相互间暴力的运用在这样一种程度上有实效地被禁止，即那种最低限度的集体安全得到了保障，这是构成共同体之法秩序

---

① 参见凯尔森有关自然法的基础规范的解读，第276—278页。

具有一种相对持久之实效的条件"(第62页)。他拒绝从正义的角度来去评判法律秩序，认为正义不可能是法区别于其他强制秩序的特征，这就使不正义的法是不是法的问题成为一个冗余的话题。很显然，如果从功能上来理解的话，一个匪徒支配的法律共同体，也仍然存在秩序，因为在这里，最低限度的集体安全可以得到保障。

三

法律与道德的关系历来是法哲学中的一个重要问题。凯尔森的纯粹法学理论究竟如何面对这个问题，我们需要从规范的性质开始说起。

在对规范的讨论中，凯尔森也注意到规范与价值的关系问题。他区分了主观价值与客观价值，在他看来，主观价值表达的不过是人类的不同"浓度"（译文如此，第27页）的愿望或意志，而客观价值的客观性是因为与规范相关。在这个方面，他持有的是一种十分庸俗的价值论，认为价值的实质不过是"意识的一种情绪要素"（第26页），这就使他想当然地取消了主观价值的判断，而倾向于一种客观价值的判断。但他丝毫不去追问客观价值与主观价值之间的关系。如果主观价值表达的是某人关于某事是好的或者糟糕的意见，只是一种情绪，在他看来，根本就算不上什么价值判断，那么，客观判断也一定与这种主观性无关，这一超越主观性意见的客观价值究竟从何而来，这个问题就被搁置起来了。

凯尔森强调认知功能的判断，认为完全有可能在不考虑判断者愿望和意愿的前提下做出这种判断，按照他的说法，"人们可以确认特定人类行为与某个规范秩序之间的关系，即陈述出这一行为与这一秩序相符或不相符，而自己不对这一规范秩序采取情感上的立场，即赞成还是不赞成"（第28页）。这种看法仅仅在特定的条件下才能成立，这就是说，只有在预设了这种规范秩序已经为人们所接受的情形下才能成立。换句话说，只有在预设这一规范体系已经具有实效的前提下才能成立。很显然，这一实效与人类的主观看法无关。价值的认知功能搁置了价值的来源问题。只有在一种价值已经存在的前提下，我们才能进行认知。而一种价值想要客观存在，必然取决于人类的价值判断。只有当存在一种价值之后，我们才能说，可以确认特定人类行为与某个表达价值的规范秩序之间的关系，而搁置自己的情感立场。

奇怪的是，在表述价值判断的来源的句子中，凯尔森却忽视了主观价值判断作为价值判断的重要来源，他用一个含糊的说法取消了价值来源的问题。他说："从法律认知的角度来说，终归只有当行为（借此法律规范得以创设）通过法律规范被确定时，它才会被考虑到，而构成这一规范之终极效力基础的基础规范终归不是通过某个意志行为被制定的,而是在法律思维中被预设的。"(第 30 页)如果按照这一判断,客观价值并非源于设定法律规范想要达到的功能的立法者或者法律权威,而是源于在法律思维中被预设的基础规范,那么,这一基础规范,显然不具有规范性质,作为一切规范的来源,它显然不具有实质性的意义,它不过是有如康德笔下物自身一般的东西。对此我们还将要在后文中加以讨论。

凯尔森强调,法律规范所表达的是客观的,而非主观的目的,"客观目的是一种应当被实现的,即某个被视为客观上有效值规范所规定的目的"(第 30 页)。很显然,如果考虑到他将要陈述的规范的等级结构,那么,这一目的,就应该被归结为基础规范中所设定的目的,然而,考虑到基础规范不过是一个思维预设,这就意味着它自身并不设定目的。换言之,目的概念或者价值概念,在凯尔森的思维体系中变成了一种没有内容的形式概念。没有目的的目的,没有价值的价值,这无疑取消了法律规范的价值之维。换言之,在凯尔森的理论体系中,如果我们一定要追问法律的目的或价值如何的话,那么,我们能够得到的唯一答案就是,它们是法律设定的价值或目的,而法律的最终价值或目的取决于基础规范。而考虑到基础规范仅仅是一种思维预设,这就意味着,最终价值和目的无法得到讨论。在法律规范中搁置有关价值和目的的讨论,就为法律规范任意地设置目的和价值打开了方便之门。

与价值的讨论密切相关的是有关道德的讨论。凯尔森主张法律与道德的绝对区分,他对于这一区分进行了如下表述:"法与道德的区别不在于,这两种社会秩序要求的或禁止的是什么,而只在于,它们是如何要求或禁止特定的人类行为的。只有当人们将法理解为强制秩序,及一种试图由此来引发特定人类行为的规范秩序,而道德是一种没有规定此类制裁的社会秩序时,法才能从道德从根本上被区分开来。"(第81页)

我们在此并不讨论凯尔森的道德观,他认为:"只有当不仅行为的动机,而且行为本身与某个道德规范相符时,这一行为才会拥有道德价值。"(第79页)我们在此仅仅注意到,凯尔森在法律规范的讨论中是否为道德留下位置。在他看来,只有在法的内容的讨论中,法律和道德的关系才不可分离,"如果人们将法与道德之关系的问题理解为一个有关法的内容的问题,而非有关形式的问题,如果人们主张,法据其本质具有一种道德内容或构成了一种道德价值,那么,人们就由此主张,法内在于道德领域起作用,法秩序是道德秩序的组成部分,法是道德性的,即据其本质是公正的"(第81—82页)。

法律与道德的区分的关键,因此不在于内容,而在于形式,这就意味着,凯尔森在对法律问题的讨论中搁置了道德。之所以要搁置道德,是因为凯尔森认为,道德是相对性的,在《纯粹法学说》第二版的第11节,他专门讨论了这个问题。他认为，不同时代和不同地方的人事实上对于好坏、公正的观点存在巨大差异，因此，"我们无法从不同的道德秩序的内容中确认任何共同的要素"（第83页）。

《纯粹法学说》对道德的消解是值得注意的。在凯尔森笔下，道德是一个相对的概念，他的常用的说法是，不同的人群有不同的道德，不存在统一的道德。既然如此，就无法存在普适的道德规范。很显然，凯尔森拒绝有关最好的道德的问题，在他看来，并不存在唯一有效的和绝对的道德（第86页）。既然不存在唯一的和绝对的道德，道德的相对性就会导致一个问题，即任何一种实在法都可能与特定的道德体系相符，他没有直言的说法是，即便最为暴虐的法律也是法律，因为即便暴虐的行为在某种特殊的道德体系之中也可能是正义的。在此故且不论这种有关道德的相对主义的论说是否站得住脚，道德的相对主义论述尽管影响巨大，但至少是20世纪道德哲学中的一个极具争论性的问题。可承认道德或者价值的相对主义，并不能因此得出法律与道德的分离，而会使法律与道德相互等同，使两者的区分丧失意义。道德的相对主义可能导致的一个逻辑的后果是，既然道德的内容是变化的，因时因地不同，那么，在此就并不存在一种称为道德的东西。①

---

① 凯尔森强调说，相对主义的价值论并不意味着不存在任何价值，尤其是不存在什么正义，而只意味着，不存在绝对的价值，只存在相对的价值，不存在绝对的正义，只存在相对的正义。

有关道德的内容至少在《纯粹法学说》第二版中并不是一个重要问题。因此，若在此意义上给《纯粹法学说》的文本补充一个讨论正义问题的附录，似乎也并不多余。但是我们还是应该注意，在受到凯尔森亲自指导的《纯粹法学说》第二版的英译本中，并没有收入这个附录。当凯尔森强调要从实定法之科学认知的立场来考察法律规范的时候，这就意味着他当然地消除了法律的道德之维。他明确宣称，"尽管法律规范作为应然条款构成了价值，但法律科学的功能绝不在于价值判断或评价，而在于对其研究对象进行价值中立的描述。法律科学家不需要固执于任何法律价值，哪怕是他所描述的法律价值"（第88页）。当他这样说的时候，我们就可以理解，法律科学家是基于一种有关道德的理论而从法律中排除了道德，而采纳何种道德理论取决于从事实定法的描述和认知工作的法律科学家的选择，凯尔森很明显并未明确触及人类的法律生活究竟与道德是否相关这一问题。

仅仅从对实定法的认知和描述的角度当然无法对人类的法律生活是否与道德相关这个问题做出解答。因此，我们就有必要回到法律规范的诞生语境。法律规范作为一种社会控制规范，很显然针对的对象是人，而非动物，尽管动物或者其他物体也可以成为法律规范支配的对象。但是，"人作为道德或法律秩序的主体，即作为社会成员，作为道德或法律人格体是自由的"（第121页）。在法律规范之下生存的人是自由的人格,这是康德的道德哲学带给现代人的巨大启示。法律规范的生长在很大意义上取决于自由人格的选择。当然,这样说也是一种现代立场。因为在古典时代,这种自由人格还未出现。如果承认这一立场,那么,在对实定法进行认识的时候,肯定无法脱离对于这个自由主体的认识。很难想象,出自这个自由主体之手的规范系统,竟然脱离了道德方面的关切。这个自由主体通过法律规范想要实现的,仅仅是社会控制。

对康德笔下这个表达出人性尊严的意志自由之命题的否定是《纯粹法学说》第二版中一个令人震惊的地方,在这里,我们读到了这样的句子:

> 但是,只有人的自由即这一事实——他不服从因果法则——才使责任即归结成为可能,这一假定与社会生活的事实显然是矛盾的。建立一种规范性的、调整人类行为的秩序(基于此归结才可能进行)恰恰以此为前提:行为受到调整之人的意志在因果上是可确定的,故而是不自由的。因为这种秩序之无可置疑的功能在于,促使人们去做这一秩序所要求的行为,使要求特定行为之规范成为可能,使与规范相符之行为的特定动机成为人类意志;但这就意味着,关于要求特定行为之规范的观念变成了某个与此规范相符之行为的原因。只有当作为人类观念之内容的规范秩序

（它调整着这些人的行为）掺入因果过程和因果之流中，这一秩序才能满足它的社会功能。（第122页）

之所以在此大篇幅地抄录这段话，是因为这段话清晰反映出凯尔森纯粹法学理论的基本品质。这段话表明，在凯尔森眼中，法律规范之下的人的形象并不是一个拥有自由人格的主体。这里的主体毋宁说是不自由的主体。唯其是不自由的，才能针对这些主体加以控制，倘若是一个自由的主体，那么，针对他们实施的控制就必须得到这些自由主体的承认。在这里，不妨回顾康德对自由主体如何选择进入法治状态的论述，这就是权利的定言命令，要这样行动，以使你自由行动的准则依据一条普遍的法则同其他人的自由行动的准则相适应。而要做到这一点，就必须进入权利状态。因此，进入权利状态，完全是以意志自由作为前提条件的。如果不存在意志自由，那么，进入权利状态就完全是外在的命令，这在康德看来，就是他律而非自律，因而是违背康德的道德哲学的基本宗旨的，这也就是为何康德的法哲学从属于其道德哲学的原因。

对于意志自由这一基本的康德道德哲学命题的否定，也因此会导致我们质疑凯尔森的新康德主义法学家形象。在他看来，康德笔下，意志自由是为了使道德—法律归结成为可能而必须做出的拟制。为此他甚至给出了《道德形而上学奠基》的多处引文。不仅如此，按照他的看法，"只要当归结被认为是与因果不同但与它并不矛盾之构成要件间的联系时，它就不需要这种拟制，它被证明是多余的"。恰恰在这个地方，表明他对康德的伦理思想存在重大误解，因为意志自由在康德的伦理学体系中是作为理性的事实而存在的，它是前提而不是为了人类的道德生活和法律生活做出的拟制。康德有一个著名的说法，自由是道德律的存在理由，而道德律是自由的认识理由。意志自由是一切道德与法律生活的基础，离开了这个基础，道德与法律生活就失去了意义。或者可以说，意志自由是人类的有尊严的道德与法律生活的基础。离开了自由的道德与法律生活是不值得过的生活，对康德来说，它绝不是一个多余的概念。

为何凯尔森在其纯粹法学说中拒绝意志自由这一基础？之所以如此，是因为凯尔森将法律规范视为一种社会控制规范。因此，在面对产生人类行为的人类意志时，他所看重的就不是行动是否由我们的意志引发，而看重人类的意志是否可以由因果来决定。这就当然会从理论上产生一种可能性，这就是对于人类的意志来说，规范完全是外在附加上去的东西。人类完全是一种受规范支配的生物。在这种规范生活的视野中，一切具有人格属性的东西都是无价值的，都是在某种意义上可以放弃的"拟制"（第123页）。

尽管凯尔森在其纯粹法学说中否认意志自由,否认权利存在的价值(在纯粹法学说中,权利被视为一种资产阶级的主张,具有意识形态的属性,而不属于法律科学的内在要素),也强调社会控制,主张法秩序中人所实施的任何一种行为都可以被视为受到这一法秩序的调整,但他也为个体自由留下了空间,他主张,"法秩序压根就不可能去阻止一切可能的冲突。""因为法秩序只能要求完全确定的作为和不作为,所以人就绝不可能被法秩序限制作为其全部存在的自由""最低限度的自由,及不受法律的拘束性,始终是要确保的。"[①] 这些出现在题为"最低限度的自由"章节中的句子表明,纯粹法学说并不是一个完全强制性的和义务性的体系,但是,这种对于最低限度的保留,绝不是出于对个体权利的尊重与维护,而是出于法律技术上的局限性。在凯尔森看来,甚至在专制的法秩序中也存在不可转让的自由。

在凯尔森看来,道德与意志自由这类话题具有意识形态属性。他区分了两种意识形态,第一种意识形态指法是一种与实然事实对立的规范性秩序,第二种意识形态指一种"非客观的、受主观价值判断影响的、遮蔽了认识的对象以及对这一对象予以美化或扭曲的展示"。他对第一种意识形态持肯定的态度,并在此意义上将法律与价值关联

[①] 参见第54—56页。

起来。按照前面的理解，这种意识形态不过是一种对法律的功能性描述，在这里规范性秩序体现为功能性的目的，在第一种意义上的意识形态中，并未超出规范体系去理解法，而在第二种意义上，则超越了实定法的范畴去理解法。凯尔森强调纯粹法学说具有一种明确的"反意识形态的倾向"显然是在第二种意义上。因为在他看来，这种意义上的意识形态可以服务于政治利益，"这种意识形态的根源在于意愿而非认知，其源于某些利益，或更正确地说，源于有别于揭示真理的利益"（第139页）。但凯尔森并未继续追问的一个问题是，在纯粹法学视野中的法律恰恰可以服务于任何一种政治利益。搁置意识形态争议的后果是，它必将成为任何意识形态的工具。纯粹法学并没有提供一副审查一切意识形态争议的眼镜，在凯尔森看来，意识形态是一个战场，法律科学应该躲避这个战场。但他没有意识到，意识形态的争论并没有因此消失，反而不同的意识形态立场都可以与纯粹法学理论成为盟友。

在康德的认识论和道德哲学之间，凯尔森显然选择了康德认识论的进路，他因此漠视康德针对有关意志自由的论述，拒绝意志自由作为法律的基础。正如康德想要对人类的经验知识加以描述一样，凯尔森也想要对人类的法律知识加以描述，《纯粹法学说》这个名称反映出来的"纯粹"，因此并不能完全按照康德《纯粹理论批判》中的纯粹的意义上了解。当康德强调纯粹理性时，他实际上是要抽离一切知识中的经验要素，纯粹理性被视为一种先天的因素而被凸显，这一先天因素表达的是人类的尊严，因为正是凭靠这一先天因素，人类得以为自然界乃至为自身的世界订立法则。《纯粹理性批判》试图从整体上理解人类的知识形式和人类的命运。《纯粹法学说》尽管也抽离出法律规范的实际内容，但仅仅是对法律的形式化理解。这里的"形式"并没有分享康德的基本的问题意识，这就是人类的法律生活究竟如何可能。对于人类为何要选择法律生活，《纯粹法学说》第二版中所论甚少。相反，《纯粹法学说》一上来所界定的所谓纯粹，不过是要将人类生活的其他方面从法律领域中排除出去。

在这个意义上，《纯粹法学说》之有别于《纯粹理性批判》，恰恰在于它取消了人，而完全从功能角度去理解法律规范。从此对法律的讨论就转向一种功能分析，而与哲学与道德分析无缘，在这个意义上，甚至可以说，凯尔森的纯粹法学说标志着法哲学在大陆法系中的消失，从此，着眼于系统与功能的法律分析必将取代对法律的价值和意义分析，取代对法律规范与活生生的人类生活之间的关联，从此，专业性的法律人看重的是法律的社会功能，而放弃了对人的尊严的关切。这也是如今中国的读者们在面对纯粹法学说时应该特别注意的问题。

尽管有论者指出，凯尔森有关民主制和正义的学说，应该成为《纯粹法学说》的一个补充，但有必要注意的是，至少在最体系化和最完整的《纯粹法学说》的第二版中，有关正义的讨论并未作为有机的部分被嵌入《纯粹法学说》的正文。另外，一个并非不值得注意的事实是，如果有关正义的附录是《纯粹法学说》的内在构成部分，在凯尔森本人指导下翻译出版的1967年的第二版英译本就不会取消这个有关正义的附录。这一点也可作为本文在对《纯粹法学说》第二版的评论过程中不涉及有关正义的讨论的附录的原因。

21　"洞穴奇案"与法律人的僭妄*

法哲学家富勒曾经虚拟过一个洞穴探险者的案例,这个案例引起了法律人的极大兴趣,其中最令人关注的,是萨伯在富勒的基础上,对这个虚拟案例进行了扩充,最后编辑成《洞穴奇案》一书(中译本参见萨伯:《洞穴奇案》,陈福勇、张世泰译,生活·读书·新知三联书店2012年版)。对于这本书,也许大多数人对那些虚拟的法官陈词感兴趣,但相对于判决的结果和法官们的陈词,我对这个虚构的案例本身有更大的兴趣。甚至在我看来,虚构的案例本身要比富勒本人以及萨伯此后补充的法官陈词更有价值,也更令人深思。

我们的重思就从复述这桩洞穴探险者的案件开始,但又不是简单复述,而是注意到这个案件发生过程中的种种不同寻常,当然,也可以将这些不同寻常视为案件事实的

---

* 本文曾以"洞穴奇案与法律人的困惑"为题,发表在《中国社会科学报》2023年8月18日法学版,收入本书时略有修改。

一部分，但这一部分事实，在富勒以及萨伯的讨论中并未得到充分的注意。

这是发生在一个所谓的纽卡斯国的案件。五名洞穴探险者在探洞时，遇到了山崩，他们被困在洞中，但幸亏他们预先在洞穴探险协会留下了自己的位置，营救工作由此开始，但救援困难重重，即便有专业人士指导，也不缺乏救援工具，但救援并没有很快获得成功，而且为此付出了沉重代价，在救援过程中，有十名营救人员牺牲。营救工作持续了超过一个月，探险者身上的食物已被吃光，洞中也没有任何可食用的东西。幸运的是，因为洞穴探险者拥有良好的通信设备，因此，被困人员保持着与洞外营救人员之间的联系。尽管这种联系并未提供实质意义上的帮助，但毕竟可以使洞外的人员知晓洞中发生的情形。然而，也仅此而已，因为根本不可能将食物运送进去。尽管洞外的营救还在继续，但成功的营救至少需要十天。而被困者却无法活到第十天，这两个重要的时间节点并非基于推测，而是由专业人士给出的科学结论，是由地质学家和工程师精心计算得出的，这个信息当然使被困者陷入了沉思，很显然，在接下来的时间中他们只有等死。

这是复述的虚构案例的第一个部分，从这个部分我们可以清晰注意到，不是被困者来做决定，而是在专家的指挥之下，在这里，没有任何其他可能性，专家们已经对被困者的处境进行了宣判，这是一个必定要走向死亡的处境。在由专家知识支配的现代社会,类似这样的情形有许多,比如,宣布一个病人已经活不过十天,宣布按照现有的资源,无法应对接下来出现的危机。显然,洞穴探险者接受了专家们的判断,他们已经充分意识到,接下来只有等死,这里没有发生奇迹的可能性。

但很显然,被困者们不想就这样屈服于死亡,他们肯定在想如何能保存自己的生命,而外部世界并未带给他们希望。为了避免外界干预,他们关掉了通话设备,接下来应该是展开了深入的讨论,他们一定商量出了办法,但对这个办法他们肯定有所疑虑。于是我们就读到,在八小时之后,被困者之一威特莫尔代表全体被困者问了一个问题,如果吃掉其中的一个人的血肉,能否再活十天。对于这个问题,医学委员会的主席给予了肯定答复。更具体地说,如果吃掉其中的一个人,其他人就会获得自我保存。这是由医学专家给出的结论。他们没有问是否能够通过食用洞中的泥土来延缓自己的生命,抑或是否还有其他活命之法,种种可能性早就被穷尽。

接下来进入复述的虚拟案件中的第二个部分,这个部分远比富勒本人的讨论有意思。如果说,营救时间、存活时间还有继续存活之法,这些都可以由科学专家的意见来给出,那么,接下来的问题则远远超出了这些专家的能力。我们甚至可以猜测,对医学专家吃掉一个人的血肉可以延续其他人至少十天的生命,被困者一定早有预料。否则，他们不会在得到肯定答复后追问如下三个问题：第一，是否可以通过抽签决定谁应该被吃掉。这个问题，医疗专家们没有人愿意回答。第二，营救组中是否有法官或其他官员能答复这个问题，法官和政府官员也无人愿意对此提供答复。第三，是否有牧师或神父愿意回答上述问题。但也没有人出声。

很显然，科学专家们无法针对这三个问题给出回答，如果将这三个问题进行扩张，就可以看到，第一个问题涉及是否能通过民主程序来决定吃掉一个人。抽签是最基础的民主程序，被认为最公正。因为在这里，做判断的不是人，而是某种人所不知晓的力量。实际上，最终他们也采取了掷骰子的办法来决定。对这个办法，按照富勒的讲法，他们是经过了反复讨论，以确保公平性。第二个问题涉及法律是否能为吃掉一个人保存其他人的生命提供正当性。法学专家没能给出答案。实际上，我们完全可以将富勒以及萨伯虚构的法官们的陈词视为一群想要给出答案的法学专家给出的咨询意见，甚至可以设想，一群法学专家进行了充分的论证，然后建议他们采取为法律认可的办法。比如，吃掉这个人是法律允许的，因此就不存在被困者在日后受到审判的问题。又比如，法官和官员们做出了吃掉这个人是非法的决定，这样，被困者在明知有罪而且会得到什么样的惩罚的情形下，再做出是否吃掉其中一人的决定。第三个问题甚至可以延伸开来，也就是不仅向牧师或神父提问，而且找一个伦理学家来提问，看看他们对此事给出怎样的建议。这个延伸的语境可以说是政治、法律与道德的语境。被困者的问题因此就是，从政治、法律和道德的角度出发，是否能够吃掉一个人？或者更为准确的问题是，吃掉一个人是否正当？

可惜的是，被困者们向洞外的社会提出的三个问题都没有得到回答。究竟是不愿意，还是无人有能力给出回答？在对这桩案件的讨论中，没有人分析过这个问题。这令人吃惊，因为倘若这件事发生在洞穴之外，发生在一个正常的社会情形之中，不会产生只有吃掉一个人才能挽救自身生命的情况，也就是说，无论是在政治、法律还是道德层面，我们很容易得出否定的答案——这样做相当于谋杀，因此是不正当的。换句话说，这是一个在社会状态之下，我们无法给出答案的问题。令人吃惊的是，在此专家们尤其是法学专家们闭上了嘴巴。既然如此，为何当被困者走出困境的时候，每一个法学专家都如此言之凿凿，仿佛真理在握呢？无论是富勒虚构的结局，还是萨伯虚构的结局，我们都可以看到，吃掉被困者的四位获救探险者最终被处以绞刑。难道法律人士们在被困者询问时之所以缄默，是为了能在最终给出一个无矛盾的裁判？

政治、道德、法律专家为什么不愿或者无法回答被困者的问题呢？实际上，在富勒和萨伯所虚拟的法官陈词中，我们也看到了一种不情愿，即大家都认为，在这种情形下，吃掉一个人并不同于对他人的谋杀，甚至那些从法律上主张对其进行惩罚的人，也在私下表达了一种宽恕的愿望。这个虚构案件的一个令人琢磨之处在于，为何人吃人这一在人类历史上为人所不齿的行动，在此的正当性居然成为问题？在人类历史上，人吃人不仅在政治、法律和道德上不正当，甚至会使文明人产生一种生理的反感。然而，仅仅从这个角度出发来阅读这个案例，又是不充分的。这个例子的特殊性在于，政治、法律和道德专家们放弃了对这个问题的回答。设想如果在此有专家否定了这样做的可能性，是否会有不同的结局。这样的结局或者是，被困者明知故犯，他们为了自我保全仍然吃掉了其中一人。但也有可能，这样的出路被否定了，他们寻找到了科学专家想不到的其他出路，又或者，这里有超越医学专家的生命的奇迹。或者，由于这种办法被否定，外部的救援工作就不得不加强和改进，从而使救援工作提前结束，他们获救了。但相信科学专家的人们最能够想到的结局当然是，救援队在十天后找到了被困者，但不过是五具尸体。

专家们之所以不愿意给出答案，是因为他们遭遇到了一种例外状态，按照他们寻常的思维方式，无法对这种例外状态给出解决办法。否则，他们完全可以基于道德、法律与政治生活的常态给出判断。他们之所以不愿意给出答案，根本上是因为不敢给出答案。因为针对是否可以通过吃掉一个人的血肉来自我保存，一旦给出肯定的答案，他们就放纵了其中一个人的死亡，而如果给出否定的答案，就可能有五个人死亡。富勒甚至不愿意给出一种已经有了确定答案的可能性，尽管有了明确的答案，被困者仍然可能有自己的选择，但在此基础上，我们又会是另外的评价。在这个意义上，富勒和萨伯笔下的法官都是"事后诸葛"。他们每一个人都清醒地意识到，这是人类生活的例外状态，在这种例外状态中，吃掉一个人也许是正当的。甚至如果他们也确信自我保存是一种"自然的必然性"（哈特的判断），那么，吃掉他人保全自己也是一种自然的必然性。而自我保存是法律和道德的基础，他们不能给出任何否定的评价。但是，他们似乎又感觉到，这样的评价似乎成问题，而他们想要找到一种完满的结果，于是，他们不敢承担给出回答的责任，他们主动地搁置了各种科学知识。

根据前述的评论，在这个虚拟的案件发生的过程中，法学知识被搁置了。富勒和萨伯的虚构，因此是对法学家及其他专家的极大讽刺。他们往往在他人面临例外状态之后，给出事后诸葛的决断，在这个意义上，富勒虚构的案例，就特别意味深长，那些法官的陈词其实不应该在事后给出，而是要作为专家建议在被困者咨询时给出。他们既然在此前给不出确定的回答，为何此后可以给出确定的回答？富勒虚构的这个案件的有意思之处因此不在于那些法官的陈词，当下的研究总是关注这样的陈词背后反映的是哪一派法学学说，相反，我们应该思考一下例外状态下专家知识的局限。每当法学专家们讨论一种例外状态时，都应该回到富勒虚构的这个案例，看自己在面临例外状态时，给出怎样的确定的回答，这些答案不是用于评价，而是用于指引人类的具体生活。洞中的被困者当然不能无休止地争论和反思下去，他们要做出行动的选择，究竟是吃掉一个人保全自己，还是寻找另外的道路，抑或坦然地面对死亡。

在例外状态中，往往能够看到人类的真相。在这里，一切常规的方案都会遭遇挑战。试想，如果在例外状态中，法学专家们能给出确定的答案，这个答案能经受例外状态的挑战，那么，例外状态中的权利，就是一种永恒的权利。如果杀人在例外状态下也不被允许，那就在任何情形下都不会被允许。而在富勒的虚拟的案件中，法学专家们对此犹豫不决，那似乎就表明，杀人在例外状态下似乎可以得到允许。遗憾的是，没有一位法学家如此坚定地表达立场。甚至，富勒本人对此也似乎犹豫不决，因为如果这一点如此确定的话，那么，当被困者询问法学专家时，是可以给出明确的否定回答的。不得杀人是允许有例外的，究竟在何处存在例外？

之所以出现这些问题，往往是因为在此自我保存成为一种不可被取消的考量。将自我保存作为法律秩序存在基础上的人们，在这些例外状态中，又面对着基本的正义与道德原则的冲击，困境由此产生，他们围绕着这些案件展开的争论，在面对真正的被困者的时候，又拒绝给出答案。吊诡的是，这些案件迄今仍然在困扰法学家和道德专家们，与富勒的这个虚构的案件一道，还有著名的电车案件和救生艇事件，法学和道德专家们将这些例外状态中发生的事件用于在获取知识过程中的思维训练，但没有一个人思考过，他们是否能够作为真正被困者的行为指南。

富勒的虚构的案件背后反映了法学专家的僭妄，他们试图在法学框架内为被困者提供解决之道，试图使人类的自我保存权利和对正义追求达成一致，试图通过人类理性为人类的例外状态中的权利辩护。在此方面，我们很少听到神学家和牧师们的声音，因为唯有神学家们才能坦率地承认，这样的例外状态是人类理性所不及，常常是彰显奇迹的时刻，在这里，行使权利的主体不是人，而是神。人在例外状态中不是听命于专家们的指导，而是听命于生命自身的指引。试想一想，如果在这里，专家们的声音并不是最后的声音，在这里，有一种对同胞的爱，在被困者的内心中响彻着律法与良知的声音，那么，他们就不会选择一种看似科学的民主程序来决定谁应该被杀，他们会有完全不同的选择。尽管我们不知道这样的选择是什么，但可以想到的是，这种选择一定与合法与非法无关，相反，他会提供一种全新的面对例外状态的方式，从而诞生出一种例外状态之下的人类的新的权利，这种权利的基础当然不是人类的法，而是良心的法。

22 反思总体战

——经典战争理论中的政治图景

拿破仑时代的军事理论家，深谙拿破仑战争笔法的若米尼将军身上有一种鲜明的古典军人的浪漫精神，他曾气度不凡地说：我作为一个军人认为，还是忠实的具有侠士风度的战争比有组织的屠杀好；如果不得不选择的话，我宁愿看到慈善的古代，而不愿看到可怕的现代，因为在古代，就像在封特努阿那样，英法两国的士兵曾彬彬有礼地相互邀请首先开火，而在现代，教士、妇女和儿童却在西班牙到处组织屠杀散兵。①

对于古典时代的军人来说，有限战争似乎更能表达时代的使命感。常备军制度的建立，打破了古代世界盛行的职业性的雇佣军制度，从而使新的战争法律和惯例得以成行，新的战争法律和惯例，阻止了不人道的战争行为，并且严格区分军人和平民。这一战争理论支配下的国际法直

---

① 参见若米尼：《战争艺术概论》，刘聪译，解放军出版社2006年版，第51—59页。

到1914至1918年的第一次世界大战，仍然支配着欧洲陆战的军事实践。但在第一次世界大战结束之际，古典军人对国际法的忠诚态度，以及通过国际条约维系国家间和平局面的尝试，明显受到了挑战。

一

1917年的德国充斥着社会革命的风潮，受法国大革命影响的社会革命分子逐渐利用人民、后备军和休假者的渠道侵入军队。军队的力量被革命削弱，最终导致了军事上的失利。在此过程中，担任德军副总参谋长的鲁登道夫实施了总体战计划，其实质是要使政治听命于战争，这一要求遂在以德国宰相为首的政治集团和德国总参谋部为首的军事集团之间造成了紧张态势，并且随着战争的延续，军方势力逐渐获得了主导。

总体战思想试图将从经济到政治、从军队到全民、从物质到精神的全部内容，纳入战争轨道并由军事当局即最高统帅部统一领导。在其代表著作《总体战》一书中，鲁登道夫宣称：德国内政方面的失败不是因为民族革命，而是因为军队对政治生活敬而远之，甚至完全与之隔绝。他因此主张一种总体性的战争观，这种总体性的战争观要求整个民族树立一种宗教般的敌对情绪，并且，第一次在战略的意义上提出了"后方"概念，取消了古典国际法一直强调的"战时"和"平时"之分。

总体战思想实质上是一种战争决定论,它认为推动历史的根本力量,既非外交也非贸易,而是战争。这种将德国的政治生活与军事事务完全结合的态度,为纳粹军国主义思想的实践提供了鲜明的理论基础。在总体战的主张者看来,军事是塑造秩序的唯一决断者,民族生活的命运与战场上的胜负紧密相关,这是一个军事生活与政治生活无法再作任何划分的时代,战争本身成为一种政治生活。总体战思想将民族生活抛入一场混战,全然不顾及战争本身的政治使命。什么时候将战争推向极端完全取决于战场上的敌对情绪,取决于民族感情。总体战思想始终没有清晰地界定民族政治生活的任务,而是以民族生存的名义,将民族生活转变为一场由敌对情绪所决定的"激战"。

由此,民族的政治生活将陷于无限战争的洪流。唯有敌对,唯有战争,战争概念等同于混乱、暴动与屠杀等等。这种单纯的军事观点最终将取消一切制度形式,通过一种抽象的情绪,破坏民族生活的具体性和现实性,取消进攻和防御对于民族政治生活的意义,颠覆一种稳定的政治秩序之建立的可能性。不仅如此,它还使战争本身呈现出一种技术化倾向,人们越来越关注战术,对于战争自身的目标毫无见识,他们看到的只是一两次冲突的胜负,而对战略则毫无洞见。也正因此,战争概念"碎片化"了,战争下降为"冲突",一切试图对它加以规定的尝试都宣告失败，没有任何战争概念，只有敌对现象。

鲁登道夫认为，"'进行政治交往'不仅要了解战争的本质，以使对外政策符合作战的需要，而且首先要了解由战争本质派生出的那些与民族生存各个领域有关的任务，留待全民族的领导者即政治去完成"。在这种观点的支配下，政治领导者首先应该考虑的就是军事方面的需要，由此确立了战争针对政治的优先性。

二

战争对政治的优先性，大大超出了克劳塞维茨主张的"战争是政治通过其他手段的延续"这一经典的战争定义。鲁登道夫和克劳塞维茨有本质差异。前者认为"战争的本质发生了变化，政治的本质发生了变化，政治与战争指导的关系也必然随之发生变化……战争和政治服务于民族的生存，但战争是民族生存意志的最高体现。因此，政治应该为战争服务"。后者则强调："在头脑中时刻记住战争的主要目标是极为重要的。这不是从军人的观点，也不是从行政人员或者政治家的角度来决定的，而是政治本身的观点决定的，它应包含所有的利益在内。……使政治的观点从属于军事观点，那是荒谬的，因为战争是由政治产生的。政治是头脑，战争只不过是工具，不可能相反。因此，只能是军事观点从属于政治观点。"①

克劳塞维茨区分了两种不同的战争：一种是以打垮敌人为目的的战争；另一种则是仅仅以占领敌国边境的一些地区为目的的战争。前者以暴力为手段，将自己的意志强加于人，因而是对战争之根本目的的正确叙述；后者则意在使敌人无力抵抗，它与具体的战争行为相关，是战术理论主要关注的方面。对于两种战争之根本区别，后来的战争理论家们并未给予充分注意。而《战争论》的核心正是为了教导军事家们，在不同的战争行为中以及在有关战争的不同方面，清楚识别战争之基本目的。

在《战争论》的开端，克劳塞维茨着手讨论战争的极端形式。唯有当战争到达其极端，才能充分地展示其本质，明了战争与其他事物之关系。在克劳塞维茨看来，拿破仑不顾一切地将战争推到了绝对点上："战争毫不停顿地进行着，直到对方失败为止。"此时战争与政治合而为一，人们再也无法从战争的要素中界定何谓政治，何谓战争。然而，战争对现实民族生存的真正的而非情感上的影响，恰恰正是民族生活的现实而非想象的含义。

正是在战争倾向于极端的过程中，克劳塞维茨发现了战争的内在动力，即一种他所谓的"内在的、精神性牵制力量"。他说："这样一来（意思是当一方取得过大优势

---

① 富勒：《战争指导》，绽旭译，周驰校，解放军出版社2006年版，第69页。

时），他就使对方也不得不这么做，于是双方就趋向极端，这种趋向除了受内在的牵制力量的限制之外，不受其他任何限制。"战争并不立即导致胜负的区分，力量弱小的一方，面对力量强大的一方也未必失败。这一切都是因为某种"精神性牵制力量"的缘故：精神既可使弱小者变得强大，亦可剥夺强大者的自信力；"内在牵制力量"不仅使战争获得了外在形式，而且获得了内在精神，意味着战争得以从其他现象中独立出来。在此基础上，克劳塞维茨构建了他的战争概念。战争的此种规定性，形象一点就是：战争以对立的两个民族之间赤裸裸的流血牺牲为表现形式，之所以如此，是因为各民族的精神生活使然，战争的激烈程度完全取决于民族精神生活之间的彼此异质和冲突的程度。

将战争分析的重点推至各民族精神生活中的异质性，为一种新型的政治提供了可能性，这就是一种承认的政治，也就是，在各民族的差异性基础上确立民族平等和独立，并因此而消除敌对性。这也就为一种国家之间彼此尊重和承认的国际政治秩序提供了可能性，按照时髦话讲，为一种"大国意识"基础上的民族意识和国际空间意识提供了可能性。

在克劳塞维茨笔下，我们看到了一种既根源于敌对性，又超越敌对性的认识，这就不同于总体战思想强调的敌对性。相较而言，鲁登道夫仅仅承认外在的敌对，并成为此种敌对的积极鼓动者，这是他与克劳塞维茨的根本差异。也因此，克劳塞维茨所谓的"内在牵制力量"揭示了一种塑造新型民族的创造力量，表达了民族的能动性与尊严。具体来说，它表达了民族作为政治存在的内在动力，它根源于民族的生活方式，并且在民族政治领袖的领导下充分展现。其要素包括民族的生活习惯、社会政治制度，或者是宗教的、伦理的甚至是意识形态的方面。

克劳塞维茨对"战争"概念之解释，揭示了战争本身的"政治性"。战争的"内在牵制力量"表达的正是政治生存的实质。"战争"起因于民族的生存方式之间的异质性，起因于民族对自己生活方式的特殊性的坚持。在民族交往的基础上，一个民族对于另一民族的生活方式产生的恐惧或轻视，最终导致了大规模战争的爆发。而当民族彼此之间摆脱在生活方式上的这种直接差异性，上升到对民族生存能力的认识和承认，战争就有消除的可能性。

23　克劳塞维茨评论两则

一①

中国读者对克劳塞维茨及其《战争论》并不陌生，早在20世纪初，这本书就以《大战学理》为名译为中文，并且出版了多个中译本。伟大领袖毛泽东曾多次研读《战争论》，《战争论》的基本思想同中国革命的实践有值得探究的内在关联。"战争是政治通过其他手段的延续"（在本书中，作者根据英文译本的表述，译为"战争是政策通过其他手段的延续"）这一著名的公式，即便对当代中国的年轻人来说，也不是陌生的命题。

然而，迄今为止，对于克劳塞维茨的著名公式，我们仅仅停留在字面上理解而已，坊间有关《战争论》的严格

---

① 本书为《克劳塞维茨之谜》一书（黄涛、韩科研译，华夏出版社2020年版）的中译本说明，收入本书时有部分删改。

意义上的学术研究并不多见。相较而言,在当代西方,《战争论》不仅是政治家和军事家的案头书,也为政治哲学家关注。据我所知,最早从政治思想家的角度关注克劳塞维茨的是卡尔·施米特,施米特一生中对克劳塞维茨有强烈兴趣,以至于在 70 多岁时,还撰写了《作为政治思想家的克劳塞维茨:评论与提示》一文(洪堡大学博士李柯中译,译文载于我与吴彦博士主编的"法哲学与政治哲学评论"第二辑《国家、战争与现代秩序——施米特专辑》,我为该文撰写的编者按参见下文)。在这篇文章中,克劳塞维茨成为当时德国最早思考德意志民族国家命运的军事哲学家。在 20 世纪 70 年代,雷蒙·阿隆曾经耗费多年,数度开设克劳塞维茨课程,并撰写了两卷本巨作《思考战争:克劳塞维茨》。在这两位著名的 20 世纪思想家的笔下,克劳塞维茨不仅是军事思想家,也是政治思想家。

当代西方学者对克劳塞维茨有持久兴趣,在其中产生了像 Peter Paret 这样的代表性作者,他和 Michael Howard 一起重译了《战争论》,并出版了《克劳塞维茨与现代国家》(*Clausewitz and the State*)一书,在这本书中,将克劳塞维茨有关战争的思考同对现代国家的思考关联起来。Paret 和 Howard 的翻译和研究开启了一个新时代,自此《战争论》的文本开始受到关注。《克劳塞维茨之谜》一书正是在这一语境下诞生的,作者 Andreas Herberg-Rothe,目前任职于德国富尔达应用技术大学(University of applied sciences, Fulda），长期致力于克劳塞维茨战争理论方面的研究，除这本书外，还主编有《克劳塞维茨与21世纪》(*Clausewitz in the Twenty-First Century*, Oxford University Press, 2007)，近年来，他仍然在克劳塞维茨研究领域继续研究。《克劳塞维茨之谜》一书在当代克劳塞维茨研究中享有突出地位，是《战争论》研究者不可忽视的一本好书，原文为德文，后译为英文（中译本从英译本译出）。这本书最值得称道的地方，在于作者基于拿破仑战争的历史和《战争论》及其相关文本，指出克劳塞维茨在《战争论》第一章第一篇中提出了两个不同的战争概念，一个是在第一篇的开端，另一个则在末尾，也就是书中处处强调的"奇妙的三位一体"概念，这两个战争概念共同构成克劳塞维茨对战争的真正看法。在此基础上，作者不仅探究了克劳塞维茨同德国观念论思想家之间的内在关联，反驳了克劳塞维茨应该对无限战争和总体战负责的观点，也揭示了克劳塞维茨的当代意义。本书的写法表明，我们如今仍然有可能深入《战争论》的文本，给出新的发现，从而为认识当代战争与国家提供更宽宏的视野。

战争，不仅是历史家的领域，也应该成为政治哲学家的领域，战争呈现出的是人类共同体生活中最紧张的一面，通过考察那些伟大的战争以及人类思想史上那些思考战争问题的思想家的著作，可以揭示新的共同体原则得以诞生的秘密，与此同时，也可以让我们看到，战争这一伟大的人类活动同人性之间的关联。在战争中和平如何可能、限制战争升级的可能性究竟在哪里，战争与共同体是否有内在关联，想要回答这些问题，都有待于我们重新开启《战争论》的意义。这也是我们迻译本书的目的。

二①

施米特的政治法学研究中，有一个重要的部分是关于战争法的研究，在著名的《政治的概念》中，有一章专门处理战争论题，甚至可以说，战争成为支撑施米特政治概念及其法学的一个重要支柱，对于敌友的决断必然会导致有关战争权利的问题。

在施米特有关战争的研究中，克劳塞维茨研究的是一个非常有意思，却长期被忽视的主题。施米特对克劳塞维茨的关注前后长达三十余年，在1932年版的《政治的概念》中，施米特对于经常被引用的，而且在他看来是不恰当地引用的"战争是政治通过其他手段的延续"这句名言

---

① 2016年，在知名出版人、华东师范大学出版社六点分社倪为国社长的支持下，我和吴彦博士创办《法哲学与政治哲学评论》。《评论》由吴彦博士担任第一主编，第二主编在一般情形下由我担任，但如有学人愿意提供选题和策划，也可轮流担任第二主编。《评论》前三期由华东师范大学出版社出版，自第四辑起改由商务印书馆出版，并从第五辑开始纳入吴彦创办的同济大学法哲学研究所的出版计划。我先后与吴彦博士合作主编《评论》第一辑、第二辑和第四辑。在此辑入的是我为第二辑中的施米特《作为政治思想家的克劳塞维茨》一文（该文由李柯翻译）撰写的编者按。

给出了自己的判断，在施米特看来，作为职业军人的克劳塞维茨看到了战争中包含的政治决断。但很显然，克劳塞维茨并非支撑《政治的概念》的核心论点的核心作家之一。三十年之后，在1963年出版的《游击队理论》中，克劳塞维茨自始至终是一个核心人物，克劳塞维茨的上述名言，被发展为"已经简要地包含着一种游击队理论"，克劳塞维茨的《战争论》成为1813年以来游击队实践的最重要的理论成果，从此，游击队在哲学上获得了揭示与尊重。

在1963年的《游击队理论》中，克劳塞维茨成为一位尽管官职卑微，却在思想上辉煌的人物，并且指引着后来的伟大政治家，被视为列宁、斯大林、毛泽东、萨兰这些显赫的政治人物的游击队理论与实践的先驱。但此时，克劳塞维茨仍然作为职业的军事作家被提及，尽管《游击队理论》的一开头就说，游击战拓开了新的战争空间，发展出了新的作战概念，产生了新的战争学说和政治学说，进一步而言，游击战的出现意味着古典国家学说的终结，意味着区分敌友、强调敌对的相对性的古典战争法的终结。

然而，施米特对克劳塞维茨的兴趣并没有因《游击队理论》中的大篇幅处理画上句号，四年后（1967），施米特在《国家》杂志上发表了《作为政治思想家的克劳塞维茨：评论与提示》一文。在这篇文章中，克劳塞维茨不再仅仅是游击队理论的先驱，不再仅仅是军事哲学家，而是作为政治思想家出现在世人面前。这篇文章极大地深化了

《游击队理论》中仅简要提及的克劳塞维茨写于1812年2月的《信念备忘录》，以及他同费希特的书信来往，借此言说人民战争的实践和德意志人对法国人的敌意，对于敌人或者敌对性的关注成为《作为政治思想家的克劳塞维茨》一文的核心命题（值得注意的是，1812年的《信念备忘录》曾被民族主义者和后来的纳粹党人希特勒利用，当希特勒提到克劳塞维茨时，指的就是写作《信念备忘录》的克劳塞维茨，而不是写作《战争论》的克劳塞维茨）。对于这个话题的关注又恰如其分地同有关民主正当性——王朝正当性的问题纠缠在一起，从而将克劳塞维茨的战争学说的意义置于民主正当性时代对敌友区分学说的体系内，在这里，克劳塞维茨被描述成奉行《政治的概念》中有关敌友区分的学说的典型代表。

1970年代初期，法国当代政治思想家雷蒙·阿隆对克劳塞维茨展开集中研究，并最终撰写出版了两卷本的《思考战争：克劳塞维茨传》（阿隆有关这段研究经历的自我叙事，参见《雷蒙·阿隆回忆录：五十年的政治反思》，杨祖功等译，新星出版社2006年版，第552—573页）。施米特和阿隆的克劳塞维茨研究，极大超出了作为军事哲学家和军制改革家的克劳塞维茨形象，而与有关国际法、国际关系和现代国家的观念紧密联系，极大拓展了作为军事哲学家的克劳塞维茨及其代表作《战争论》的意义。将两者的克劳塞维茨研究加以对照，是非常有意思的思想史命题，也有重要的现实意义——都涉及对20世纪以来国际关系的理解，都处理过有关热核时代的战争与政治观念。

汉语学界译介克劳塞维茨已逾百年（1911年曾出现过题为《大战学理》的中译本），但迄今为止，研究者多是从军事哲学或者是战略学的角度阐发其价值。之所以译介《作为政治思想家的克劳塞维茨》一文，在于呈现一个更丰富和更完整的克劳塞维茨形象。为了理解便利，文末翻译了两个附录，分别是克劳塞维茨的信念备忘录的第一部分（附录一）和克劳塞维茨给费希特的书信（附录二）。

24 作为"承诺"的权利

——读《康德〈论永久和平〉的法哲学基础》*

长期以来，人们认为，法哲学的发展应该从政治中解脱出来，走向针对政治的批判。但这种批判在很大程度上流于形式，容易陷入无根的谴责。由于带着极大的情绪以及缺乏对政治生活的理解，批判就显得敏感且乏力。法哲学的研究因此多是从思想层面展开，无法触碰现实政治生活中的核心问题。赵明的《康德〈论永久和平〉的法哲学基础》①试图摆脱这种局面，他将政治与道德相互关联，以一种具有超越性的、又绝非抱着对政治的怨恨之情的态度，展开法哲学的探究。

---

* 本文曾发表于《博览群书》2008年第9期，原题为"承诺的政治——关于政治理性的新思考"，收入本书时作了部分修改。
① 赵明：《康德〈论永久和平〉的法哲学基础》，华东师范大学出版社、上海三联出版社2006年版。以下简称《基础》。2009年由法律出版社推出修订版《实践理性的政治立法》。

一

《基础》一书追随康德的立场，将基于经验主义的政治学说称为"政治科学"，从而与"政治哲学"区分开来。"政治科学"重视人的感觉，强调人的经验历史事实，"这意味着取消一切外在的普适性的标准和尺度，而这种普适性的标准和尺度正是基督教神学政治所要追求和建立的东西。政治应以人的幸福为追求目标，而所谓的幸福不过就是一种感觉"（第111页）。这种"政治科学"由但丁发端，正是但丁首次把奥古斯丁历史由上帝决定的观念颠倒过来，站在世俗政治的立场表达了对"永久和平"的希望。此后，马西利乌斯、马基雅维利、格劳秀斯、霍布斯等将思考的重心转向世俗政治的基础和目的，自然人性论成了他们的哲学信条，在此信条下，人的规定性不仅背离了神性，也远离了感性。

《基础》一书指出，"政治科学"的实质乃是自然人性论。在此，对人性的探究摆脱了道德或者宗教的规制，而成了单纯心理学的研究对象。"政治科学"以亚里士多德哲学作为其思想资源。亚里士多德"用实体论去替代柏拉图的理念论，实体就是个体，比如说苏格拉底这个人就是一个实体，而且是第一实体。苏格拉底这个人不是一个死人，如果死了就失去了他的个性，就和柏拉图这个人没有区别了，他活着，有感觉，有激情，有个性的追求，这种感觉、个性的追求是任何实体都不能替代的，甚至彼此之间也是很难沟通的"。在《基础》一书看来，建立在此种亚里士多德哲学基础上的"政治科学"，是"描述性的、经验性的，是基于人的感觉、世俗的追求和激情之上的。他们所谓的'人'既没有神圣性，也没有高贵德性，当然也不像动物那样低俗"，"这实际上是建立在一种抽象人的基础上的理论，这就是所谓的政治科学，它放逐的其实是道德价值和宗教意义"（第110—114页）。

《基础》一书注意到，立足于自然人性论基础上的政治科学论说包含矛盾。原因在于，从每个人的感觉、欲望出发，并且为了使其欲求得以实现而建立的一套制度体系，无法现实地满足每一个个体的具有个性特征的欲望和追求，非但如此，反倒对个性加以剥夺和压制。这就是所谓的"强制自由"问题，这是自霍布斯以来法哲学学说面对的一个难题。具体来说，为了自由而强调秩序和制度，甚至把自由界定为对实定法律的遵守，这无疑是说，"为了自由你得当奴隶，为了自由你得首先不自由，为了你的个性，你得首先消除你的个性"（第115页）。

霍布斯并不认为人的自由是无限的。他所主张的人性观，不过是一种立足于经验基础上的人性观。《利维坦》一书中说："自由一词就其本义说来，指的是没有阻碍的状况，我所谓的阻碍，指的是运动的外界障碍，对无理性与无生命的造物和对于有理性的造物同样适用。"① 由此可见，霍布斯的"自由"是通过超越具体的经验对象来加以确定的。然而，由此建立起来的是一种经验性的而非抽象的人性观。在霍布斯笔下，自由永远是含着其对立面的，因而与其说是"自由"，毋宁说是"不自由"。这就意味着，在经验的立场上理解政治的目标和实质的所有尝试是徒劳的，从经验的立场上无法获得理解政治的稳定基础。

实际上，我们从霍布斯和洛克的著作中可以发现，他们所提供的对政治之基础的理解——具体来说，他们对自然状态的描述——显得神秘莫测，并且从自然状态向社会状态的过渡也显得极其偶然。阿伦特曾经指出，自然状态学说的出场与暴力不无关系，正是战争和革命使得17世纪走向了自然状态的假说。这一解读恰恰表明了，与自然状态相对应的不是政治状态，而是非政治状态。② 由此看来，政治学家并没有恰当地理解何谓政治。《基础》一书中追随康德的立场，发现政治学家们对于人和政治的理解、叙述存在严重的问题，"最根本的问题在于为了建立反神学的所谓政治科学，对'人'所做出的这样一种描述，在消解神性的同时也驱除了柏拉图意义上的道德价值，其结果就是使得人类无法去面对自己的未来，丧失了走向未来的

---

① 霍布斯：《利维坦》，黎思复、黎廷弼译，商务印书馆1985年版，第162页。
② 阿伦特：《论革命》，陈周旺译，译林出版社2007年版，第8—9页。

方向"(第114页)。经验主义的政治学理解无法回答关于政治社会之未来的问题。

二

政治社会的未来是人类面向未来而生活中的一个重要组成部分。要回答政治社会的未来就必须明确人类的未来,后者较之前者更为根本。为了回答这一根本问题,《基础》一书诉诸康德哲学以寻找解答问题的思想资源,并且将康德哲学转化为一种面向未来的希望哲学,"哲学不像神学那样许诺什么,它要表达希望"(第110页)。它指出:"康德对于'纯粹理性'之'批判'从根本上讲就是要回答这个最重要的问题:'人能够希望什么?'它是指向未来的,但不是'末世论'的宗教神学。……道德哲学关涉的是人的自由世界,这里隐含并需要哲学地回答的一个问题就是'人能希望什么','人应该做什么'从根本上关涉于'人能希望什么'。就实践理性的概念系统而言,每一个概念都不单纯是对外在事物的经验性描述,而是在经验性描述当中,同时就隐含了一个承诺。'人能希望什么'首先意味着我们能够承诺什么;我们如果不能有任何承诺,我们怎么知道我们能有什么未来,我们根本无由对未来充满希望"(第116—117页)。

这种希望哲学建立在康德实践哲学的基础上,它着眼于意志的自律，而经验主义政治学的本质是他律而非自律。根据康德的实践哲学，唯有意志自律方才能建立起关于未来的道德，一切他律的意志都无法对于未来有所期盼。正是在此基础上，《基础》一书将康德的法哲学理解为一种"面向未来"的法哲学，从而表明了一种超越经验主义政治学的可能性。在康德的法哲学中，权利乃是针对政治生活的本质描述。康德以权利来界定国家，也就表明了权利与政治的同一性，权利被看作"先验的必然"，是经验性的文明社会生活状态之所以可能的条件。对权利的这一论述是根据人类理性的一般特征和人们对于未来的希望而展开的（第152—158页）。

在康德笔下，权利的论证经历了从自然状态到文明状态。《基础》一书指出："如果人们在进入文明状态以前，并没有意识去承认任何公正的获得，哪怕是暂时的，那么，这种社会状态本身就不可能产生。因为，仅仅根据理性的概念，去观察在自然状态中那些关于'我的和你的'的法律，它们在形式上所包含的东西，正是人们在文明状态中所制定的那些东西。只不过，在文明状态的种种（获得的）形式中，各种获得条件才被制定。根据这些条件，那些在自然状态中正式的由于长期使用而获得的权利，符合分配的公正才成为现实。这在康德哲学中是典型的'先验的阐明'"（第269页）。

从自然状态向文明状态的转换以意志自律作为前提，

在康德的权利学说中,"定言命令"正是为了实现意志自由的基本程序。这一为人的外在行为立法的"定言命令"有着强烈的规范性和道德指向性。它规范着一切行为,以具体的权利和义务为内容,从而构成具体的"实定法"。然而,尽管意志自由是权利赖以存在的根据,但作为权利之基本形式的"定言命令"并不能纯粹地表现出来。"定言命令"是一切具体权利建构所应遵循的基本形式。凭借它,我们可以期待一切具体的权利建构能够实现意志自由。正是在此意义上,《基础》一书重新勘定了法律与道德之间的关系,指出"权利的先天根据却在于自由,它指向'德性'的道德世界。权利优先于德性,这正表明它是由理论(认识)通往实践(道德)的中介"(第211页)。

关于康德法哲学的上述解释,重新开启了理性主义法哲学的意义。政治本质的"先验阐明"不仅提供了政治生活的理想方式,并且,它以意志自由为一切权利或政治生活建构的先验根据,其实就意味着法律与道德并未分离,道德是法律的目的。这在某种意义上继承了新康德主义法哲学对法律和道德关系的理解。问题在于新康德主义法哲学倾向于将康德的法哲学理解为一种价值哲学,它并不能恰当地指出这种价值哲学如何发挥其力量。反而易受价值多元主义的攻击。

三

这种基于"希望"或者"承诺"的权利哲学言说,是建立在康德《实践理性批判》的基础上,有着对康德《判断力批判》的深刻洞见。在《实践理性批判》中,人的作为"理性事实"的意志自由,为权利建构的可能性提供了主体基础。《判断力批判》既揭示了存在于自然必然性和自由必然性之间的巨大鸿沟,又试图取消这一鸿沟,而历史正是这一鸿沟所呈现和取消的载体。其原因在于,康德对于自然目的论的论述揭示了"在整个自然界中,只有人能够形成一个'目的概念'"(第274—294页)。因此,如果说《实践理性批判》为人的自由意志提供了客观性论证,《判断力批判》则担保了此种论证在整个人类历史过程中的有效性。从自然到自由,恰好表明人类权利的未来、政治生活的最终结局并非毫无希望,生活在现代性中的人类仍然可以期待着能够有品质地生活下去。这就使得《基础》一书在法哲学的视野之外,呈现出了历史哲学的意义。

《基础》以康德《论永久和平》为解读对象,意在对和谐社会、国际问题进行深度思考和研究(参见作者"后记"),读者们也往往是从"战争与和平"的关怀出发予以关注(参见邓晓芒先生所作之"序言")。的确,在康德笔下,"永久和平"是作为人类权利的最终形式出现的。作为权利之最终要素,永久和平有其深刻的意义,人类外在的生活世界在此已然达到其本质。然而,仅就当前世界的发展来说,回答这样一个关于"历史之终结"的问题,似乎为时过早。也许正是出于此种理由,当代哲学家哈贝马斯对"论永久和平"的解读偏重当代世界为和平的措施方面,而不是还原康德的思想。

应该指出,《基础》一书关于"战争与和平"的思想史梳理是仓促而简单的,欠缺了一些重要思想家的论述。它认为常备军的存在就意味着国家之间始终会处于一种战争状态,并且使得公民成为实现和平的工具和手段(第128页)。这在某种意义上是对的,但忽视了常备军存在的具体历史性,它的出现恰恰是为了替代中世纪的雇佣军制度,并且在近代战争思想家们看来,常备军的设置较之国民定期自愿从事武器演练,更有利于和平。[①]《基础》一书对于康德时代面临的战争与和平情势关注极少,因此于细节方面难免失误。

四

尽管《基础》致力于读解康德的《永久和平论》,倘

---

① 若米尼:《战争艺术概论》,刘聪译,解放军出版社2006年版,第51—59页。

若将其意义局限在对世界和平的关注之上，就可能丧失更为恢宏的理论视野。《基础》将"人能希望什么"问题，转换为讨论人是否有认识、把握和建构未来的能力的问题。在它看来，回答这个问题取决于人对未来的承诺能力。这种基于实践理性的道德法则的承诺，有别于日常生活中令人怀疑的种种承诺行为。它是毫无保留的，面向未来之承诺，是对共同生活的期待，是一种并非空洞并且有强大的规范建构能力的承诺。这种基于实践理性之法则、对于未来的承诺，一旦落实在法哲学中，就转化为对于政治的责任。毋庸置疑，政治家们必须首先承担这一责任，从而去作道德的政治家而非政治的道德家。[1] 然而，此项政治责任并不限于政治家本人。考虑到永久和平的联盟必须建立在主权国家的基础上，必须首先能够建立起一个基于权利的共和国，而为了建构一个基于权利的共和国，正如康德在《论永久和平》中所讲述，"承诺"的政治不仅与政治家有关，而且与政治生活中跃跃欲试的革命群众有关，与法律人有关。而在《论永久和平》的开端则显然指明了，哲学家应该对人类命运担负责任。

凡此种种，都以对政治生活的正确理解作为前提，只有洞察到政治生活之本质，方才能够懂得如何承担政治责

---

[1] 参见康德：《永久和平论》，何兆武译，载《历史理性批判论文集》附录部分，商务印书馆1990年版。

任。知识分子，尤其是法学知识分子，由于直接与现实政治生活具有密切关联，更需一种职业自觉。在当今，法律人必须对整体社会秩序有根本意义上的反思，必须思考法律人的职业操守，如此，法律人才可能成为一个有德行的、对整体社会秩序有所担当的群体。也正是在这个意义上，《基础》揭示的一种基于实践理性之承诺的法哲学，可以引导我们对政治责任及其未来展开更深入的思考。

25　权利哲学与历史[*]

一

众所周知,权利是现代法学和现代政治哲学的一个具有奠基性意义的概念。从某种意义上可以说,现代法学和政治哲学的发展围绕权利概念和原则展开。如今,我们不仅用权利表达对个体人格的关切,也用它来表达共同体的昌明。权利已然成为我们审视现代政治社会发展的一个基本尺度,它与自由、民主、平等这些基本的现代社会价值紧密关联在一起。当然,权利概念以及相关问题并不局限于法学和政治学研究的视野。实际上,权利的概念和原则同样是哲学、伦理学、历史学、宗教学等各个领域关注的

---

[*] 本文从《权利哲学史》中译本(华东师范大学出版社 2020 年版)译后记改写而成,该书由我和王涛博士合作译出,并由我撰写了译后记。我承担了主要涉及古希腊以及德国观念论权利哲学部分的翻译工作。

重要议题,因为,究其根本,权利表征了人类在进入现代社会后的一种基本生活方式。

19世纪晚期,中国社会开始熟悉权利概念表达的个体性原则,以及与之相伴随的对个体幸福生活的承诺,并逐渐接纳权利概念。但对"权利"一词更现实和深刻的感觉,却是近40年来的事情。伴随着中国现代化进程的开始以及当代中国社会的转型,人们越来越认识到,有权利的生活即便不是美好生活本身,也是美好生活的前提条件。20世纪80年代末期,在那个迄今仍然为知识人怀念的年代里,权利的概念伴随着我们对于个体性原则的感受而产生,并成为当代中国法理学发展中的一个核心范畴。

当代中国人对权利的概念和原则的认识,并非一开始就非常清晰,最初它表达的是某种情绪,一种想要在集体主义的束缚中摆脱出来,寻求个体自由和解放的情绪。这种情绪曾一度带来巨大的力量,也引发了激烈争论,此后至今,我们才开始慢慢地探究,在这种个体性的情绪中究竟包含哪些客观的和肯定的方面。但无论如何,权利概念的出现释放了年轻灵魂的激情,也释放了市场的力量。权利曾一度被认为与市场原则有内在关系。权利的核心被认为是利益的个别化和个别化利益的增长。这一有关权利的认识在20世纪90年代得到了极大发展,也引发了强烈批评。

迄今为止,围绕权利的内涵和思想的讨论有相当多的作品，学者们或从思想史出发，或从经验的社会学的描述出发，甚至仅仅从权利规范的结构出发，观察和审视当代中国的权利发展。我们基于权利的范畴来建构实定法体系，从理论上，我们可以将任何一种实定法体系还原为权利体系。我们认同克减一项权利的理由只能是促进更多权利的实现。我们期待当代的政治法律体系能够带来一个权利社会或权利共同体。在这里，每个人的人格都得到尊重，每个人的幸福都得到保障。这是当代中国法学历经40年发展之后获得的常识。

然而，在当代有关权利的种种思辨中，对于为什么会诞生权利的概念和原则，权利概念和原则经历过怎样的历史发展，尚无一部著作系统地回答这些问题，尽管学者们偶有触及。迄今为止，我们仍然缺少一部体系性地梳理权利思想史的作品。我们仅仅将权利的概念和原则视为西方的舶来品，而忽视了权利的概念和原则有可能源自对人的本质的探究。换句话说，我们缺乏一种权利的形而上学，或者权利的哲学。有鉴于此，我们起意翻译这部《权利哲学史》。本书深入人类哲学探究的历程，寻找权利概念与原则演进的线索，从而使对权利问题的理解具有形而上学的深度。这种探究的一个重要的价值是，它使我们看到，权利的概念和原则并不隶属任何单独的国家政治体系，相反，它伴随着人类对自然，对人性本身的观察和领悟而出现。

二

我最早是在施特劳斯学派的机关刊物《解释》（*Interpretation*）杂志上获知本书作者赫伯特（Gary Herbert，1941— ）的。在翻译《权利哲学史》之前，赫伯特发表在《解释》上的《康德论惩罚与道德存在的政治前提》①和《费希特从自我意识出发对权利的演绎》②两文已经由我组译发表。其实，赫伯特与施特劳斯学派的师承关系可以追溯到他在宾夕法尼亚大学攻读博士学位期间，其指导老师是斯坦利·罗森（Stanley Rosen）和理查德·肯宁顿（Richard Kennington），而他们两位均是列奥·施特劳斯（Leo Strauss）的学生。赫伯特1972年毕业于宾大，后任教于新奥尔良的洛约拉大学哲学系，2011年退休。他关注权利和人权问题，曾长期担任《人权评论》（*Human Rights Review*）总编。③ 2016年，赫伯特因在人权研究和人权教育方面的贡献，荣获第25届联合国教科文组织奖的提名。

---

① 邱帅萍译，载吴彦编：《康德法哲学及其起源》，知识产权出版社2015年版，第306—328页。
② 黄涛译，载吴彦编：《观念论法哲学及其批判》，知识产权出版社2015年版，第25—56页。
③ 在他离任后，杂志社设立了"人权评论加里·赫伯特奖"（Human Rights ReviewGary Herbert Award），奖励前一年发表的最佳论文。

本书延续了施特劳斯学派关注解读经典文本的研究方法，共享了施特劳斯学派的学术观点和见解，例如接受了施特劳斯学派有关古希腊政治哲学的核心判断（参见本书第一章）。就个人研究内容和学术兴趣而言，赫伯特的研究侧重于从哲学的角度分析权利概念，这也是他一直以来的研究重心。在《权利哲学史》之前，赫伯特就写过一本研究霍布斯的书——《霍布斯：科学与道德智慧的统一》[①]。该书直接承继施特劳斯有关霍布斯的研究。施特劳斯在早期成名作《霍布斯的政治哲学》（1936）出版后，承认霍布斯的自然哲学对他的政治哲学的影响应当得到更多重视。赫伯特坦言他的霍布斯研究以及《权利哲学史》中有关霍布斯的部分都受惠于施特劳斯的洞见。[②]

赫伯特此前的《霍布斯：科学与道德智慧的统一》聚焦霍布斯的自然权利理论，而他耗费十年时间写成《权利哲学史》则有更大的抱负，他试图从思想史出发，全面梳理权利理论的发展和演变。此书囊括了思想史上所有重要的权利理论家和流派，以及相关的政治、法律、伦理方面的关键议题。这很容易使我们思考《权利哲学史》与施特劳斯的经典作品《自然权利与历史》之间的关联。就其内容而言，《权利哲学史》延续了《自然权利与历史》中从自

[①] Thomas Hobbes, The Unity of Scientific and Moral Wisdom, Univerity of British Columbia Press, 1989.
[②] https://www.encyclopedia.com/arts/educational-magazines/herbert-gary-b-1941.

然正当到自然权利转向的基本论断，呈现了古今之争的视野，但相对于《自然权利与历史》，《权利哲学史》的写作更系统，尽管未曾谈论柏克，但大篇幅地补充了有关德国古典哲学、中世纪和19世纪以来直到当代权利哲学发展的重要内容。《权利哲学史》出版后，赫伯特依然继续对权利的哲学研究。据说，赫伯特正在着手写作一本专门研究康德人权理论的著作。

将德国古典哲学有关权利（Recht）的思考纳入权利哲学史，是《权利哲学史》引人注目的特征。在此过程中，赫伯特凸显了权利社会性，开启了一种不同于当代自由主义的权利理解。他将霍布斯以来的权利学说视为表达了一种疏离的原则（principle of alienation），或可以称为一种孤立的原则，人与人之间缺乏一种稳定的内在关联。然而，在赫伯特呈现给我们的德国古典哲学的权利理解中，我们看到，权利本身蕴含着一种更为稳定的社会关系或者共同体结构。由此或许可以说，《权利哲学史》的要义与自由主义权利学说保持了距离，而这恰好同施特劳斯派的根本立场一致。只是《权利哲学史》一书重点着墨于现代部分，尤其是德国古典哲学的部分，这就同施特劳斯派推崇的柏拉图式的政治哲学相去甚远。《权利哲学史》的主要篇幅（约全书三分之一）围绕康德、费希特和（尤其是）黑格尔的权利学说展开。也因此，尽管赫伯特在师承关系和某些核心论题的表达方面属于施特劳斯派，但这本书是否属于一部彻底的施特劳斯派的权利哲学史著述，仍然值得争论。但无论如何，我们可以将《权利哲学史》视为对《自然权利与历史》一书中尚未展开论述的内容的补充。如果将两书合观，我们或许可以对权利哲学史有更完整和系统的了解。

附录一　从古典法学出发

自2010年以来，我和朋友们先后主编了多套以古典法学为主题的译丛，并召开古典法学会议。这里的文字记录了我们在策划译丛和会议过程中的所思所想，这些文字由我执笔，但也可以说表达了我们这个群体的共同心声。我们所做的这些工作，或许可以为当下汉语法哲学研究提供一种古典法学的路径，从而展示一种有别于教义法学与社科法学的全新视野。

"德意志古典法学丛编"简介[①]

古典法学试图从经典作家和作品中寻找法哲学与政治哲学的智慧，并且这些经典作家和作品的范围被界定为法律实证主义之前，这与"经典与解释"的事业一致。

[①] 2010年7月初，一群当时正在北京、上海、武汉各地攻读法哲学博士学位的年轻人集聚起来，起意出版一套题名为"德意志政治法律哲学"的译丛，译丛的出版得到了刘小枫教授的支持，被纳入"经典与解释"的出版计划。2011年底，丛书名正式确定为"德意志古典法学丛编"，由知识产权出版社出版，并由我和吴彦担任联合主编。到2016年，共出版11种。这里是我为这套丛书撰写的一个总介绍和说明。

也与刘小枫教授近年来倡导的古典学研究相一致。最终,在刘小枫教授和知识产权出版社的支持下,这套译丛被列为"经典与解释"的子系列,采取了经典与解释的传统封面设计版式,仅在局部做了微调,并有了这样的出版说明:

> 19世纪下半期以降,实证主义和历史主义催生了法学的专业化和技术化,法学视野日趋狭窄。在20世纪的法律思想中,实证法学、社会法学、经济分析法学占据了法学的大半江山,现代法学十分"自觉地"排除有关制度与德行的思考,规范主义振振有词,鄙夷有关法理之学的哲理思考,法学最终沦为律师的技艺。
>
> 在此背景下,古典法学应运而生。古典法学无专属之名称,无独立之概念、术语和体系,却为反思现代法学提供了不可或缺的思想资源。所谓古典法学即古典思想大家视野中的法学,与现代实证法学分庭抗礼。举凡贴近古典经典、想要从古典经典中获得政治法律思想资源者,皆可纳入古典法学范围,不仅包含古代的古典(希腊和希伯来传统中的政治法律经典),亦包含近代意义上的古典(霍布斯至尼采的现代政法思想传统)。
>
> 古典法学有关政法之理的思考极其深刻,其对共

同体秩序的反思，对制度之品质的思考，足以令专业化的法律人汗颜。古典法学想要揭示一切社会现象的本质，揭示人类的本真的政治存在，它将制度设计与共同体的美好生活关联起来，为反思社会现象提供基本尺度和范式。不仅如此，现代法学中的大部分观念及概念，早已在古典作品中埋下伏笔。

古典法学或隐藏在古典诗文中，或为哲学证明之一环，其文学化和哲学化色彩成分极重，而非当今有板有眼之学术论文。凡此种种，均给阅读和理解带来了巨大困难。长期以来，对于隐藏在古典大家作品中的政治法理，学人们仅停留于引证片段字句，未能有深入细致之钻研。本丛编不从意识形态的宏大叙事入手，亦不从流行的概念体系入手，而从古典作品中政治法理的疏释入手，讲述政法学问和道理，引导有关政治法理之独立思考。

政法之理如人生之理，离不开深刻的哲学反思，诚如个人向往美好的人生，一个社会、一个国家亦会向往美好的共同体生活。尤其是在亟亟于变革的当下中国，我们完全有必要反顾古典政法思想的印迹。

按照原初的设想，古典法学应该有若干个系列：一是德意志古典法学，二是不列颠古典法学，三是法兰西古典法学，四是意大利古典法学……到2016年3月间，"德意志古典法学丛编"蔚然成形，出版译丛十一种。这套书以康德到马克思以来的德国古典法哲学与政治哲学为主线（《康德法哲学及其起源》《观念论法哲学及其批判》），往前追溯到普芬道夫（《早期启蒙的自然法理论》），往后延续至当代的哈贝马斯与卢曼的法哲学（《20世纪法哲学发微》），甚至翻译了规范法学之集大成者凯尔森的研究作品（《为何是基础规范》），使读者能够在比较中看清德国古典法学的品质，看清在德国古典法学背后包含的对于人性，对于人类的共同体生活的种种设想，这些设想是以非常哲学化的方式表达出来的，但却魅力无穷，在极大的程度上影响着后来的理论思想家。

德意志古典法学丛编的出版对我们研习德国古典法哲学提供了一个非常恰当的指引，它比较系统地展示了德意志古典法学从兴起、发展、成熟到衰落时代的理论场景。入选的多部作品都是这一领域中有一定影响力的，尽管这些作品都是阐释性的，却在根本上影响了当代世界对德国古典法哲学与政治哲学的看法。其中尤为值得一提的是以色列政治学家和政治思想史家所罗门·阿维纳瑞的《马克思的社会与政治思想》和《黑格尔的现代国家理论》两书。这两部书对于我们理解黑格尔与马克思之间的关联，系统性地理解黑格尔的政治哲学有非常重大的意义。阿维纳瑞的黑格尔研究大大地超出了《法哲学原理》，相比之下，伍德的《黑格尔的伦理思想》对《法哲学原理》一书的研究非常深刻，他将《法哲学原理》视作黑格尔伦理思想的基础，但这种伦理已经不再是传统的伦理，而是属于自由社会的伦理。无论如何，阿维纳瑞和伍德有关黑格尔法哲学与政治哲学的研究，是当代黑格尔研究者不能忽视的。李普斯坦的《强力与自由》一书是近年来有影响的康德法哲学与政治哲学的研究作品。这本书对康德的《权利学说》研究非常精到。而《财产与德性》一书比较详尽地梳理了费希特法哲学与政治哲学中的几部关键作品，更重要的是，它探讨的有关财产与德性之间关系的命题，和《德国观念论与惩罚的概念》一书所探究的有关惩罚的命题，都是法哲学研究中的经久不衰的基本议题。

这套丛书自始至终并不打算成为一个包罗万象的文献库，毋宁说它是以法哲学与政治哲学的问题意识为导向的，观念论的法哲学与政治哲学是这套书中最重要的主题，它的产生、发展与成熟时期的面貌，以及它的衰落或者重生，乃是这套书的年轻译者们关心的论题。在汉语法律思想界受到实证主义影响的时刻，德意志古典法学丛编的出版想要以其高度晦涩又极具穿透力的哲学思辨品格吸引那些向往高贵的灵魂，去探究在我们现时代共同体生活中的那些最美好的侧面，去探寻追求这些美好侧面的活力来源。

"不列颠古典法学丛编"出版说明[①]

通常认为,1832年英国法学家奥斯汀出版《法理学范围之限定》,首开实证主义之风。其实,实证主义法学的基本观念早已在霍布斯的学说中埋下伏笔。想要了解实证主义的品质,有必要回到霍布斯的思想体系中检视一番,正如想要了解现代自由主义权利学说的品质,有必要追溯到洛克的政治思想体系。事实上,不列颠古典法学是现代欧洲政治法律学说的分水岭,霍布斯、洛克的自然权利学说为现代政治法律论说奠定了基本品质,并为之提供了基本的论说框架。自16世纪以来,不列颠思想家从不同角度分析探究现代政治法律文明,可谓精彩纷呈,就表达形式而言,它们或以专门化的法律著述示人,或隐藏在诗歌戏剧之中,或作为哲学体系之一环。专业的法律学人无不知晓布莱克斯通与柯克,也谙熟奥斯汀、梅因和戴雪的法律著述,他们共同缔造了至今普遍使用的法学话语。在专业化的法律学人之外,人们自然听说过像培根、霍布斯、洛克、休谟、柏克、边沁和密尔这些显赫的名字,却极少专

[①] 本文是我和王涛为"不列颠古典法学丛编"撰写的出版说明。该丛编最初被列入"经典与解释"大型译丛,作为其中的子系列,出版了《柯勒律治与现代国家观念》(华东师范大学出版社2015年版)。在该书出版之后,该丛编被纳入"欧诺弥亚译丛"。

门谈及他们的政治法律学说。还有一群人的名字光辉璀璨，但在专业研究者撰写的不列颠政治法律思想文献中寂寂无闻，他们是伟大的戏剧家、小说家和诗人。莎士比亚透过戏剧展示他对政治命运的思考，弥尔顿在写作《失乐园》的同时也撰写过《论出版自由》的华彩篇章，诗人雪莱甚至卷入现实政治斗争的洪流之中，面对风起云涌的激进的法国革命，柯勒律治冷静地展开沉思。罗斯金一面写着他讨论绘画和建筑艺术的专著，一面思考着时代的社会政治问题……

在不列颠古典法学中，法学思想绝非概念的王国，在这里既能找到现实政治家的审慎、文学家的敏感，也不乏哲学家的智慧和史家的厚重。凡此种种，均给阅读和理解带来巨大困难。迄今为止，我们仍然缺乏系统梳理不列颠政治法律思想的优秀著作，对隐藏在不列颠古典作家作品中的政治法理，学人们仅停留在引证片段字句，未能有深入细致之钻研。

本丛编不从意识形态的宏大叙事入手，而是从关注经典作品中的政治法理阐释入手，主要收罗当代西方学界对英国16世纪以来各重要法律及政治思想流派以及各派代表作家作品之深度研究与评论，旨在深化对经典作家作品的理解，为当代中国的法律及政治改革提供深度的思想资源。

"欧诺弥亚译丛"总序[①]

近十余年来，汉语学界政治法律哲学研究蔚然成风，学人开始崇尚对政治法律生活的理性思辨，以探究政治法律生活之内在机理与现实可能。迄今为止，著译繁多，意见与思想纷呈，学术积累逐渐呈现初步气象。然而，近十年来，无论是在政治学研究，抑或是在法学研究之中，崇尚实用，喜好技术建设之风气流传，并有大占上风之势。

本译丛之发起，想要为突破此技术性与实用性的政法学问的重围贡献绵薄力量。本译丛发起者皆为在近十余年间成长之青年，他们立志探究政法之理，认为当下的政法建设，关键处仍然在于塑造根本原则之共识。若无此共识，则实用技术之构想便似空中楼阁。此处所谓根本原则，乃是现代政法之道理。

现代政法之道理源于对现代人与现代社会之深入认识，而不单纯在于制度之塑造，技术之完美。现代政法世界之塑造，仍需重视现代人性之涵养、政道原则之普及。而若要探究现代政法之道，勾画现代人性之轮廓，需依傍塑造现代政法思想之巨擘，阅读现代政法之经典。只有认

[①] 本文是我为华东师范大学出版社出版的"欧诺弥亚译丛"撰写的总序，该译丛由我和吴彦、杨天江、徐震宇等诸位友人合作编辑，并在华东师范大学出版社六点分社倪为国社长的大力支持下成形，该译丛共收入译著20种，迄今尚未出齐。

真体察、领悟这些经典，才能知晓现代政法原则之源流，才能了悟现代政法建设之内在机理。本译丛因此致力于现代政治法律思想的思想史资源之探究，力图通过翻译方式，勾勒现代政法思想之重要和关键源流与内在机理。

欧诺弥亚（Eunomia）一词，本属古希腊思想家梭伦笔下描述之理想政制代名词，其着眼点在于整体，而非个体。本译丛取其古意中关切整体命运之意，彰显发起者想要探究良好秩序、美好生活之要旨。本译丛发起者认为，对于现代政治法律道理的探究，仍然不可放弃对整体秩序的观照，在整体秩序下看待个体的命运，将个体的命运同整体之存续勾连起来，是现代政法道理之要害。本译丛对现代政治法律之道保持乐观心态。但同样尊重对古典政法之道的探究。本译丛的发起者愿意怀抱对古典政法之道的崇敬，来沉思现代政法之理，展示与探究现代政法之理的过去与未来。

本译丛计划系迻译与介绍西方理性时代以降一切沉思政治法律道理的经典作家与思想。考虑到目前已有不少经典作家之著述已迻译为中文，本译丛在选题方面以解读类著作为主，辅以部分尚未译为中文的一手文献。发起者之所以如此考虑，意在吸收经典思想之精华。本译丛发起者反对仅仅停留在只言片语之引用，提倡对经典作家和作品进行系统解读，以为在当下政治法律论辩中吸收健康之政法思想奠定良好基础。

本译丛不认同过于专门的政法思辨。无论历史、文学、哲学，抑或经济、地理，甚或其他，只要能为思考现代政法之道理提供启示者，只要能为思考现代人与现代社会的命运提供深刻思辨者，皆可入选本译丛。

本译丛诚挚邀请一切有志青年一道沉思与实践。

中外古典法学青年论坛缘起[①]

晚近十余年来，古典学越来越成为思想界和人文学科非常重视的研究领域，在当代中国，一场古典运动已蔚然成风，它尤其强调对历代经典著作的研究。经典著作不仅为我们提供了了解中西古典文明的通道，也为我们反思当今学问提供了参照，一个古今中西的大学问视野逐渐向爱好学问和思想的人们洞开，一批年轻学者迅速地成长起来。不仅如此，对经典著作的强调，也展示了一种全新的学问方向，这就是通过经典来训练头脑，锻炼想象力，为新的学问提供启示与思想资源。在这场古典运动中，经典

---

① 2016年，我和吴彦、杨天江等策划组织"自然法青年论坛"，2019年改组为"法哲学与政治哲学论坛"，此外，在上海外国语大学法学院院长张海斌教授的支持下，也启动了"中外古典法学青年论坛"。我们感觉到有必要将有相同研究兴趣的同行们聚拢起来，共同讨论一些关键性论题，并在此过程中加强彼此联络，营造学术共同体。值得提及的是，在这些论坛的举办过程中，商务印书馆政法室以及南京分馆、上海外国语大学法学院等机构提供了慷慨资助，他们对年轻研究者的支持和提携，令人感动。这里收录的文章是我在上海外国语大学主办二次"中外古典法学青年论坛"期间起草的论坛说明材料中的一部分。

著作及其解读成为核心柱石。作为这场古典运动的直接后果，博雅教育在当代中国教育体系中得到了发展。

自20世纪初叶以来，尤其是80年代以来，中国法学通过学习西方，获得了现代法学的种种常识，由此也为当代中国的法学发展奠定基础。但是，在现代法学学问的形成过程中，最近十年间，法学学问日益变得专门化和技术化，而忽视了对现代法文明的前提预设以及对各民族法文明的精神品质的深入关注，尤其是缺乏对法律制度背后的法理念的深入关切。

在此所谓的"中外古典法学"，专门指在现代法学形成初期以及之前，各民族的思想家们有关各民族乃至于人类的法律生活的基本观点和看法，它是以经典著作为中心，以法律生活的本质、意义、界限、功能等为基本的问题意识而形成的各个不同的法律思想体系。古典法学有别于专门化、技术化时代的法律分析，它常常蕴含在哲学思想、文学思想、宗教思想的内部，贡献古典法学思想的人，常常不是职业的法律人，而是思想家、文学家或神学家。一旦摆脱现代法学的范畴，我们就获得了各个民族思考法律文明的更丰富的源泉。古典法学并非以规范和规范性为导向，而是着眼于为我们的共同生活寻找根基，因此在写作方式和视野上极其不同于眼下专业技术化的法学研究。古典法学有着整体的视野，它将对法律生活的看法融入对人性、对神性、对自然的内在目的的考察中。它更多是在追求法律的意义而非仅着眼于法律的功能。

"中外古典法学"青年论坛试图在当代中国古典运动的背景下，拓展当代中国法学研究的视野，以对各国法文明中出现的经典作家的经典著作的翻译与阐释为依托，展示各国优秀的法律文明，揭示其内在机理，探讨其可能具有的对当代中国法文明的塑造的启示，是博雅教育基本观念在法学教育领域中的鲜明体现。在类型上，我们既可以根据人类历史上在法律文化方面贡献了深刻的哲学思想的各民族来进行区分，例如"华夏古典法学""德意志古典法学""不列颠古典法学""俄罗斯古典法学""法兰西古典法学""意大利古典法学"等；可就某一时段来做更为细致的划分，例如"春秋战国古典法学""宋明古典法学""古希腊罗马古典法学""中世纪古典法学""早期现代古典法学"，亦可就每一特定的思想体系来做更为细致的划分，例如"萨拉曼卡古典法学""新康德主义古典法学""新柏拉图学派古典法学"等。

在学科方向上，"中外古典法学"青年论坛试图打破学科分野，返回各民族法文明形成过程中那些重要的经典文献中，探究现代法文明的前提基础及其可能存在的限制，揭示人类思想曾经揭示的各种共同体法律生活的现实性与可能性。

自20世纪80年代以来，中国学界翻译了众多涉及政治法律思想的经典文献，但长期以来，对于这些已经翻译成中文的经典文献,缺乏系统的阐释与梳理,在此之外,尚有大量重要的经典文献亟待译成为中文。中外古典法学青年论坛要为进一步推动古典法文明领域的翻译工作鼓与呼,从而为进一步扩大当代法学研究的视野提供直接的文献资源。

附录二　从法学生到哲学教师

Q：任芙杉、马晓彤、王冠杰

A：黄涛

一、成长与思想

Q1：我们对您个人成长经历的了解比较有限，能不能请您讲讲自己不同阶段的学习经历和思考状态呢？

A：我是1983年出生的，出生在当年屈原、宋玉曾经活动的地方，也就是沈从文笔下的湘西。

我应该从较早的时候开始，就是一个对现实和时代思考得较多的学生。初中阅读了一些通俗的小说，例如流行的《警坛风云》《今古传奇》等，至今我还记得里面文章的题材和描写，这些题材很多是观察和反思社会的。那个时候，尽管也读过一些经典作家的东西，但不多，比如朱自清、鲁迅等。在初中和高中，我尝试过写作，尤其是到高中，我在阅读品味上已经和大家不一样了，比如说我会去订阅《散文选刊》《国外文学》等刊物。

本科我进入湘潭大学法学院学习。2000年左右，发生一件在法学圈子里面比较轰动的事，就是西南政法大学有一波青年学者，纷纷出走到湘潭大学法学院。

这些老师特别偏爱对法学进行哲学思考。尽管在法学里面其实没有法哲学这门学科，但我们会读大量的经典作品，实际上有些作品是今天哲学系的学生要读的。那时，老师们会积极地推动我们去读这些作品。而且他们特别喜欢这样做的学生，如果你在这方面花工夫，他们会很高兴。所以在接下来的岁月中我就成了这种人，他们对我的鼓励非常大。

在这群学者中，我特别亲近后来一直到博士阶段的导师赵明教授，那时他特别痴迷于法哲学，尤其是康德的法哲学。当时他去武汉大学师从邓晓芒先生做博后。同时我自己在法学的学习中，尤其是在对刑法哲学的阅读中，开始接触到新康德主义法哲学、新黑格尔主义法哲学，刚好有这么个机缘，于是我作为一个法学院的学生就疯狂去读康德。阅读的状态确实很好，只是我基本上就不再是法学院的优秀学生了。我变成了法学院的爱好哲学的学生。

赵老师偶尔给我们讲康德，但在法学院的课堂上不可能专门开康德哲学课，因此我跟他私底下联系得非常多。有时在他家里一整个下午，甚至持续到深夜，谈阅读感受。刚好晓芒老师是他的导师，所以这个时候，只要在听的过程中有一点点跟自己切合的地方，我就觉得有收获，自信心就上来了。2005年报考研究生之前的一个学期，马上要考试了。这个时候赵老师回西南政法任教，担任法学研究所所长，他把邓晓芒老师、刘小枫老师等这些国内有影响的学术大家请到西南政法大学讲课。刚好邓老师要连续讲大概一两周的康德哲学课程。我觉得是一个绝好的机会，于是跑过去听课。

当时也不知道自己读的整体状态怎么样，也想找个印证。但也是一种崇拜。三大批判第一次由邓老师和他的导师杨祖陶先生从德文译成中文，那时就想见到邓老师。于是坐了30多个小时火车，从贵州绕入重庆，一路站过去，没有买卧铺，为了省钱。听了几天之后，我觉得对康德哲学，自己瞎读的那个状态还不至于偏得太远，就是基本上邓老师讲的东西，不能说完全理解，但不陌生，好像自己也读到了，我确实是沿着那个方向走的。这一下子就让我在本科毕业时，知道自己将来大概要做什么了，我肯定要做专门的法哲学。

本科阶段的老师都是国内知名甚至是著名的青年学者。他们对我时有鼓励，让我看到了希望，我觉得自己也可能将来会在这个领域做出一些好东西。我最后犹豫是研究部门法哲学还是纯粹的法哲学，这个时候，赵老师说你当然没有别的选择，当然做纯粹的法哲学。

那时候，西南政法大学的法理学研究是特别思辨的，非常偏向哲学的思维方式，侧重经典解读。而且西南政法大学的法理学教育也比较用心，鼓励学生大胆表达学术观点。所以在歌乐山下三年，主要就是去读经典。最后在这个过程中开始形成自己的一些看法：法哲学应该思考什么？什么是真正意义上的法哲学？它需要一些什么训练？

很偶然的一个原因，我开始跟其他高校的老师写邮件接触，给刘小枫老师写邮件，没有想到得到了回应，小枫师还推荐我的文章发表，包括发表在他主编的《经典与解释》，对于一个年轻人来说，这绝对是一个大的褒奖。但到后面他提醒我，他说，你要抑制写作冲动，要做翻译。

于是，我就开始锻炼翻译能力。在大概研究生二年级时，小枫老师先是给我扔了几篇文章，我刚开始以为他就只是让我看一看，让我练习一下，于是我把初稿翻了之后就给他。过了一段时间之后，他把稿子反馈给我，密密麻麻改的全是错的地方，当时就诚惶诚恐。第二篇的时候就不敢随便来了，翻完一遍之后再去校订，后面第三篇第四篇，返回来改的错误越来越少。小枫师说你翻得还可以，我决定给你出版。这对我来说不但开阔了眼界，更是激发了信心。

当时在西南政法大学法研所有一群思维很活跃的人，其中有一个是郑文龙，我在他的书架上看到一本书，也就是后来我翻译的刘易斯·贝克（Lewis Beck）《〈实践理性批判〉通释》。我决定翻译它，这时已是研二下学期，我完全陷入一种痴迷状态。我从研二下学期开始到研三的第一个学期就已经译出初稿了。

在博士期间相对比较成熟了。肯定要做一个东西,做什么东西?我要在德国古典哲学里头选一个论题,这可以说是进入博士学习之前就已经决定好的。但究竟是研究某一个人,某一部经典,还是怎样做,一开始并不清晰。我当时一口气翻译了好几本书,比如《康德的权利体系》《黑格尔伦理思想》,这些其实在我读博之前就已经着手了。北航那年招生考试到入学,中间间隔了一年。这一年我就完全用在翻译上,在翻译过程中,我似乎对德国古典法哲学有了一个大概的总体印象。

做这么多的翻译很大程度上是为了辅助阅读,我始终觉得好的语言能力应该是像看中文那样快,但是达不到。我觉得翻译会提升阅读能力。此外,细致的翻译过程会加深我对一些问题的理解。我最终选择做德国古典法哲学的法权演绎学说,这个命题一旦确定下来,实际上已经有了写作思路。赵老师对我也很信任,他说,只要你能够写出来,就一定可以。果然后面就写出来了。博士论文的稿子,2020年我在此基础上略作修改,最后以"自由、权利与共同体——德国观念论的法权演绎学说"为题出版。

我一直在做观念论领域的翻译,尽管偶尔也做其他的翻译,这无形中为我现在的关切奠定了基础。我之所以关注英语文献,主要受语言能力所限,但观念论的奠基却是德国古典哲学,我要避开自己在语言方面的不足,我在对英语观念论文献的深挖中，逐步发现了英国观念论。

还有一段经历要提，就是2012年我从北京航空航天大学后感到茫然。找工作去哪？因为小枫老师一直指引我做翻译和研究，也在他的指导下出版了一些作品。于是我就跟小枫老师说，想跟他念博士后。这时他已经离开中山大学哲学系，进入人民大学文学院。

当然，跟小枫老师做博士后是比较难的。因为他在文学院，你不可能做法学。至少我要做一个文艺学相关的内容。老师对我很宽容，可作为一个文艺学理论专业的人，博士后报告还是要名副其实的。刚开始提出来是想做柯勒律治的诗学，但是我后来看他的作品就犯难了，短时间完不成，究竟选择做什么呢？

我此前对康德的阅读，并未局限在第一批判和第二批判，尤其对第三批判很有感觉。对康德的有些看法，在研究生时代就已经形成了，只是说那时还没有逻辑性地表达出来，但基本感觉已经有了。第三批判不是美学吗？我还读过席勒的《审美教育书简》，这本书受第三批判影响很大，于是我就找来看。然后我是喜欢卢梭的，之前小枫老师让我校译过卢梭的研究作品，我对卢梭的作品很有感觉，所以后来就决定做卢梭与席勒的美学。我原来对观念论的关注主要是政治哲学、法哲学，再加上一点伦理学，但这一次就把观念论的美学做了一次训练。

2014年博士后出站参加工作，偶然有机会进入华东政法大学的科学研究院，从事法律方法研究。华政的工作就是从2014年6月开始。我先做法哲学，后面想政治学和自己应该贴近，因为可以在政治系讲政治哲学，于是就转到政治学系。

2017年至2018年在美国访学，因为我此前在翻译英美的观念论文献时，译过老牌康德研究者伍德（Allen Wood）教授的《黑格尔伦理思想》，我当然知道他更有名的是《康德的伦理思想》，我决定跟他联系的时候是2016年，那时他刚出版《费希特的伦理思想》，而此前我还翻译出版了刘易斯·贝克的《〈实践理性批判〉通释》，而伍德恰好可以算是贝克的学生，虽然不是贝克亲自教的。然后我就跟他说我想到你这来。可能因为他也很喜欢一个长期关注他学术脉络的人，所以我很顺利就去了印第安纳大学哲学系。

这是我第一次有专门的哲学系学习和研究经历。在布鲁明顿，听伍德教授的课，听他夫人丽伽（Rega Wood）的艺术史课程。尤其是2018年暑期，他把我叫到斯坦福那边参加他主持的费希特研讨班。在斯坦福和印第安纳，我跟随两位老师访问了多个艺术博物馆，虽然专业上面的收获主要来自翻译，但其他的日常交流却越来越多，感觉也越来越好。我越来越喜欢哲学系的氛围，这个时候心态上有了变化，有没有可能来哲学系？

我在美国时就跟中大哲学系系主任张伟教授联系，他说可以啊，你试一下吧。有了这次经历，我也产生了一种冲动，就是一定要想办法去哲学系，在2021年终于等到了这样一个机会。

基本上这是我的经历。回头想来，自己的勤奋是一回事情，命运的安排可能占了更多。所以从一个法学专业学生，一个研究者，最后我变成一名哲学研究者。

Q2：我想问老师一个问题，您本身也是湘西那边的，刚才也谈到两次沈从文，所以想问一下您作为一个湘西人，对沈从文有没有什么特别的情感？

A：我虽然在中文系做过博后，也喜欢沈从文，但很难说因为我跟他都是湘西人。我觉得大家都过于看重从一个乡下人的角度来看待沈从文，我也是一个乡下人，但我未必会想着我乡下人的那点事情。沈从文的视角不是这样的视角，正如屈原的视角，也不能说屈原是那个具体地方的人，他所描述的，比方说在楚辞里面所描述的，难道就是某一小块地方的人物风情吗？不，他思考的是整个共同体的命运，在我看来，沈从文是有这样的思考的。

对于国内解读《边城》的视角我一直很不满意，因为太看重乡土气息，太看重地域，太小家子气，很多人都觉得《边城》描述的是湘西的茶峒那一块小地方，风景秀丽，是神秘的、诡异的地方，比方说傩神的习俗，有赶尸人的习俗，落洞的习俗等。当然那也是一块比较原生态的、神秘的、少数民族集聚的区域，我的老家也是靠近那个区域。但沈从文在20多岁的时候就已经走出来，他开始思考的东西已经远远超出了这一点，你去读《边城》，尤其是它的题记。你会看到，这里写的不是一个湘西乡下人眼中的"边城"，他其实是在思考那个时代的中国。在当时中国，写这样的一个边城有什么意义？我一直认为沈从文那里有个说法并非简单说说而已，很多人其实也知道这个说法，但未必去深究过，他说我在构建"人性的希腊小庙"。在我看来，沈从文实际上是想要通过《边城》，或者想通过对湘西的风土人情的讲述，来描述一种"健康而雄强的人生观"，因为这在他看来是希望。所以沈从文一直不习惯直接地去抗争，他不像鲁迅那样直接地去批判，他在描述某种健康的东西，在他看来，只要有了这些东西，我们的美好生活就有了根基。

我是在这个意义上对沈从文发生兴趣，乃至于对他笔下的湘西，也就是我的故乡再度生发兴趣。我接下来会出版一本有关沈从文的书，这是接着我的博士后研究来做的。博士后研究我做的是卢梭和席勒的审美政治理论。我想表达的是，美不只是视觉和听觉上的，美是一种道德的，甚至是共同体生活的原则。因为美，我们每个人可以相互沟通，因为美，我们能够在欣赏美的过程中，在内心产生一种共同的情感。因为大家受到了美的熏陶，所以人与人之间就变得更加和睦、和谐。也因为这样一种共同的情感，在他面对外来的人事变故和冲突时，它会成为将人们重新团结在一起的力量。

《边城》里面很多偶然的东西，比方说大佬的死亡是偶然，翠翠的祖父的死亡是偶然。这些偶然并没有带来对他人的怨恨，而是带来了互助。这是沈从文当时最想看到的，所以不能只看到宁静的湘西、神秘的湘西，你要看到一个人性尚未被玷污的、一种健康的人性弥漫的湘西。那不只是湘西，而是沈从文构建的一个理想状态。如果这样一种状态能在所有人中培养起来，那我们的生活岂不充满希望和光明吗？

所以我一直觉得，《边城》的末尾表达了一种希望，因为除非有外在的变故，否则那个人一定会回来。所以我才会说，我们有些作家是自己在一个小地方，那个地方神秘而美好，然后就去描述美好的东西，拿出来展示，但沈从文绝不属于这样的作家。也正因为这样，虽然我出生于湘西，但你不能说我是土家族的一个哲学工作者，是一个土家族的法学工作者。

二、翻译与研究

Q3：想问一下有关您的翻译工作的问题，做这些翻译除了对您自己的学术有一些帮助以外，对于中国的法哲学研究有什么作用吗？

A：其实这是一个比较尴尬的问题。今天有一个流行的观点，就是大家语言都很好，或者可以用翻译工具去辅助，所以翻译可有可无，或者说翻译不会被视为贡献，比方说在考评时，译著充其量只是参考，甚至根本被无视，不被视为表现和反映学术能力的要素。

但我为何会固执地一直做翻译呢？我要是真正能够将外语说到母语的程度，我想我也可能不去做翻译。但我很怀疑，我们的外语真的就好到这种程度吗？当然，有些人的外语能力已经近似母语，但我自己并没有，我仍然需要借助译本，我阅读英文的速度不及阅读中文的速度，我对英文表达的熟悉程度远远不及我对母语的熟悉程度。这既有语言本身的问题，也有专业素养的问题。至少对于我自己来说，我需要阅读一些翻译作品，它们大大减轻了我的阅读负担，或者至少为我的快速阅读提供了参考。当然，我说这些话，对于某些人来说就是我的外语水平不够的证据，这一点我也承认，我的确是非常佩服那些能够如同母语般阅读的一门或者多门外文文献的人。

当然，这里需要有一种知性的真诚，就是你究竟是否真正有这么好的语言水准，这个或许可以通过某种考试来检测，但更多的是你自己知晓。当然，随着留学人员的大量增加，我们应该相信，有越来越多的人不需要通过翻译来阅读和写作。但这里仍然有翻译，只要这些人要用汉语写作，他就是在做翻译，除非他不用中文写作，这一点也是可能的。但在这个时候，他的作品也好，思维方式也好，都在中文世界之外。为什么我们要给他们特别的评价呢？我们应该认为他外在于我们。他应该属于他所熟悉的那个国度，我们不必羡慕他们，因为他们极有可能只在复述别人的东西，这样的人如果想要用中文写作，也就是在翻译，这样的翻译没有独创性。他应该用外文书写，由外国人评价，而且这个评价只能在外国人那里生效。

当然，上面的看法过于极端了。我们非常佩服那些能够如同母语般熟悉一门甚至多门外语的人，为什么，因为我们认为他熟悉和了解外国人，将一种我们不熟悉的东西引入进来。实际上，我们还是希望他来完成这种转换，但如果我们的外语能力也得到提升，他们的作用就会消失，或者如果人工智能技术发展，能够替代我们做这种转换的工作，那么，也不必去学习外文了。但这样一来，实际上，我们就趋同化了，没有外语，全世界说一种语言，或者尽管说多种语言，但经过某个人工智能程序，多种语言可以转变为一种语言。

这样说仿佛有一种科幻的味道。实际上，我们看到，语言有多样性，翻译不可避免，一本外文书，要么我翻译它，要么你说这样翻译没有意义，你直接阅读它，然后向我介绍有这么一本书，但这个时候，你也是在翻译。那些以自己的外语水平比较高为依据强调翻译没有意义的人,不过是将翻译的权力夺取到自己手中。

这就是我反对那些反翻译论者的逻辑,这个逻辑不过是一种夺权。他们没有真正思考过为何要翻译,他们仅仅想到的是,唯有自己才有权翻译的问题。实际上,为何要翻译?翻译不是比谁更熟悉某一门外语。如果人人都很熟悉,那就不用翻译,这样的看法背后预设了一种工具化的翻译观。翻译涉及多元文明自身的问题。一种文明的语言是否能翻译为另一种文明的语言,涉及文明间的融合。不同的语言预设了不同的文明。我们看到,越是不具有民族性的东西,越不需要翻译,全世界都使用一种数学语言。现代数学,乃至自然科学,都世界化了。但是,文史哲,尤其哲学和文学具有鲜明的民族特征,因此,不同民族的语言之间的转换,实际上涉及不同文明之间的碰撞。是否一种语言可以转换为另一种语言,这里当然意味着创造。不经过翻译一途,我们是无法实现异域思想本土化这个目标的。要么全世界都说一种语言,要么各个民族都保持一种彼此隔离与封闭的状态,否则我们就需要翻译。

这就是我坚持翻译的原因,我看到,身边还有那么多人其实外语水平并不那么高,我也看到,异域的思想与文化和我们自身的思想与文化有巨大的隔阂,如果没有翻译,如何认识他者,而离开了对他者的认识,我们真能很好地认识自身么?我们可能会变得洋洋自得,总觉得自己已经掌握了真理，而对一种不同于自身的文明茫然无知。因此，翻译的权利是一种文化的权利，我们不能仅仅指望有一些条件优渥的人，他们在很早的时候就出国研究学习，或者有很好的语言环境，而其他人则依赖他们的转换，因为我们所做的转换，都被认为是不必要的、无意义的。

在这个问题上，其实还可以说得更多，但就不再多说了。我想就自己的经验谈谈我对翻译的感觉。我觉得最舒服的翻译状态，是我在近期在翻译伍德的《康德的伦理思想》《费希特的伦理思想》时感觉到的，虽然我是在翻译别人的东西，却像是自己写出来一样。当然这是夸张的说法。我的意思是说你在翻译过程中有一种创作的喜悦感，这并非模仿，单纯的模仿是获得不了这种喜悦的。我会感觉到我仿佛了解了作者，好像是我在表述，尽管我是在表述别人的东西。

严复讲信、达、雅，我对翻译的态度还没有进入这个层次，我只求能流畅地将外国人的哲学道理用本民族的语言比较清晰地表达出来，我觉得如果达到了这一点，其实就使之进入了自身的哲学思想，这不是抄袭，这不是模仿，这是用另一种语言说同样的话，表达同样的思想。这是令人吃惊的，因为本是不同的文明体系，其实我们是可以用一种语言言说不同的文明体系中的要素的。想一想，当语言不能直接沟通时，通过翻译，我知道了你在想什么，以至于没有当面的沟通，但其实对于你的思想，我已经大致了解，甚至详细把握到了。这在我看来也是一种创作，所以我才会有那么大的心思去做翻译。

当然，不能说你只做翻译，不去自己写作。写作也好，翻译也好，都是创作。这放在过去是再简单不过的道理，现在稍微懂外语的人多了一点，为何这个道理变得模糊了呢？翻译也是一种写作，但这种写作，是在他者的笼罩下的写作，在翻译时我没有那么自由，因为我不能随性所致，我要尽可能地表达出作者想要说的东西。单纯的自己写作，当然也要考虑他者，但这并非强制性。没有人强迫你在写作中一定要考虑他者，但在翻译中，如果你不考虑，你就不是在翻译。你就是在自己创作，这样的创作者也不是没有过。这是拿别人的翻译来做自己的事。说到这里，我想，翻译是一个非常好的训练，这就是积累，要我们必须尊重他者的东西。实际上，翻译是一种文化的积累。好的翻译者，会在翻译过程中不断积累看法，他会慢慢成长成为一个优秀的作者。

我既不是一个好的翻译者，也不是一个优秀的作者。但我的确在翻译中产生了一些想法。翻译给我带来的，除了锻炼语言能力之外，还让我不会再重复一些一般的观点，我会在翻译作品中感受到哪些东西值得推进，哪些地方值得保留，我开始形成一种着眼于问题的思维习惯。我常常想，既然有对域外作品的介绍性的研究，你为何不把人家的系统研究认真翻译过来呢？相对于域外学者在某一领域的长期工作，你才是一个刚入门者，你为何要急于自己写一种介绍？为何不看看人家经典的研究？尤其是对于那些能够如同母语般运用外语的人，就更应该尽可能多地阅读相关文献，而不是写介绍性的文字。与其你来翻译和转换，变成你自己的文字，为何不干脆直接地翻译别人的优秀作品？如果一个民族翻译的作品多起来，那么，那些虚假的娴熟外文者就会不攻自破，因为其他不懂外语的人，所懂得的东西比你如母语般娴熟外语的人还能懂得更多，你在这个时候还否认翻译的价值，难道不羞愧么？

Q4：我看吴彦老师给您一本书的序里写到，他对您的感受是您非常爱评论。您讲一讲为什么这么喜欢评论？您还提到现在学术界的评论之风有所消减。是否因为大家更加专业化和专注自己本学科的研究，减少了各学科的交流？

A：这是一个很重要的问题。我现在对学生的要求也是这样，先不要写论文，先写评论，先评论导师的作品，或者是你研究领域中其他学者的作品。评论是看待他人的方式。评论看上去在评论别人，实际上表明了你能在多大意义上接纳他人，这也会表明你能在多大程度上认清自己。倘若不看评论，你一定会觉得自己了不起，发现了前人所未见。你看了别人东西，发现自己可能不如别人，在别人那里有你看不到的东西。

和翻译一样，评论也是一个关心他者世界非常好的方式，比翻译要快捷和方便得多。在你评论时，当然要深入阅读他人作品，这意味着你对自身越来越了解。比方我开始知道这些东西是常识，是共有的东西，你不会再把这个东西当成自己特有的。你会觉得自己应该在哪个立场上，在哪个基础上是值得继续往前走的，所以它可以很快地让你建立对自身的认识。没有评论，没有对他人作品这种集中的阅读，是无法写出一篇好论文的。评论的另一个好处就是审视他人，比方说你在看清楚他人说的内容之后，还能指出在这个问题上，他人可能有所欠缺，没有看到更多的东西，写这样的评论当然有更高的要求。

评论的基本要求就是如下两种。第一种复述他人的看法，这是允许的，这就意味着你有一种还原他人逻辑、寻找到他人关心的问题的能力。第二部分就是在复述他人的过程中讲出自己的看法，因此可以用审视的眼光来看待他人。这是书评的两个阶段。

评论将会使你对他者以及自身有更丰富的认识，评论因此变得意义重大。你会看到我之前出的那些书，非著作类的书，里面基本是评论。读别人的东西，揣摩他人的意思，去了解他们为何这样说。通俗来说，这会建立你对学术界的感觉，开拓你的眼界。

此外，读者阅读评论，可以在短期内了解到这个领域中值得注意的东西。评论是一种指引。如果你不去看别人的东西，从头做起的话，你要浪费很多的时间，所以评论也是一种便捷的了解学术观点的通道。

这里当然有一个问题，阅读也好，评论也罢，在很大程度上是为了建立共同性，而不是个体性。你老想着自己的观点，怎么可能愿意去看别人的东西，阅读了别人的东西，你才知道你这个观点人家早说过，怎么可能是你的独创呢？这时你要评论它，但又不能只是复述它，因此又要从这种共同性中将自己解脱出来，这个时候才追求个体性，因此不是一开始就去追求个体性，我们要追求迟到的个体性。这是一个特别好的学术训练。因此，哪怕成熟的学者，也不会忽视评论，一个明显的例子是，奥克肖特有一本《哲学法理学》，里面的文章基本上是评论。

在写评论的过程中一上来就说自己，这样的评论是没有意义的，有些人写评论，对他人的东西嗤之以鼻，十分急迫地表达自己的看法，这样的评论最糟糕。之所以要写评论，是为了了解他者，了解他者会增强自身的丰富性。就像权利一样，如果每个人都关心他者，自己的权利才会真正得到关注。

Q5：您会有一种提出自己原创性的洞见的压力吗？当您关注了很多其他人的作品之后，您再怎么提出原创性的洞见？

A：第一步要抑制住原创性冲动，要去倾听和阅读他者。在这之后，你再掂量掂量是否有原创性。这时原创性应该是在你了解他者之后自然产生的想法。当然这里很难是全部的他者，我们只能说努力地把所有他者包括起来，但实际上做不到，常常是一定范围内的他者，因为你的阅读能力、阅读时间都有限。当这个领域越来越宽，当越来越多的他者进入的时候，你发现了他们都没有注意到某一点，而你觉得那一点很重要，这时候，你难道没有一种原创性的喜悦吗？

先翻译、评论，最后写作，到那时你还缺文献吗？你还觉得写作很慢吗？一篇文章很快就写出来了。因为我太熟悉应该讲什么内容了，我太想表达你们没讲到的东西了。原创性你还担心什么呢？我们如果一上来就强调原创性，则会使你会变得空洞无趣。从哪里获得原创的来源呢？这里只有猜测的原创性、瞎蒙的原创性。

三、法学、哲学与古典法学

Q6：研究法学与哲学的方法论是否不太一样？

A：是不一样的，所以从法学转到哲学的人会比较的少。一般意义上来讲，我们说法学是一门实践之学，它着眼于操作技术。你要对既有的法律体系有所了解，既有的法律门类那么多，每一个法律部门都有一套科学的表述，你要熟悉这些表述，才能进一步了解那么繁杂的法律系统。在法学的学习中，当然是围绕着基本框架和基本知识点。由于它是实践的，除了这个知识框架之外，你也要跟实践打交道，那就意味着法院很多判决你要了解。然后你要对这些案例进行分析，在你没有做法官、律师之前，你就能够把那套法律的概念体系运用到具体案件中。这在哲学里是不存在的。

哲学很难说有一个完整、系统的框架。比方说，我们有民法教科书，有刑法教科书，有没有康德哲学教科书？可是我们民法学教材是全国都用，甚至有统一的全国使用的教材。我们的法律人都要经过统一的全国司法考试，刑法教科书分门别类讨论问题，你不能说你想怎么说就怎么说。可是哲学里面没有人说他的柏拉图就成为我们的教材，大家都完全按照他的讲述柏拉图，这不可能。西方哲学史通常的表述也不一定能成为定论。哲学知识因此是开放的。而法学很难说有这样充分的开放性。如果一定要强调法学有开放性，那也是因为我们运用哲学的眼光去看待法律，批判和反思现有法律规定的不合理的地方。但法学是实践之学，批判似乎并非法学的第一要务，至少目前不是这样。目前的法学并不强调批判，而强调如何运用，或者要为现有的东西的合理性寻找理由。如果要提出另外一套东西来，你要给出立法建议，而不是简单的反思和批判。但在哲学中，不会说你既然批判柏拉图，你来写一部与它相提并论的东西。

因此同样作为学问，哲学学问在某种意义上高于法学学问，因为它有一种无限可能性。但另一方面来讲，正因为无限可能性，所以哲学学问有可能学出来之后，你觉得没有价值。它不够具体，这东西交给你，你还不能用，哲学很难说是指向眼下的，而是指向未来，甚至是指向永恒的，超越了时间。因此，哲学究竟是什么样子的，大家还要讨论，没有一个人的话被视为定论。伟大如黑格尔，也不过提出了一种哲学。所以哲学事业变得非常的具有想象力和开拓性，这是哲学思想的魅力所在。

相对来说，法学具有一种即时性，就是在一定时期，你要做一个体系的训练，然后可能培养两到四年，你就掌握了有关规范体系的知识，就可以去裁判，就可以去做一个职业的法律人，而这对哲学来说是不可想象的，哲学充其量说我熟悉了一种哲学话语，但也仅仅是其中一种，并不代表你就了解了哲学。哲学教师和法学教师的最大不同就在于，哲学教师是引导性的，他自身并不一定是一个优秀的哲学家。但法学教师一定首先要做一个法学专家，这是两者特别大的区别。

最后在思维方式上，法学是分析式的，哲学是演绎式的，要从旧的东西，不断地推出新的东西，它是扩展性的知识。法学知识是不能扩展的，它要以现实存在的法律作为对象，它不能越出这个对象，法学知识如果一旦变成扩展性的，那就变成了法哲学。

Q7：法哲学和法理学的区别在哪里？

A：法理学是法学的二级学科，相当于外国哲学、伦理学是哲学的二级学科。法理学、民法学、行政法学叫二级学科。法哲学不是二级学科。法哲学有的时候我们会在法理学里面讨论。法理学包含的比法哲学内容更宽。那么法理学讨论什么呢？与现有法律相关的一些基础概念和理论，比方说现在法律中的一些大家都用的基本概念，法理学会做一般的讨论。

当然法理学也讨论比方说法的价值，比方说关于正义的定义。因为既有的制度未必是正义的。正义是什么？它是一个开放性的问题。这些问题涉及哲学思维的运用，甚至需要有严格的哲学训练才能给出比较令人满意的回答。但我们也发现，一旦这个体系越来越强调既有体系的维护和运作，这种开放的法哲学就要靠边站了，因为法哲学不能直接应用。于是一个越是强调法学的技术性的时代，法哲学就越会被挤出法学的圈子。如今的法理学强调法学的思维方式，尤其是司法过程中所采取的思维方式，甚至有人将这种研究也视为法哲学。

在我看来，法哲学现在虽然处在法学的边缘，但位于边缘处的往往是最根本的。因为整个现代法学体系，它本身建立在什么基础之上，这个基础是否能站得住？牢不牢靠？我们需要去打量这个地基怎么样。建筑大厦已经建起来了，大家考虑的都是大厦里面的装修和大厦能不能往上再建一层。地基就没人愿意去理了，法哲学就处在地基处，而地基是与大地相联的，这个大地就是哲学，法哲学不过是哲学大地上的一栋建筑，当然还有其他的哲学，例如道德哲学、经济哲学等。

Q8：如果让您给完全不熟悉这个领域的人推荐几本书，您会推荐什么？

A：经典作品作为入门书可能不大合适。当你不了解法律的时候，就开始阅读比如柏拉图的《法律篇》，黑格尔的《法哲学原理》，这些当然是法哲学经典，但你让一个完全不了解法律的人去阅读，好像比较难，阅读不可能有太大的收获。

所以入门书我们一般是指导论性的书，比方说一些题为"法学导论""法哲学导论"这样的书。但这个入门到什么时候就差不多了呢？大概了解一下有哪些人，有哪些代表性的观点和论题，这个时候就可以扔掉了，这个入门书实际上是临时性的。

最好的入门,其实还是历史上有代表性的法哲学著作。真正的入门书应该是每个时期具有代表性的法哲学著作。柏拉图的《法律篇》,当然是标准的法哲学著作,它也是哲学著作。所以法哲学在这个意义上属于哲学,它是法理学的一部分,但它更属于哲学。所以有的人说它是法学家问,哲学家回答。中世纪我们可以看到围绕基督教,会有一些法学思考,例如在托马斯·阿奎那笔下有关自然法的讨论。到近代,比方洛克、霍布斯、卢梭、康德、费希特、黑格尔都有法哲学著作。当代的法哲学著作,代表性的如罗尔斯的《正义论》,哈贝马斯的《在事实与规范之间》,当然,还有一类法学家的法哲学著作。哲学界很少有人了解他们。但在我们的法理学里头,我们把它视为法哲学,比如哈特的《法律的概念》、富勒的《法律的道德性》。

每个时期我们都会看到几种代表性的著作,它们确立了这一时期的法哲学论辩的基本方式,阅读这些人的书,在我看来,就是真正的入门。什么叫入门书?就是能够不断地回到它,从中获得养分,这就是最好的入门书。因此最好的入门书其实最难。为了读懂它,你需要从别处寻找资源再回到它,这样反复多轮,你就自然获得了法哲学的基础。

Q9：您推荐的这些法哲学著作和政治哲学的著作有很高的重合度？

A：法哲学和政治哲学其实可以不分家，法律是政治生活中的最重要的部分。所以法哲学著作同时也是政治哲学著作。只有在法律和政治分离，也就是现代社会的学科分科之后，才会有狭义的法哲学和政治哲学。这是什么时候才发生的？是在19世纪下半期以来。真正学科意义上的法理学，可能要到1830年左右才出现。其实很晚的。此前，你说康德是一个美学家呢，还是道德哲学家、法哲学家？他都是。亚里士多德几乎是百科全书式的。所以我就用古典法学的名称来讲述这个意义上的法哲学，也就是学科分立之前的法哲学。

进入19世纪下半期的时候，你会看到开始出现经济学、社会学、人类学，各种学科就开始分离了，每个学科好像有自己的经典，这就影响我们今天的学科风格。哲学成为一个学科也是很晚的事。所以我们后来讲的专业化的法哲学，就已经进入19世纪下半期20世纪了。今天法学院的法哲学，只讨论法学学科独立出来后的法哲学，它变得特别技术化，眼中实际上只有规则，或者一切都围绕实定的规则来转，讨论的是具体的法律问题。非专业的学者就很难进入。所以我跟大三年级学生开讲的科耶夫法哲学是例外，因为，科耶夫并非职业的法学家，尽管他也讲具体的法律问题,但讲得比较直白和简单,我们不花太多工夫就能理解。但现在我们可以注意到,一个刑法出身的法哲学家,一个民商法出身的法哲学家,他会讲很专业的民商法问题,然后再进入哲学思辨。那在这个意义上,他的学科特征就太明显,就会使你很难进入。

Q10:您刚刚提到有关古典法学的定义,您也出版过《法哲学与共同生活——走向古典法学》这本书。其实会发现在您的研究里面也有这样相关的研究,比如说讨论韩非子的文章,其实很少会看到别的学者会这样做。这和您思想史的研究方法有关吗?

A:其实这是我一直以来想要做的,但由于精力着实有限,所以我始终以学习者的姿态出现,包括那几篇讨论《史记》和《韩非子》的文章,你看到在副标题中都有"札记"两个字,算不上很严肃的学术思考。我也曾经开设过孟子课,以及有关法家的课程,但这些都是一种训练,都是一种观察。就是我希望从中发现中国人怎么看待公共生活,怎么看待他者的生活,甚至如何看待自己,因为终究是谈自己。在看待自己的过程中,有没有把他者作为自己生命的一部分?我想通过这些文献的研究和阅读发现这种东西,但这仅仅是开端,也许最终会发现一些东西。

比如,孟子讲"与人为善",这种与人为善,当我们没有去读原文时，似乎指要发慈悲之心，与人方便。可是你看孟子里面讲的与人为善，是指跟他人一同进步。君子要做到与人为善，是指在追求善的道路上和他人在一起。所以你看孟子认为人人皆可为尧舜，他没有把谁落下。孟子的教育并没有遗忘任何一个人，对不同的人有不同的教育方式。有时是亲自教，有时是通过著作去教，这些孟子都有涉及。

实际上你会看到，我期待能从中国人的经典中看到一种既能有个体的满足又不放弃他者的哲学，从而形成自己对中国传统文化现代发展的想法。我知道这个任务相当难，今天由于专业分工的原因，现实生活中其实没有太多属于自己的时间，这样的工作是否能完成呢？我首先是通过札记的形式，通过讲课的形式表达看法。也许再过一些年也会用一本书来阐述这个观点，但眼下我还不能将其作为我的研究领域。

四、 关于权利与共同体的哲学

Q11：权利理论的研究是您主要研究领域之一，主流的权利理论研究似乎都以分析为导向，但您的研究以思想史为导向，比如德国古典哲学的研究。为什么会这样呢？

A：的确，我不太看重分析哲学体系内的权利研究。

我们哲学系的学生应该知道，权利理论是当代伦理学中的一个重要的研究领域。但在中国，哲学系的学者似乎不大关心这个论题，相反，法学学者十分关注权利，尤其是90年代以来，大家保持对权利理论的关切。但的确从分析的角度讨论权利也是一个重要维度，尤其是近年来，法学界也开始关注分析的权利哲学研究。

权利为什么是一个重要概念？尤其在中国社会，怎么看待权利？权利包含哪些要素？这些要素和我们的生活有什么关系？我一直认为，这些问题恐怕单凭分析哲学的讨论很难得到答案。

如果要问权利概念对整个社会结构、政治结构的意义何在，那肯定要关注权利概念的来源，它是怎么来的？对人类的政治、法律、道德生活有什么影响？你就会发现，无论是霍布斯、洛克、卢梭，还是康德、费希特和黑格尔，都要讨论这个概念，甚至在当代的罗尔斯和德沃金这里，想要摆脱权利去理解他们的思想体系，似乎是不可能的。但是，你会发现仅从分析哲学的角度，没办法回答我前面提的问题。西方人也许不觉得，但对中国人来说是个问题，为什么？中国人此前没有这个概念。直到在19世纪晚期翻译西方作品的时候，才把"right"翻译成"权利"。权利为何成为现代社会以及当代中国法学理论中的核心概念，这远比我们单纯地把权利概念接纳过来，具体地去分析它，重要得多。而前面这些问题只能通过思想史、哲学史来揭示。

所以我此前主要关注德国观念论语境中的法权演绎学说，这个所谓的法权演绎学说其实就是权利的哲学证明，我把它从德国观念论的研究中独立出来，尽管这个所谓的法权演绎学说究竟成不成立还是个问题。当时在出版时，就有人建议我写"德国观念论的法权演绎"，不加"学说"，但我后来加了"学说"。但我的目的不仅是写出一种权利哲学史，也想要表述一种权利哲学，因此，我对权利的看法，是通过权利哲学史呈现出来的。

回到历史，你会发现不同年代的人或同一代人中的不同个体有不同的权利哲学观点。你通过对他们观点的梳理，对之进行分析，找到共同点，可能会发现某种对权利更合理的看法。所以我发现了我称之为"共同体导向"的权利理论。在我看来，脱离共同体，个体是无法追求权利的，这是权利的先天结构要求的，而是后来我们通过经验观察到的。当你谈论权利时，同时就谈到了个体与他人的关系。如果你只谈论个体而不讨论关系，权利就是空洞的。因此我的权利哲学史也服务于我对权利哲学的探究。

这样一个工作，一方面，放眼于整个世界，尤其是西方的、欧洲的思想史语境，选取其中一个重要的时段去讨论它。另一方面，我会把它放在当代中国的历史发展中。中国人对权利的思考经历过什么阶段，浮现出哪些要素？在这样的前提下，我们今天建构的权利哲学，应该是何种意义上的权利哲学？所以有关当代中国权利观念史的梳理既是历史，也是建构一种权利哲学。只有完成这些之后才可以做分析的工作。比方说我已经形成这种权利哲学了，再分析里面的结构，把里面的要素提出来，那是我们达成一致之后的事情。

西方人基本上对权利的内在方面有共识，所以他们现在可以在具体的权利制度中对权利的要素进行分析。但对中国人来说还不是这样，因为我们甚至认为"权利"这个词是外来的，在本土的思想中没有。但我通过分析当代中国法学家的著作，发现他们不仅思考了权利哲学，而且存在逻辑的推进线索。基于这样的考察，我认为在当代中国，也有一种权利哲学，由此写出了《从个体到共同体——当代中国权利观念史》一书，并编了《权利哲学的当代展开》，尽管这个看法肯定有很多人不认同。

Q12：您刚刚说，在权利哲学史的梳理中发掘出一种共同体的思想。您能具体讲一下这个思想吗？

A：在我们对权利的传统思考中，实际上是一种个体主义的权利思维。权利是属于个人的利益主张，这种利益可以说是一种自然权利，他生来就有的。当然有人认为不对，哪里有天生的权利？那是法律规定给你的。但我的看法是，个体在进入权利结构或者法律结构、政治结构时，他当然是一个权利主体,是事先就拥有权利。我们的权利不是法律赋予的。这种权利观可以说是一种自然法意义上的权利观,权利的存在先于任何政治法律结构,我们因此拥有一种先天的权利。这种权利形态是什么呢?有人认为我先于它,我就是一个个体,我有这个需要,我进入其中你就要保护,你不保护就是不正义的,但是我觉得这种逻辑是不对的。

我想建构的权利哲学,是一种共同体导向的权利模型。个体之所以有权利,是因为个体跟他者进入一个共同的关系,彼此有一种相互的承认和尊重。

只有这样一种东西存在,在现实的法律问题中,我的权利主张,就是别人的义务,别人认同我才有根据。否则如果我先天的、是我单个人的生活,别人凭什么要尊重我的权利?那不过是被迫地尊重你的权利。而我认为一种权利哲学应该阐明,即便没有法律存在,也应该有权利。我们的权利哲学要描述人和他者之间的相互承认关系。权利就在这种相互承认中诞生。所以你可以说它是一种共同体的权利理论。为什么?因为你不是单个人的,是跟他人结合成一种关系的、结合成共同体的,也可以说是一种基于相互承认的权利理论。

只有在产生这种观念之后,我们才会接受,比方说现实的法律规定。你要尊重我的权利,当然我会尊重。因为我知道我不尊重你,就是不尊重我自己,因此,我的权利之所以存在，是因为我们个体与个体之间先天地存在依赖关系，这种依赖关系并不取决于利益，甚至不取决于情感，而是取决于一种先天的相互承认。如果没有这一点，如果我的权利是法律赋予的，你之所以尊重我的权利是因为法律要求的，那么，你可能会觉得法律在强制你，但其实你的内心并不接受。所以我提出的这样一种权利哲学，会使人内在地建立起一种规则意识、法律意识。即便在现实的法律不完善的地方，也能起到作用。我觉得这是法哲学应该提供的。法学不会提供这个，因为法学更多地在一个既定的规则系统之内考虑问题，法律没有规定，就没有权利。而我们的权利哲学要表述的是，即便法律没有规定，你也应该尊重，这是我的一个基本主张。

说到这里有一个故事。2017年左右，当时在《光明日报》理论版上面，做了一个专版，发表了我和赵明老师，还有张恒山老师三人不同的权利观念。我和张老师做了第二站的博士后，他是法学家。我们的观念很不一样，我认可一种关系性或者共同体的权利观，赵老师持有的是一种个体主义的权利观。但张老师倡导义务先定论，强调义务在法律思维中的重要性。三个人三篇文章，当时关注的人还不少。

Q13：是不是说在您的共同体研究中，个人不仅要关心他的权利，义务也相当重要。我可以这样理解吗？

A：可以这样理解。但这个表面看起来大家都认同的说法，有什么值得论证的呢？我们要从哲学的意义上论证个体的存在是共同体式的存在，你要去论证这一点。从哪里开始论证呢？比方说讲到自由时，不单纯是个体的自由，而且是一种个体和共同体相辅相成的自由。单纯的个体是抽象的个体，个体一定是嵌入共同体中的个体。单纯说个体，我们今天讲的内卷也好，还有精致的利己主义者也好，其实都是对他者的遭遇、命运漠不关心。而一旦你嵌入共同体，他者受伤害就应该是你受伤害，你不能漠视他者所遭遇的命运，因为那就是你的命运。

Q14：所以这里讨论的共同体，它是一种观念上的东西吗，还是一种共同生活的感觉和意志？

A：到底是观念上的东西或者是共同生活的情感，我会从这两个角度来讨论。

我在《自由、权利与共同体——德国观念论的法权演绎学说》这本书中，是从意志的角度，从观念的角度，强调我们要从意志自觉地建立共同体、建立一种共同生活意识。而在《爱欲与共同体》以及《戏剧、审美与共同体——卢梭与席勒审美政治理论初探》中讲的是一种共同生活的情感。因为我们很多人在观念上不是很清楚，他不能反思到承认他者是自身的自由意志、自我意识的内在要求，但是这些人在情感的生活中对他者仍然有一种信任的要求，比方说我解读刘震云的小说《我不是潘金莲》。你看李育莲要对着老牛说话，为什么？没有人听她讲。她有一种情感方面的欲求，一种对他者信任的欲求。

在我们的审美活动中，虽然看似是孤独的审美，我拿康德的第三批判里的分析来讲，你在审美过程中的愉悦实际上是一种可以要求他人和你共同分享的愉悦。这里有共同情感，它不是你个人的，但又是你个人的。我一直想做这种努力。我们过着个体的生活，这当然是没错的，我们要追求个体的生活，但在追求个人满足、个人需要的时候，要关心他者的生活，他者的命运和你的命运息息相关。我们从哲学上论证这一点，我觉得这种哲学就是公共生活所需的哲学。法律生活、政治生活如果没有这种哲学，那对你的要求和义务都是强加给你的，是你内心不认同的。

五、 法哲学与时代

Q15：您提过在中国的理论法学中有爱欲缺失的问题，在现在的法学中，很难找到对个体或群体的情感的关注，您可以谈一谈这个问题吗？

A：我们一讲制度生活，就认为是结构化的，主要看你的外在行为，对不对？我们基本上是用这样的方式来思考制度问题，可是人生活在制度中时，不是抽象的，我有我的想法，你有你的想法，在一种制度中，人会产生什么想法？有些想法是个人性的，你我不一样。有没有可能在一种制度下，有一种共同的想法？

这个问题无疑是我们眼下忽视了的，人是一个活生生的人，有血有肉的人，有情感的人。我们有自己的情感诉求，甚至有些是我们特别关心的。我们期待外面的环境能使这种诉求得到表达，如果能够做到这一点，你会觉得开心。所以我就在想一种制度生活，尤其是法律支配下的生活，或者说法治的生活，应该考虑这些个体以及由个体组成的群体的情感状态。因为大多数人靠情感活着，和少数人讲道理是可行的，我们可以使少数人知道我们关心的什么，然后在这方面我们有一系列的规定，这部分人因此认同我们的规则，但大多数人更看重生活感受，所以有些事明明不能做，有时他一定要去做，甚至为此铤而走险，因为尽管从理性来看是不值得的，却满足了他的情感诉求。

法律制度不能完全不顾及人们在爱欲方面的表达。一般有两种情况，第一种是制度能给他们的爱欲表达提供空间，使他们轻松自在地生活。如果能够做到这一点，那么既有活力和激情，同时又遵守了法律制度，这是我们希望达到的效果。第二种情况就是完全不考虑这一点，这时法律就可能会是压迫性的，强求他做出某些特定的行为，这就会导致一种疏离感，甚至是怨恨。在他没办法去对抗的时候，他就会压抑，看起来老实地待在那里，顺从规则，但其实心中充满了憎恨，这是一种危险的心态。

这就是我们的法哲学和政治哲学要反思的。我觉得现有的研究里应该给这类研究提供一些平台，而不能说法学理论研究的任务只是关心规则的建构与适用。你要考虑规则下的人的生活需求和规则本身的关系。

你要认识人，而我们过去的法学去掉了对人的情感的关注，把人拟制为一个没情感的、单纯服从的主体。要关心这群在法律制度之下生活的人的情感，使制度生活与个体的生活协调一致，这才是最好的状态。如此，制度才有灵魂，制度才真正是人自身的制度。其实这就是我想要通过古典法学来表达的最核心的内容。

所以在法学教育里必须有这一种情感教育，或者有关爱欲的教育。这些学生将来成为法官，成为立法者，如果不考虑人的情感和爱欲的话，规则就会变成冷冰冰的外在秩序的强加，成为专家的法律，成为少数人的法律，对大多数人是一种控制工具。这样大家对法律没有感觉，他不可能自愿成为法律的奴仆，更不用谈对法律有一种敬畏之心。

Q16：您刚刚也谈到了当代中国权利史的研究。我发现这是您研究的一个转向。为什么会有这样一个转向呢？

A：你的问题很敏锐，其实很多师友也问过我，你有这个心思，为什么不去翻译一本书，或者说写一本书，他们知道我能翻译也能写，认为我这样做完全浪费了宝贵的时间。

面对这个问题，我个人有这样一个看法。我觉得每一代人有他的生活时代。学问当然不能只是为了这个时代，我可以去追究一个超越时代的思想史问题，完全不考虑现在需要什么，甚至可以不用现时代的术语和概念来写作。

我当然也在努力追求一种超越时代的学问。我一方面关心思想史的问题，但我也关心时代的命运。实际上我想要回答、思考我生活在一个什么时代？写这本书实际上有这么一个关切，我如何理解我的时代。比方说我写到2008年的时候，是否可以接下来期待某种东西？但这种期待并非来自外部，而是我从对时代的考察中看到的，我仿佛看到了时代脉搏的跳动，我不过有一种想要为时代把脉的野心而已。这听起来有点天方夜谭，几近呓语。

在《从个人权利到共同体》的后记中，我说每个人都有自己的时代，这就是我的时代，我希望这不仅是我的时代，而且是我们的时代。我这种写法或者我这样的判断，是不是能表达我们共有的对时代的看法？这当然是写作者的勃勃野心，不见得真实。

从上个世纪50年代走到今天发生了什么？《从个人权

利到共同体》是以黑格尔《法哲学原理》的方式写的，分三编，三编次分三章，三章又再分三节，编与编之间、章与章之间、节与节之间都有逻辑关联。一方面，我在描述每个阶段里发生的事情。每个阶段的社会生活中都有大的变化，仅从这一点就可以看到我们的时代绝对是一个大的转型时代。我力图从哲学、文学、社会、政治、法律制度各个方面来描述每一个阶段，这就是每一编的导语部分的内容，用不到两万字的篇幅，精炼地概括了我对特定时期的看法。接下来就是权利观念自身的表达和演进，所以在很大程度上这本书中有一种历史和逻辑上的一贯性，我力图表明，在那个时代产生的权利观念是完全可以理解的。

另一方面，在写这本书时，我还有一个想法，因为我的老师赵明先生写了一本《近代中国的自然权利观》，描述了权利理论从西方传到中国的一段往事。在那本书中可以看到，二三十年代开始，我们不再围绕权利进行学术论辩，而转到革命建国的阶段。我这本书算是在其基础上的延续，我是从1949年之后共和国建设时期开始写的。

我有一个想法，就是不仅叙述上个世纪50年代的事情，而且要接着近代以来讲当代权利观念史。我看到这样一个线索，看到中国社会的变化，我们就生活在这样一个线索之中，我们的时代能够提供这些内容。其实我还有一个想法，在未来也许这样的总结工作是非常必要的。因为我们之后的人在讨论权利时，不管用什么话语，如果你的思想没有跳出这个框架，就不过是在重塑前人的东西。所以在写这段东西的时候，除了了解自己所处的时代，我其实也想保存某些东西。

比方说近十年来大家没有这方面讨论。等大家再度讨论时，看看这本书就知道我们曾讨论了什么，这是一种文化的保存，这一工作当然没有思想史那样宏大。我在书中也讲，这是一群小人物的故事，他们的思想很难写进教科书。但你要知道一个民族思想文化的发展，很多时候是由小人物的思辨形成的，这就是思想生长的土壤。

于是，尽管大家质疑我的写作动机，甚至劝我不要干这种事情，但我暗自较劲，为了找到感觉，为了尽可能地还原历史语境，尽管此前我已经做了一站博士后，但我想要找一个批评者，所以跑到张恒山老师那去。80年代末期，他是权利论最激烈、最坚定的批判者。我不需要他跟我讲述有关权利与义务的学说，我跟他提的要求就是每次我到北京，能不能和他聊聊天，讲述他那一代人的学者生活，讲述他对一些社会问题的思考，当然也有对于权利论者的看法。我们每次聊两三个小时。最能打动我的是，那个时候他正处在和我差不多的年龄，但他们激情澎湃，相对而言，我们似乎缺失了一些什么。我一面听他回顾自己的光荣岁月，一面勾画出那个时代的感觉。我自己的时代，我是大约了解的，进入2000年之后，我已成年，我是有感受的。可是对90年代、80年代我没有感受。所以我去恒山老师那里，想要寻找对90年代和80年代的感觉。在此过程中，我开始形成自身的问题意识。因此我的问题意识不单从思想史来，还有从现实生活中来。我关心现实生活，但是我又不想直接直面解决它，而是给它一种思想上的描述甚至解决。比如说，权利这个概念，为什么对我们来说是重要的？我既然已经对它的产生和发展做了思想史的考察，那么，我就有必要回到当代生活，回到我自身的时代生活，描述权利对于我们时代生活的意义，乃至其不足，这是我想做的东西，我最后还是做成了。不管人家怎么评价，这本书我一直在修订之中。

Q17：您是从那些经典著作的视角中跳脱出来，再去看当代权利史的研究的。这种跳脱有没有让你看到一些同代学者的思考？这种思考有没有让你收获什么？

A：这个问题是有必要谈的，你这一组问题全是关于权利的。这倒是我第一次详尽地口头来谈这个问题。

首先应该说，如果没有经典著作的训练和阅读，我写不出来这部观念史。我写出来的可能是一个堆积式的东西，把某种观点罗列在那。但你看到，我现在是有内在逻辑地把它建构成一个体系，尽管可能十分武断，但毕竟有了一个体系的模样。

既然不是经典思想家的经典文本，而是一些普通作家的文本，有那么多文本，你要挑选哪一些？按照什么标准进行挑选？挑选出来后，应该怎样分析？这些问题都是自然地被提出来的。我当时也想，我都能把经典作品那么复杂的观念给提炼出来，对待这些普通人写作的文本应该不在话下。所以在阅读和提炼观点时，老实讲我内心非常轻松。我很快地将手中的材料阅读了一遍，当然，这也归功于我多年来一直接受法学教育的积累。

结果，我慢慢感受到了这些不同的人所持有的权利观念，他们也许自己都没意识到，自己说的东西能够和时代的某种东西关联起来。他们也许自己都没有意识到，除了自己之外，还有其他人在权利问题上有内在的推进。而我则感受到，当代中国有关权利问题的考虑越来越与共同体相关。这种倾向在社会文化层面上有所体现，但也反映在这些普通作家的文本中。

权利观的演进过程，我是先从权利主体的角度来描述的，刚开始是想从共同体中跳脱出来，成为一个独立的个体，现在则越来越想要融入共同体。但以什么方式融入，是共同体再度吞噬个体，还是个体和共同体和谐安好，这是我不知道的。所以我写到了一个共同体时代的到来，这个时候我就收笔了，不再写下去。

这个过程让我心底有一种震撼，因为这和我在《自由、权利与共同体》一书中所描述的倾向是一致的，而我在那里则坚信自己找到了一种权利的先天结构，任何一种权利观念的发展都必然会呈现这一结构，当代中国权利观念的演进与发展不过是一个证据、一个样本罢了。

回头来看，写这本书当然是因为我对权利哲学的爱好兴趣，甚至与我一直以来的思考不无关系。但是直接考察当代中国权利观念的演进与发展，不是因为我对权利哲学的兴趣，而是因为文艺理论研究的刺激。

因为曾经进入人民大学文学院从事文艺理论博士后研究的关系，我也关注了一段时间的当代中国文艺理论研究。读了一些书，有的是散读，但有些书对我的影响非常大。我迄今为止印象极深的是张清华教授的《中国当代先锋文学思潮论》，他那本书是受到了勃兰兑斯的启发。他从80年代的先锋文学兴起，一直谈到新世纪，在他的笔下，先锋文学作家呈现出了不同的思想面貌，并且每一次演变与发展都有具体的作品来支撑。当然，也不仅仅是张清华的这本书，我还读了其他的一些。我突然觉得，在当代中国社会的思考中，文艺理论所引出来的，具有十分突出的哲学特征，他们是从作品中来谈论时代思想的变化。这就比起单纯的理论讨论有更实在的感觉。

我还从当代中国的文艺理论研究者的作品中懂得，想要对作家进行评论，也并不是这个人的所有作品都值得一读，相反，某一部作品具有强烈的表现力，因此，分析的笔调往往就围绕着这一部，甚至其中的某几个情节。我注意到在80年代初有一篇题为"人生的路呵，怎么越走越窄?"的报告文学,描述的是改革开放之后,第一代青年内心郁闷、困惑。按理说,改革开放形势一片大好,应该是勇猛直前的,但当时却突然觉得不知道该怎么办了。这种东西遭到了强烈的批评,因为跟时代的进步节奏是对立的。但这样一个作品,在分析中会产生什么呢?在当代中国文艺理论的学者的分析中。他会敏锐感觉到个体对生活的感觉开始得到重视。个体性的东西开始出现了,但它在夹缝中存在,想冒出来又被压制下去。这一种冲动在90年代就完全展开了。我在阅读中注意到了90年代个体化写作的一些表现形式,比方说开始大规模地可以描述身体,此前的文艺作品中没有这一点。身体中的任何东西都可以拿出来言说。能看到的身体不是虚假的身体,而是真实的身体,是肉体的感受、肉体的快感,紧接着会写快感之后的迷茫。所以当时我有很大的感触,我觉得这个好像就是时代史。当时我就想着以当代中国文艺理论的这些研究为范本,把当代中国法律人,或者法律生活中最核心的东西表达出来,这就是权利。

因为权利表达的是什么呢?是一个主体的感受,这个主体、这个人在法律体系中重不重要?刚开始不重要,慢慢地觉得重要,但是还存在限制,再慢慢地很重要,然后这样一个人占据了中心位置,一切限制都不存在了,反而和现有的法律体系构成对立。因为他要追求自身利益,有很多主张,而整个法律体系没办法满足他,于是出现对立、冲突，我就以这样一种主体性的感受来言说一个法哲学命题。真正来讲，我是因为当代中国文艺理论中的研究而产生了对时代变革发展的兴趣。我觉得应该通过当代中国法哲学的讨论来言说这种感觉。现在回过头来看，我应该是说出来了，尽管文字方面还需要多加打磨。

六、 当代的大学生活

Q18：在您的观察里，当代大学生有什么特点？

A：现在为什么内卷？我觉得是大家找不到刺激点，长久陷入迷茫，不知道自己该追求什么，因此只能按照社会看重的东西去追求。我觉得好像这是目前的常态。

其实也许不仅是当代大学生存在内卷，当代从哪个年代开始？90后、80后，乃至70后，似乎都要算当代大学生，我是80后，当时在大学里面，好像没有现在这么着急。老实讲，好像积极的积极，不积极的不积极。今天看来是大家普遍地积极起来了。

那时候好多事我们都没有积极地想过，比方说考证，有个别的也会考，但没有现在多。出国也没那么普遍，找工作，好像一般都能找到。我们本科毕业时，发现考公务员挺简单，压力没那么大。但近十年来，这方面似乎越来越紧张。这种紧张其实不仅在你们身上有，在我们身上也有,成为普遍的社会氛围。

不能说内卷是由于当代大学生堕落了。我们都是当代人,当代大学生的家人都是当代人。大家都活在一个时代。所以在某种意义上是这个时代的氛围。

我特别看重那些有想法的人,他(她)们不愿意去卷,有自己的追求。因此,哪怕他(她)们暂时没有获得好的结果也没关系。有点类似于躺平的状态,但只是在他人卷的地方躺平,在自己想要做的地方却十分努力。但因为自己努力的地方并非大多数人卷的地方,他们显然就选择了一种并非热门的生活方式。有一些人卷是有理由的,因为他(她)也许家庭生活困难,亟须挣一笔钱,马上工作,要积极去卷才能尽快获得好的资源。对于这部分人来说,心思不在学习上,或者学习主要是为了将来有一个好工作,这可以理解。他们于是积极考证,积极争取每一个机会。因为这里有外在的生活要求,摆脱贫困是一项自然权利。

但我更看重的却是另一种生活方式,一种表面上看躺平的生活方式。他们不去争取大家都看好的东西,而是去争取在自己选定的道路上收获,而这一道路常常是一条小路,是大家目前不看好的。当大家在大路上卷的时候,他选择躺平,为自己在小路上拼搏和闯荡留下时间和精力,我特别佩服后面这一类人。他的计划是长远的。比方说读研究生或者想从事什么工作,分清步骤,先做什么后做什么，总之你会发现他的表现跟别人不一样，他会做一些主动的训练，主动地为自己的哪一方面做准备。

我觉得这才是创新的来源。但这条道路是艰辛的。卷尽管看起来艰苦，但道路是别人早就铺设好了的，只要你能够挤上去。小路上罕有人行，但任何一条道路都是从小路开始的。一旦有了走小路的想法，坚持走下来，最终小路是能够走成大路的，只是我们太担忧了，因为此刻的小路，当然不可能短时间成为大路，于是为了尽快走上大路，就匆忙把自己武装起来，什么都不落下。只是走上大路的人，之后会感觉到，这路不是自己铺就的，自己走上的这条路，是别人早就铺好了的。自己其实并没有自己的路。

选择走大路的人，选择过卷的生活的人，回过头来看，日子是不错的，他们很早就走上了康庄大道。只是他们也因此过早地逝去了激情，路毕竟是他人提供的，你自己并没有贡献，你在坦途上走着，连风景都是别人设计的，好不容易挤上这条大路，因此内心中不会有修路的激情。反而会感觉特别累。因为自己好不容易挤上来，但挤上来之后却发现没有真正属于自己的东西，这个时候，想要自己另寻小路吧，却没有勇气走出大路。今天太多年轻的人想要尽快走上这条大路，他们因此而选择去卷，他们失掉了去修筑小路的勇气，而为了走上这条大路，他们盘算得太多，心中缺乏对爱欲的深层次体验。

我觉得大学生活应该充满激情，这种激情不应该源于外在的世界。因为每一个年代、每一个时期的大学生都会面对每一个时期外在的生活状态。但是大学生活中不能没有激情，要有敢于走小路的激情。你要知道大学生活几乎是衣食无忧的，你在大学念书，或者说学习，倒不一定要学习书本上的专业知识，这里除了书本，也有其他东西值得学习，只要有一种学习的热望与激情，在大学中你总是能够找到一种属于自己的生活方式。

既然如此，大学生活就是最自由的，因为你可以为自己设计一种属于自己的生活方式，而不必限定在社会所提供的既有的生活方式上面。如果所有的大学生都指望后者，那么，我们大学就不再是创新之源，也一定会是内卷最激烈的地方，你想，那么多优秀的学生都聚集在一起，是为了在一个既有的框架中获得位置，但资源是有限的，年轻的身体又很多。我们现在也常常听起人们回忆大学生活，但这些回忆中很少是我们获得了怎样的成绩，拿到了怎样的资格，而更多是回忆在那个时候做出的选择，那个时候的选择如何决定了今天的命运。

我觉得我的本科时代是有激情的。那个时候我们追着老师，尤其是自己喜欢的老师，请他指导我们的学术活动，我们很尊重他，老师也感觉有尊严。老师的尊严是靠什么，不是靠着评教授，发很多文章，而是靠学生们的支持，尤其是好学的学生们的支持。我们那时更尊重一些没有教授资历但学识极好的老师，也许他的名声不大，可是课讲得很好，在学术会议上见地深刻，或者即便我们无法判断这一点，但我们也会被他的滔滔激情感染。甚至其实他的课我也觉得不好听，但同他私底下的交谈使我获益匪浅，我们看到老师们充满激情地投身学术生活，也自然对这种生活充满热望。当然我这里的例子主要是做学问，有的老师的优异之处也许并非在学问之上，他可能是一个极好的组织者，有极好的艺术修养，这些都会打动我们。大学是最有闲暇、最自由的时候。如果不缺乏激情，那么，这里有无限的可能性摆在我们面前，而绝不是卷的世界带给我们那种单调而又紧张的印象。

Q19：年轻人现在对哲学的很多东西有一个新的关注，在追求一种公共生活，他们可能在别的事情上会有一些迷茫，但是他们感觉能通过政治哲学的思考获得一些答案，您怎么看待这种现象？

A：政治哲学如今变成一个很时髦的学问，越来越多的人愿意去学习它。正如你说的，它表达了我们对公共生活的一种关切。按理说，传统哲学以形而上学为主，关注宇宙的起源、事物的本质，怎样认识世界等。但这个时候开始关注政治哲学，意味着人们开始思索如何看待外在的生活，如何看待我们共同的生活，可以说时代精神进入对公共事务关切的时代。

但是,这种关切从何而来?是源自内在世界,仿佛内在有一块缺失,关心公共生活刚好弥补了内心的空虚?还是源自外在的关切?这个外在关切是因为特定的历史时段,因为某种原因而使大家不得不关切。但是,我会更关心内在的关切,比方说我在写当代中国权利哲学时,会思考一个问题:是不是一种内在的力量,导致了我们觉得公共生活值得关切。换句话说,之所以关心他人,不是因为法律要求我帮你,而是我内心觉得不帮你,我的生命就好像不完整。

如果我们关心公共生活,是因为内心需要这种生活,只有在公共生活中内心才能得到安宁,如果是这样的话,就可以期待我们现实的公共生活有一个不同局面,内卷似乎就不会出现。你内卷时是想把对方踩在脚底,还是跟他共同进步呢?什么叫内卷?东西只有这么多,在你我之间存在竞争,不是你拿,就是我拿,我们在根本上是对手,在内卷中是缺乏友爱的。我不想断言,内卷的问题与我们对政治哲学的关注有一种内在相关性。如果内在的心灵关心公共生活,觉得公共生活是人之为人不可缺少的部分,那当然就应该关切他者,对和你一道共同生活的他者有一种尊重和保存的态度。从这个意义上讲,当下的政治哲学与法哲学的研究,应该进入针对时代的反思和批判的阶段。

后 记

2021年10月，我从华东政法大学政治学系转入中山大学哲学系任教，这是在我思想转型之际发生的一件大事。从此，我不再只是法学院和政治学系里的哲学爱好者，而是真正的哲学研究者。在此我要向中大哲学系致敬，向最早向我抛出橄榄枝的张伟主任表达谢意。

转到哲学系不意味着放弃此前的思考，而是要更深刻和丰富地进行探究。此前的思想受制于年龄与见识，势必有缺陷，我于是决定编一本清理此前自己所思所想的书。这个集子反映了我在2010年代思想的努力与挣扎。正是在编辑这本书的过程中，我才知道，自己是如何走上如今选定的观念论的道路的。在那十年间，不少朋友总是向我表达疑惑：你所选定的法哲学道路，究竟是哪一种？这本书展示了我在古典法学领域的漫游，没有十年漫游，我不可能走上眼下的思想道路。在此要感谢《读书》《博览群书》《思想战线》《中国社会科学报》《经典与解释》等刊物及其编辑，我在每一篇中都尽可能注明来源，以表谢意。

来中山大学之后，我也写作了有关民间法、哈特的《法律的概念》、富勒"洞穴奇案"设想和自然法的几篇文字，这些文字都是此前思想的延伸，因此也一并收录在此。尤其值得一提的是本书附录"从法学生到哲学教师"，这篇访谈是今年上半年我应课堂上的学生、中山大学哲学系本科生任芙杉邀请而作，具体由任芙杉和她的校外合作者王冠杰、马晓彤三位学生采写，之后以"中山大学黄涛：用20年，从法学生到哲学老师"为题发表于"深度训练营"公众号。该文的初衷是让学生们认识我这个自法学闯入哲学的"陌生人"。在刊发之前，几位学生做了近五万字的访谈文字稿，这些文字不仅回顾了我在专业研究方面的深度思考，也反映了我对时代的看法，可以说是最好的总结文字，在收入本书时，我又稍作了一些编辑。

书中文字大部分都写于美丽的广富林畔华政松江校区，在此特别要感谢华政科研处，在我离职之后，仍然兑现了曾经承诺的经费。"苏州河知否，红廊似我心"，华政的校园早已嵌入我的诗句，曾经的圣约翰校园在某种意义上也促使我不断思索古典法学的观念。

感谢陈金钊教授、刘风景教授，没有他们的提携，我无法进入华政的工作岗位获得锻炼，张明军教授的大度，助我完成了人生的重大转折。感谢陆宇峰、杨陈、杨知文、王涛、吕玉赞、王海军、徐震宇、张文龙、郑琪等一群好友，感谢陈毅宏、孙嘉伟、郑菲等在华政行政工作一线的朋友，我们构成了上海西南角一个充满活力的友爱共同体。难忘大仓桥的古镇与流水，我和朋友们不止一次酒后漫步，品味人生。

如今我行走在康乐园里，在前辈学者曾漫步过的树荫下，沉思着在华政园里没有想通，但如今依旧激情不减地去思索的问题。本书既是对曾经的美好时光的留念，也是新阶段的开端。

2021 年 11 月 5 日改订于松江古蒲荡畔
2023 年 9 月 4 日再改于中山大学蒲园